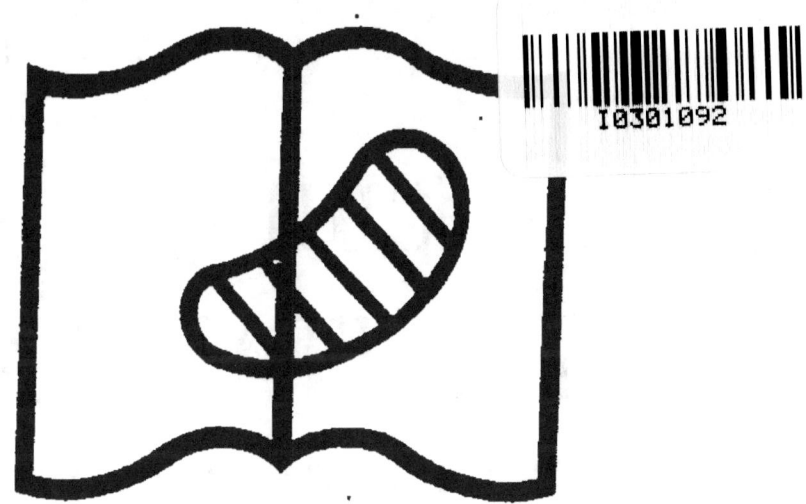

Original illisible
NF Z 43-120-10

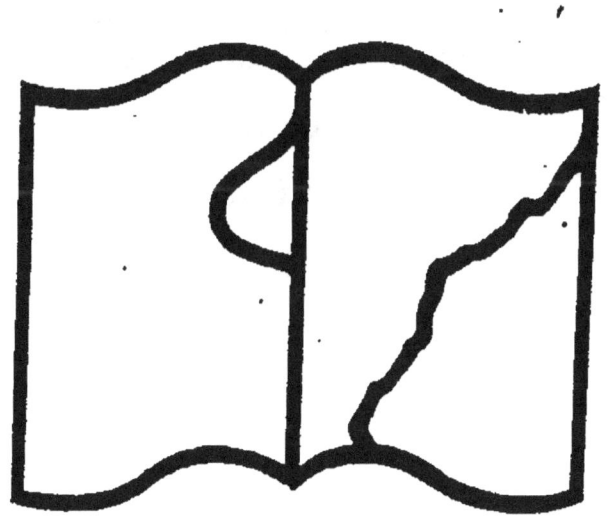

Texte détérioré — reliure défectueuse
NF Z 43-120-11

"VALABLE POUR TOUT OU PARTIE
DU DOCUMENT REPRODUIT".

GUIDA
DELL' ITALIANO

NELLA CITTÀ DI PARIGI

E SUOI DINTORNI

ARRICCHITA

da un' esatta pianta topografica della città, da altra delle
sue vicinanze, da quella del bosco di Boulogne,
e da 19 incisioni in acciajo rappresentanti
i principali monumenti di essa

COMPILATA DA

SAVERIO DEL-MONTE

1ª Edizione

PARIGI
PRESSO CHAUMEROT LIBRAJO
PALAIS-ROYAL
GALERIE D'ORLEANS, Nº 4

GUIDA
DELL' ITALIANO

NELLA

CITTÀ DI PARIGI

E SUOI DINTORNI

4484. Paris. — Impr. Guiraudet et Jouaust, 338, rue Saint-Honoré.

GUIDA
DELL' ITALIANO

NELLA CITTÀ DI PARIGI

E SUOI DINTORNI

ARRICCHITA

da un' esatta pianta topografica della città, da altra delle sue vicinanze, da quella del bosco di Boulogne, e da 19 incisioni in acciajo rappresentanti i principali monumenti di essa

COMPILATA DA

SAVERIO DEL-MONTE

1ª Edizione

PARIGI
PRESSO CHAUMEROT LIBRAJO
PALAIS-ROYAL
GALERIE D'ORLEANS, N° 4

1855

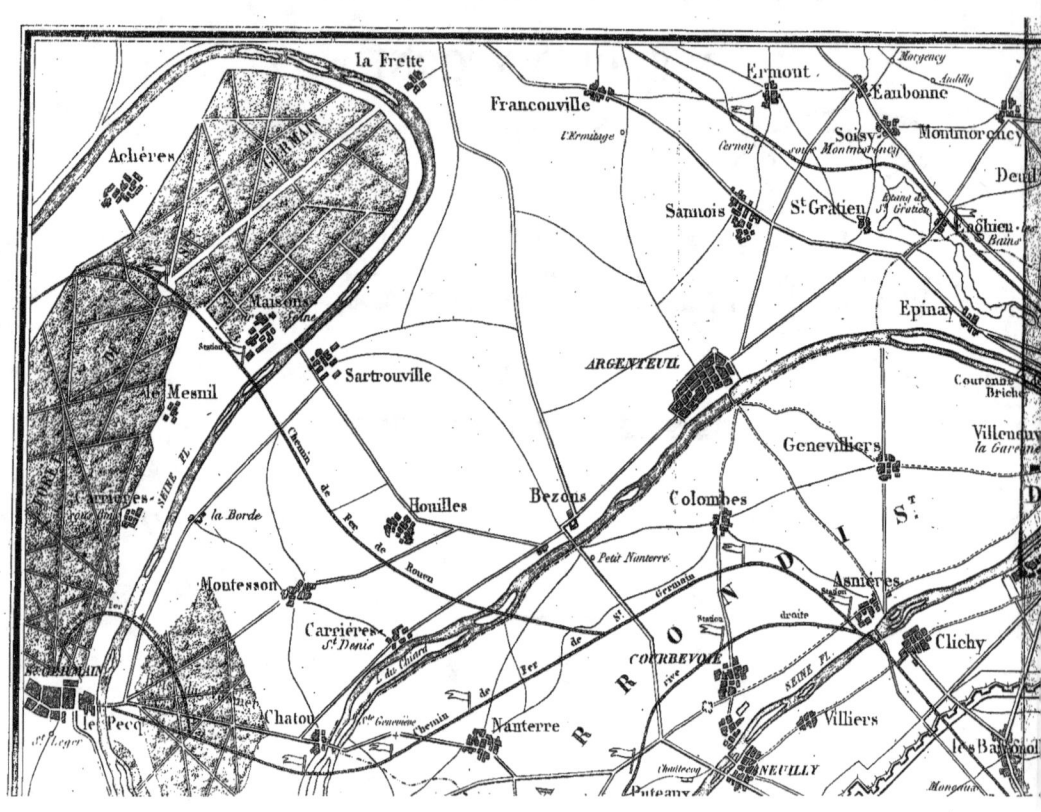

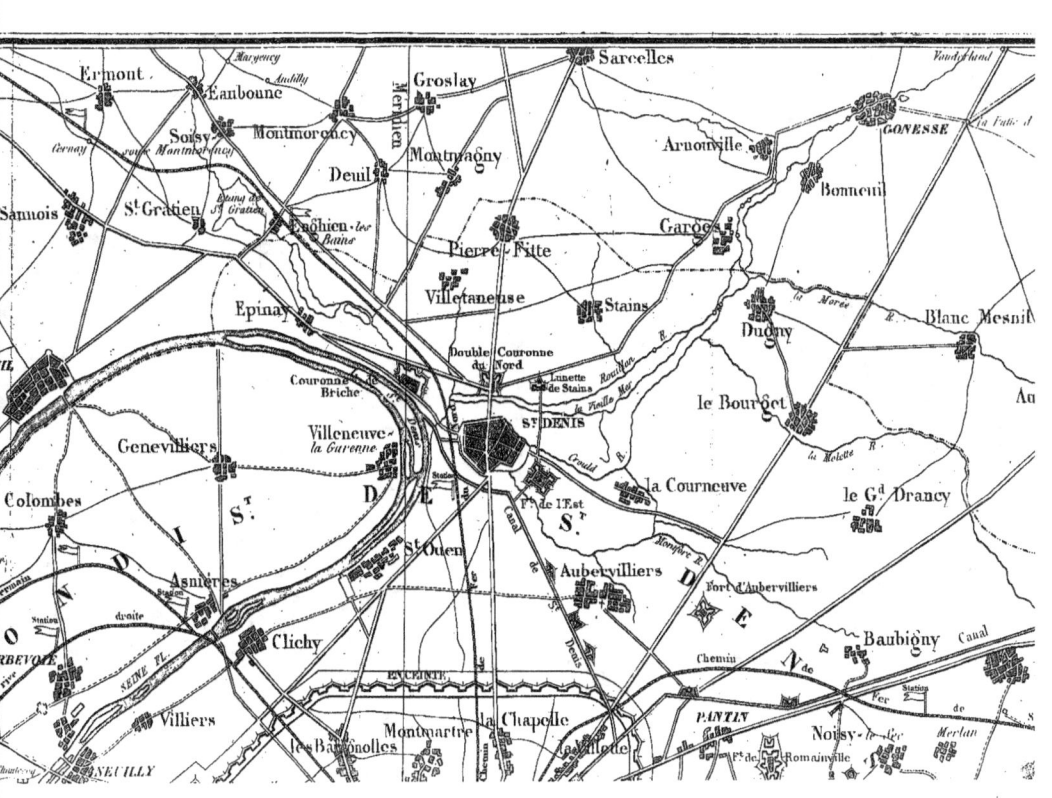

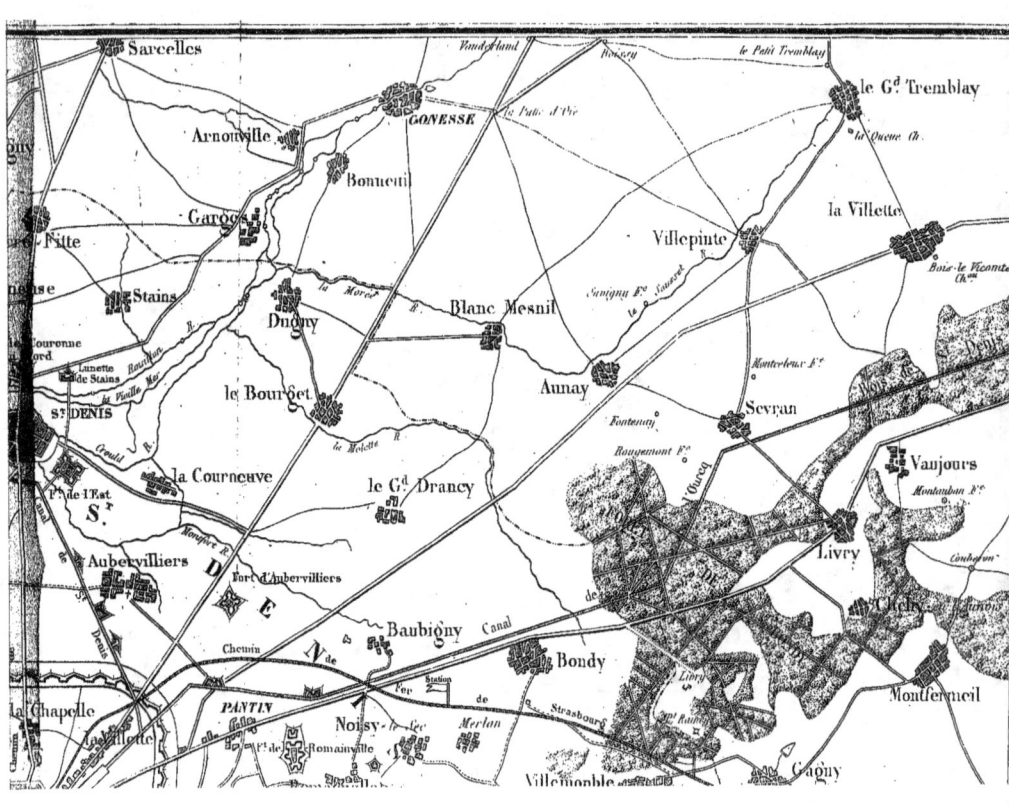

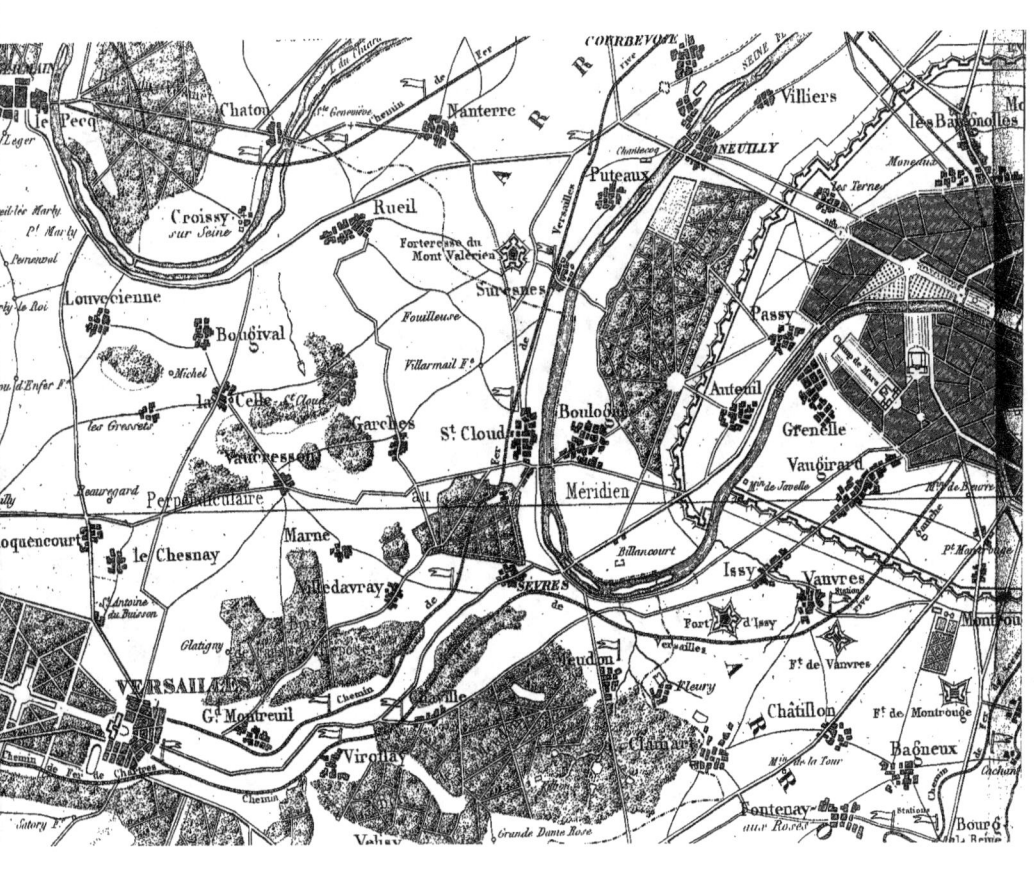

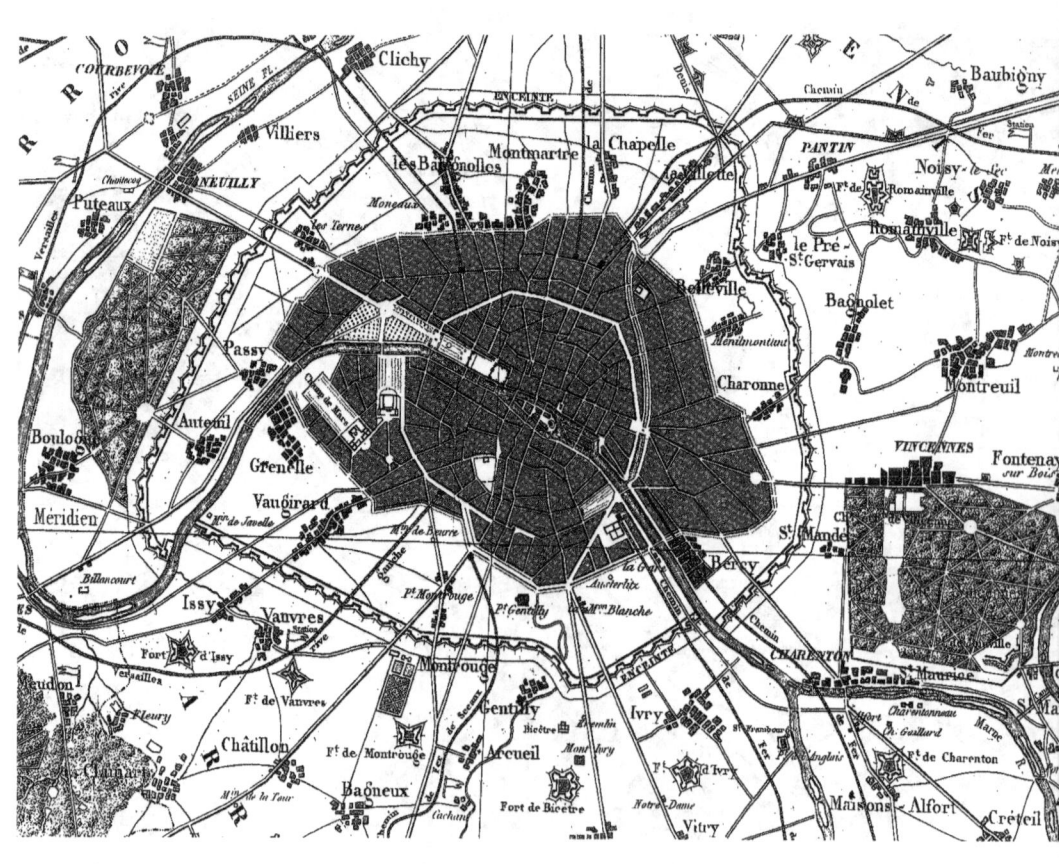

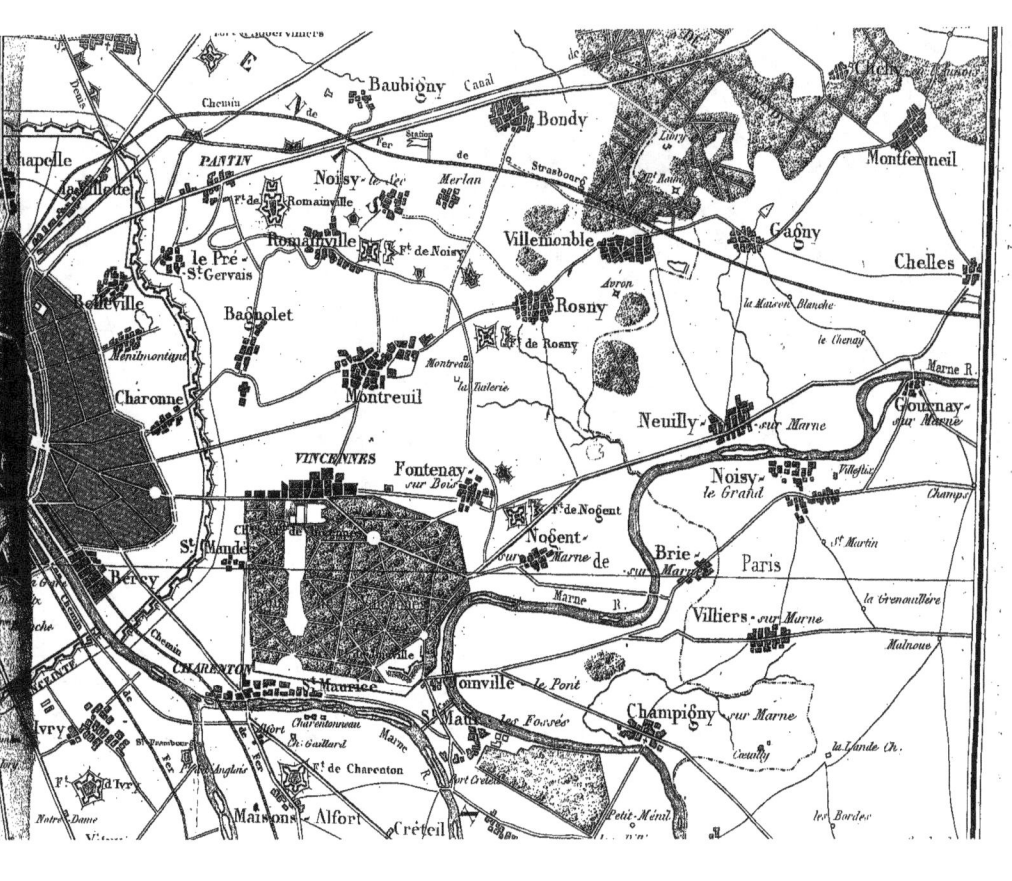

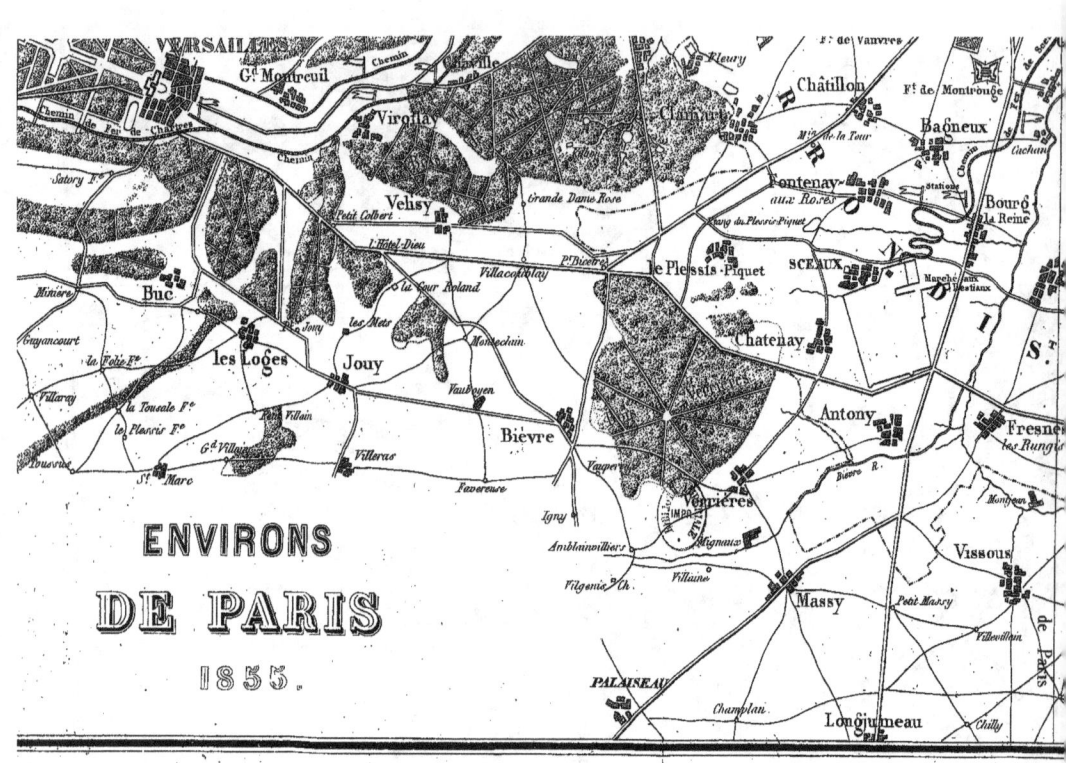

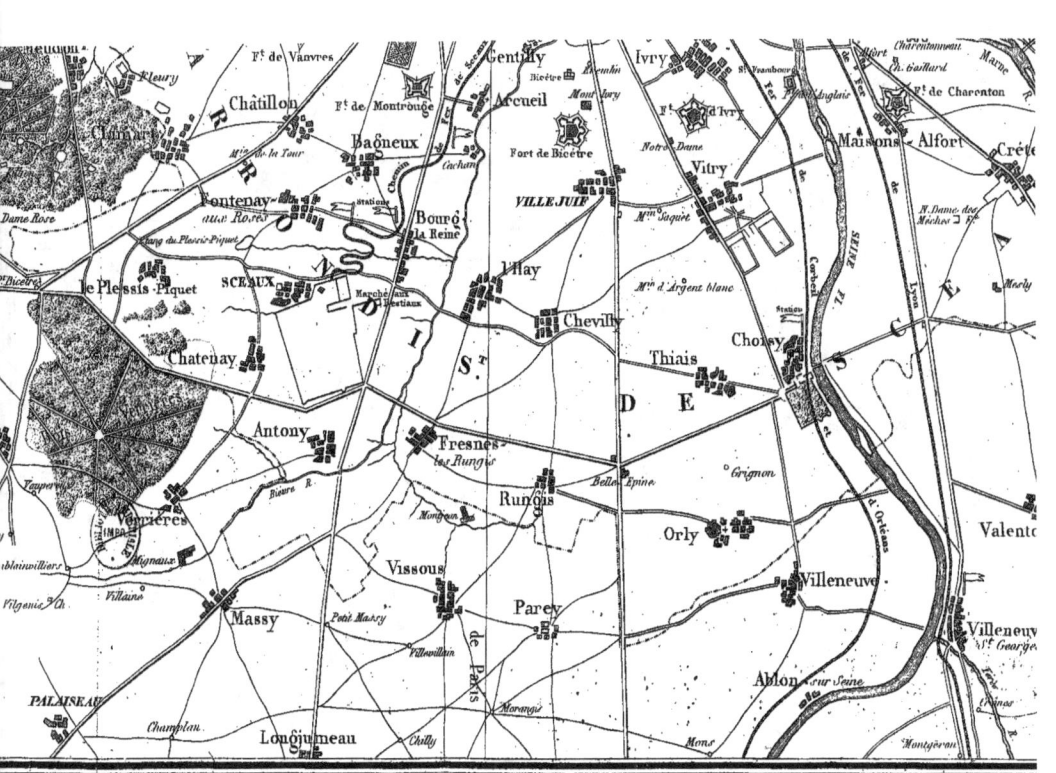

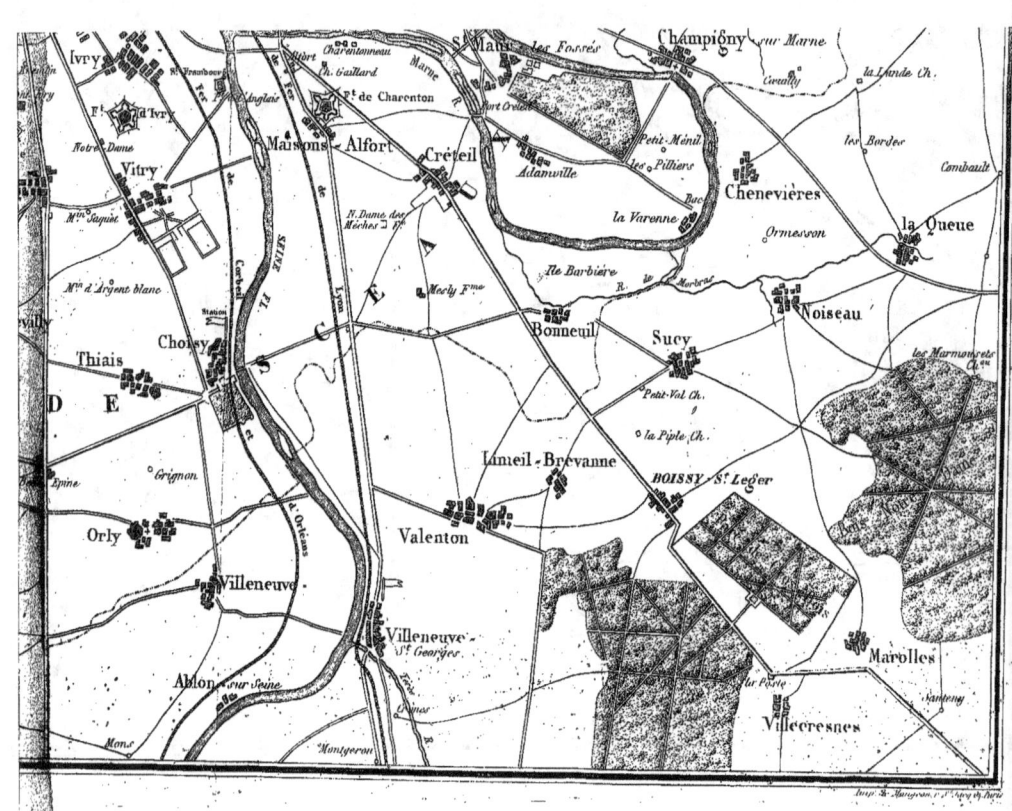

PREFAZIONE.

La cosa che preoccupa il viaggiatore nel giungere a Parigi si è, di convenientemente alloggiarsi, a prezzo moderato, e per quanto possibile nel centro della città. Cosa eccellente sarebbe per esso procurarsi l'abitazione che desidera innanzi d'intraprendere il viaggio, onde non fidarsi della prima guida che si presenta, la quale, il più delle volte, tradirebbe la sua aspettativa. L'esperienza giustifica bastantemente la ripugnanza che si ha per i pubblici alberghi; e così vedesi ogni giorno il forastiero, presentendo il pericolo di abbandonarsi con troppa facilità ai servitori di piazza, tanto officiosamente cupidi, che incontransi sempre in gran numero nello scender dalle diligenze, o dai cammini di ferro, spingere qualche volta la diffidenza a preferire di avventurarsi soli ed all'azzardo, piuttosto che accettare gl'interessati servigj che gli vengono offerti. È questo, come ognun lo conosce, un inconveniente assai grave. Il meglio dunque sarebbe, come di sopra dicemmo, conoscere in antecedenza la casa ove si deve alloggiare. Spesso però trascurasi questa utile precauzione per ignoranza, oblìo, preoccupazione, ovvero perchè dovendosi passar non lungo tempo in Parigi, non si va alla minuta a cercare i maggiori o minori comodi che possonvisi avere. D'altronde molti vi sono che portan seco lettere commendatizie, colle quali, credono, di esser ricevuti a braccia aperte dalle persone a cui sono dirette: ebbene, anche questo è un errore che merita di essere avvertito. Può benissimo accadere che nel numero di questi visitanti inattesi, qualcuno venga ricevuto con tutta la cordialità desiderabile; ciò potrà dipendere da un grado maggiore d'intimità, o da ragioni particolari esistenti; ma, in generale, bisogna contarci assai poco. Certamente non è questo il risultato d'un preconcetto malvolere: al contrario: il parigino è per sua natura gentile, affabile, ed anche servizievole; e quando si tratterà di far per voi dei passi utili per qualche affare importante, egli vi si dedicherà volentieri; ma se si vedrà costretto d'impiegar parecchi giorni di seguito all' unico scopo di servir da guida, da *cicerone*, nella città, si può esser certi, a meno di circostanze superiori, che vi si presterà con estrema ripugnanza; e ciò per la semplicissima ragione ch'egli stesso ignora una gran parte delle cose curiose che racchiude la sua patria. Il parigino trascura l'occasione di conoscere con esattezza i principali monumenti, e stabilimenti pubblici della capitale, essendo certo di poterli osservare a suo bell'agio, e quando lo crederà conveniente; ma spesso avviene, che la morte lo raggiunga prima di aver potuto effettuare in tutto il suo progetto. Ciò sicuramente non avviene al forastiero, la di cui prima cura, giungendo in questa città, è di voler tutto esaminare, tutto conoscere, e non darsi posa che dopo aver passato a rassegna tutte le curiosità, e fatte le più minuziose investigazioni. La più piccola deroga al genere di vita che si ha formato il cittadino di Parigi è per lui un incomodo, un imbarazzo che lo annoja; e manderebbe di tutto cuore al diavolo il malarrivato visitatore che va ad interrompere le sue abitudini, la di cui insaziabile curiosità è per esso una vera fatica.

Non nasce ciò sicuramente da mancanza di saper vivere, mentre la città di Parigi si è sempre tenuta per il centro del buon gusto e delle belle maniere; ma la ragione si è, che nella immensità di una tal capitale, ognuno si trova, per così dire, abbandonato a se stesso, vivendo in un isolamento relativo; e da ciò quell'apatia, ed indifferenza che si ravvisa nella maggior parte de' suoi abitatori. Ed in effetto, meno i casi eccezionali, i legami particolari di amicizia, o di famiglia sono generalmente assai rari. Fra gl'individui stessi dell'alta società, non ostante la maggior frequenza di vedersi ed avvicinarsi, esistono rarissimi casi d'intimità e per ciò che spetta le classi ordinarie, è cosa certa, che gli abitanti di un quartiere, non hanno punto relazione con quelli di un' altro. Ognuno si dedica esclusivamente ai proprj affari, ed a' suoi particolari interessi; quindi le distrazioni, i moltiplici divertimenti che trovansi in tutti i punti, e fuori delle intime società, come, per esempio, le passeggiate, i spettacoli, i balli, ed i pubblici concerti, i caffè, e le trattorie, dove ogni ceto di persone s'incontra quotidianamente, senza conoscersi, generano un'indifferenza quasi universale, ed insensibilmente va dileguandosi ogni affettuoso interesse.

Nelle città d'Italia avviene tutto all'opposto. I divertimenti ed i piaceri sono in quelle meno variati, e più circoscritti che non a Parigi; una gran parte di questi ha luogo d'ordinario nell'interno delle famiglie, incessantemente in relazione una coll' altra, fra le quali per conseguenza usar debbonsi quelle attenzioni, e reciproche cortesie, quei doveri di società in fine, che divengono un bisogno per tutti, essendo naturalmente questo il mezzo più adatto ad evitar l'isolamento, e la monotonia della vita interiore, ed assicurare, per quanto è possibile, la buona armonia sociale, tanto necessaria al comune benessere.

Posto ciò, diviene adunque utile, anzi indispensabile all' italiano che si reca momentaneamente a Parigi, e che abbia desiderio, senza rendersi importuno, di visitar la città, e tutto ciò ch'essa racchiude d'interessante, procurarsi un libro che lo istruisca bastantemente senza l'altrui soccorso, e che con chiarezza e precisione contenga l'analisi ragionata, unitamente alla situazion topografica di tutti i monumenti e stabilimenti pubblici che meritano la sua attenzione.

Niun'opera di tal genere si pubblicò fino ad ora nel nostro idioma, e fra quelle che esistono in francese più d'una al certo contiene utili insegnamenti; ma abbiam potuto osservare che quasi tutte hanno di preferenza trattato la parte istorica di ciascun monumento, di quello che data una classificazione capace di permettere allo straniero, e specialmente all'italiano, di calcolar con esattezza il tempo ch'egli deve impiegar nell'esame di essi, in proporzione della loro importanza, e per conseguenza fare una giudiziosa scelta de' luoghi i più utili e necessarj a conoscersi.

Nel compilar questa nostra guida abbiam creduto cosa più opportuna di adottar la divisione politica ed amministrativa della città, come la più conveniente, onde nulla sfuggir potesse all'occhio dell'erudito che brama conoscer Parigi in ogni sua parte; e con tal sistema si è certi, che in ogni giorno stabilito si vedono nuove cose, evitandosi quelle ripetizioni indispensabili se prescritto si fosse un itinerario qualunque. D'altronde presentando l'unita pianta topografica della città una perfetta esattezza, può ognuno a suo piacere, e con tutta facilità tracciare il viaggio che ogni giorno intende di fare.

Molto parchi di lodi e di biasimo siamo stati nel descrivere i monumenti, ed altri luoghi di una qualche importanza, perchè parlar dovendo ad italiani avvezzi a continuamente ed in qualunque punto del loro paese osservare il *vero bello*, temerità sarebbe stata la nostra parlare in tuono magistrale. Abbiam dunque voluto, come era nostro dovere, che ognuno possa giudicar da sè del merito d'un monumento, dopo averglielo posto sott'occhio nel miglior modo che ci fu possibile.

Abbiamo poi creduto di conservare esattamente, senza italianizzarli, i nomi delle strade, degli edificj, e de'monumenti, onde evitare equivoci, in cui potean cadere facilmente coloro, che, visitandoli, digiuni fossero in tutto della lingua del paese.

L'immensa riputazione che la città di Parigi gode nel mondo; l'opinione che se ne forma della estensione, numero, e ricchezza architettonica dei monumenti che racchiude questa metropoli del mondo civilizzato; gli avvenimenti politici, che in essa hanno avuto origine; e le rivoluzioni di cui ne è stata sì di frequente il teatro, l'hanno resa celebre in modo tale che il forastiero che vi giunge la prima volta, non vi arriva che coll'idea la più esaltata dalle meraviglie che vanno a svolgersi innanzi ai suoi occhi, delle quali ne avea concepito anticipatamente un quadro il più lusinghiero; e siccome in casi tali l'immaginazione si compiace volentieri di esagerare il merito degli oggetti, ed a prestar loro una leggiadrìa indefinita, ne segue naturalmente, che a prima vista rimane il medesimo maravigliato delle cose le più semplici e comuni, per la ragione di averle osservate a traverso il prisma seduttore della immaginazione; ma che poi l'abitudine e la riflessione lo disinganna, riconducendo la calma ed il sangue freddo necessario alle sue investigazioni.

È certo però, che se il forastiero entra in Parigi dalla barriera del *Trône*, o meglio ancora dall' *avenue* di Neuilly all'arco di trionfo della barriera dell' *Étoile*, gigantesco trofeo di tante vittorie, si sentirà certamente maravigliato; e dopo aver percorso il grande stradone dei Campi Elisi, giunto sulla piazza della Concordia vede innanzi a sè il palazzo e giardino delle *Tuileries*; volge poi lo sguardo attorno, e scorge magnifiche fontane monumentali, statue colossali, ed il superbo obelisco di Luxor; a dritta ed a manca gli edificj che maestosamente circondano questa piazza, non può a meno di rimanerne maravigliato ed estatico.

Ma se all'opposto entra dal *faubourg Saint-Marceau*, la barriera d'*Enfer*, o per una delle strade della vecchia città, è certo che il suo prematuro entusiasmo ricéverà un colpo tale da cadere immantinenti nell'eccesso contrario.

Ad ogni modo, Parigi non è più oggi, come in passato, una città di fango e di fumo; ed i felici cangiamenti operativi da non breve tempo, uniti ai nuovi edificj ed abbellimenti che hanno luogo tutti i giorni, e quasi in ogni punto, la renderanno ben presto certamente la più magnifica città della terra.

Uno dei grandi miglioramenti della nostra epoca è senza dubbio lo sviluppo dato alle costruzioni monumentali, come anche alle abitazioni de' particolari. Immensi terreni, da 40 anni a questa parte, sono stati coperti di fabbriche, che hanno più di un quarto ingrandito la città, e le rettificazioni risultanti da queste nuove costruzioni han permesso di dare maggiore ampiezza alle strade, regolarità agl'edificj, aria salubre alla città. Sotto un tal punto di vista, non può al certo negarsi i vantaggi immensi che ne son risultati. Quando si pensa che, fin quasi agli ultimi anni del regno di Luigi XIV, gli abitanti di Parigi alloggiavano per la maggior parte in case poste in istrade strette e fangose, e chiusi così in malsane abitazioni, erano continuamente esposti alle inondazioni della Senna, ed alle stragi della peste, che rinnuovavasi incessantemente sotto forme diverse; quando si riflette, dico, a tanta miseria, si stenta a credere che l'amministrazione di allora abbia trascurato fino a tal punto d'apportarvi rimedio.

Pur non ostante, sotto questo glorioso regno, acquistò Parigi una grande estensione, e considerevolissimi miglioramenti: molte nuove strade si aprirono in differenti quartieri, altre furono ricostruite ed abbellite; più di 30 chiese si edificarono; il *Pont-au-Change* si rifabbricò interamente in pietra da taglio, e quattro nuovi ponti si aprirono alla circolazione. Parigi deve parimenti a Luigi XIV il bello *Hôtel des Invalides*, bastante ad illustrare un impero; quindi l'Osservatorio, il magnifico colonnato del *Louvre*, il *Pont-Royal*, il collegio delle *Quatre-Nations*, la biblioteca reale, una quantità di fontane, le belle fabbriche dei specchi, e dei *Gobelins*, *Saint-Sulpice* incominciato, e *Val-de-Grâce* compiuto; finalmente gli archi di trionfo dei *boulevarts Saint-Denis*, e *Saint-Martin* sostituiti alle antiche porte della città, non che altri sontuosi monumenti incominciati sotto questo regno, e condotti a fine in quelli che susseguirono.

I perfezionamenti che fermano al presente lo sguardo del forastiero che traversa la città di Parigi, e che datano da un'epoca più recente, con molta soddisfazione si osserva che la maggior parte di essi son fatti a vantaggio della universalità, e non per la casta privilegiata soltanto: vecchie strade si demolirono per dar luogo alle nuove di sufficiente larghezza; abitazioni più regolari, eleganti, e meglio disposte si costruirono, come anche ombrosi portici, e numerosi passaggi, onde facilitare le comunicazioni; ed ai lati di ogni strada si crearono marciapiedi, perchè alla bellezza e salubrità di esse, si aggiungesse la garanzìa per i pedoni, esposti prima a continui pericoli in una città così popolosa.

Indichiamo ancora come una migliorìa dell'epoca nostra lo stabilimento delle infinite fontane in tutte le vie, potendosi per tal modo lavare tutti i giorni; i *quais* slargati e piantati di alberi; la generale illuminazione a gaz, che fuga le tenebre della notte; e finalmente una polizia attiva ed intelligente, che veglia senza posa al mantenimento dell'ordine, e sicurezza di una popolazione di più che un milione di abitanti.

Noi abbiam descritto il materiale di Parigi come meglio ci fu possibile, per non eccedere la mole del volume che ci siam proposti di offrire ai nostri connazionali; ma certo, benchè questa immensa metropoli racchiuda monumenti degni di ogni considerazione, nondimeno essi soli sarebbero incapaci di aver creata, sostenuta, ed ingrandita ogni giorno più la fama di sua bellezza, lo strepito del suo nome. Parigi è grande, Parigi è bella; ma più che tutto Parigi è vivace. E il vivere di Parigi sono i comodi d'ogni genere, sono l'industria ed il commercio, gli studj e le amministrazioni, i divertimenti, e la libertà, che rendono questa metropoli la prima di Europa, l'invidiata da tutti, la ricercata da tutti.

Noi non ci stimiamo forti abbastanza per poter

dare un' idea esatta della vita parigina. Ci contentiamo di chiamare l'attenzione degl' Italiani che percorrono queste vie, queste piazze, questi *boulevarts* sull' animazione generale, sul moto infinito, e pure ordinato, delle migliaja di vetture, sul buon gusto e l'eleganza dei magazzini a dovizia forniti di ogni cosa che occorre alla vita, ed in tutti gli angoli della città, per cui non è mai necessario che il cittadino s'incomodi a percorrer distanze per fare acquisto di quanto può occorrergli di più capriccioso, o di più variato.

Anche coloro che venendo a Parigi senza relazioni, senza un nome che faccia aprire i saloni dell' aristocrazia al solo suo pronunciarsi, e che per conseguenza restano al di fuori di quei magnifici palazzi incantati, ove si raccoglie quel che chiamasi mondo elegante; anche quelli che non dedicano alla visita di questa città che pochi giorni, hanno il campo di farsi un' idea giusta dell' attrattiva che offre questo paese, se vogliono darsi a considerare che esso presenta ogni genere di risorsa perchè fornito di tutto, fornisce a tutti quello di cui possono abbisognare.

È da qui che annualmente si esportano tanti milioni di franchi di mercanzie che non possono fabbricarsi che qui. Sembra una favola il sentire che Parigi fabbrichi tanto, mentre percorrendo le sue vie non si vede quello che s'incontra in altre città, specialmente d'Italia, cioè laboratorj che diano un' idea del traffico del paese. Ma noi raccomandiamo caldamente ai nostri connazionali di recarsi a visitare i grandi *ateliers* di manifatture diverse, che sono per la maggior parte nei quartieri del *Faubourg du Temple*, di *Popincourt*, di *Saint-Maur*, di *Saint-Denis*, di *Saint-Martin*, ecc., ecc. Non è che andando a cercare quei laboratorii che si può sperare di farsi un'idea giusta dell'industria parigina.

Ma tutto ciò che produce il capriccio, l'arte, l'invenzione dell'operajo, non si fa solo nell'*atelier*: al contrario! la maggior parte dell'*articolo di fantasia* si produce in camera. Percorrete le lunghe vie di *Saint-Denis*, di *Saint-Martin*, del *Temple*, e le vie tutte che traversano queste grandi arterie, e vedrete quasi in ogni porta, una piccola vetrina con entro i campioni degli oggetti che si fabbricano al quinto, ed al sesto piano, in piccole cameruccie, appena illuminate da un raggio di luce che filtra con stento a traverso un piccolo lucernajo. È là che s'immaginano quei tanti piccoli nulla, che son però così belli, e spesso così utili, che fanno sovente la fortuna del mercante che li vende, mentre lascia languire nella miseria, e nello stento il povero artefice che li produsse!

Andate a vedere il *faubourg Saint-Antoine* ove si producono i più belli mobili che adobbino i saloni dei ricchi; andate a vedere la fabbrica dei tappeti dei *Gobelins*, e le manifatture di macchine, ed altri ordegni, e vedrete che Parigi non è come in generale le altre città, che hanno due o tre specialità, ma invece che è universale; che offre mezzi i più vasti per lo studio, e per le elucubrazioni dello spirito, come per il commercio e l'industria : chè quì chiunque abbia ingegno, e sia capace di recare un talento, trova presto o tardi di che applicarlo, ed esserne compensato, qualunque ne sia il genere, qualunque siasi la novità della cosa.

Ed ecco perchè ogni giorno più Parigi divien bella e feconda di produzioni d'ogni specie. Ed ecco perchè vi fioriscono le scienze, e le arti; vi prospera l'industria e il commercio, l'agricoltura e la nautica, e tutto in somma che serve a migliorare le condizioni dell' umanità.

SAVERIO DEL-MONTE.

— XIX —

PARIGI

VEDUTA A VOLO D'UCCELLO.

POSIZIONE GEOGRAFICA DELL' OSSERVATORIO.

Latitudine . . . 48° 50' 49".
Longitudine . . . 0 0 0.

Per formarsi un' idea esatta della città di Parigi, e della posizione di tutti i suoi monumenti, bisogna esaminarla, come dicesi, a volo d'uccello, e salire perciò, con una pianta topografica alla mano, sulla sommità di una delle due torri della chiesa di *Notre-Dame*, uno de' punti più elevati, e forse il più adatto per potere abbracciare di un sol colpo d'occhio l'insieme di questo magnifico panorama. Dall' alto di queste torri, e coll' ajuto di un canocchiale, lo sguardo dell'osservatore può comodamente seguire il tranquillo corso della Senna da Charenton fin quasi ad Auteuil, ed in questo lungo tragitto vedere il fiume traversare maestosamente tutta la città, dal ponte di Austerlitz, isola Saint-Louis, Pont-au-Change, ed altri di più recente costruzione, fino a quello di Iena. Quindi girando l'occhio sulla vasta estensione che occupa la città, si ha innanzi a sé, da tutte le parti, una quantità di edificj e sontuosi palazzi, quali sono il Louvre, le Tuileries, il Luxembourg, il Pantheon, Saint-Sulpice, gl' Invalidi, la Maddalena, la Borsa, il Palais-Royal, l'Hôtel-de-Ville, la Scuola Militare, la piazza della Concordia, i Campi Elisi, e l'Arco trionfale della Stella; come ancora molti altri monumenti non meno importanti; e per ultima prospettiva le belle colline, e campagne che circondano questa gran capitale. Quà e là nelle diverse parti della città, si vedranno parimenti diverse piazze, alcune delle quali arricchite di belle fontane, come quelle del Châtelet, degl'Innocenti, di Saint-Sulpice, della piazza Royale, e della Concordia; altre decorate da colonne monumentali, come la Bastille e la piazza Vendôme. Finalmente l'elegante cintura dei *boulevarts* interiori, guarniti in ciascun lato da doppia fila di alberi verdeggianti, che servono di bordura a magnifici edificj, ricchi magazzini, e grandiosi stabilimenti d'ogni genere, il tutto animato dal continuo passaggio delle vetture e dei ricchi equipaggi, non che dall'immenso movimento di un'attiva e laboriosa popolazione, che in tutti i sensi attraversa incessantemente la immensa capitale.

Il forastiero che, dopo l'osservazione preparatoria fatta a volo d'uccello, vuol veder più da vicino e dilettarsi sopra ogni oggetto che in modo più particolare ha colpito la sua vista dall'alto delle torri; colui finalmente, che desidera godere nella realtà i variati piaceri che gli si presentano da tutte parti, altro non gli resta che l'imbarazzo della scelta. Può nel tempo stesso esser certo d'incontrar dappertutto accoglienza sollecita, ridente fisonomia, unita a maniere affabili e graziose. In una parola, il forastiero che giunge a Parigi vi trova certamente tutto ciò che puol desiderare, ed ha nel tempo stesso la facoltà di regolar le spese in proporzione relativa ai suoi mezzi finanziarj, quantunque assai limitati, senza vedersi diminuire per tal motivo le attenzioni dovute; ed in conclusione vi potrà vivere più comodamente, ed in modo più variato, che in qualunque altra capitale di Europa.

CENNI STORICI

sulla

CITTÀ DI PARIGI

Nel ricinto attuale di Parigi, la Senna formava un tempo cinque isole. Quella ove trovasi il quartiere della Città Vecchia, e che ne fu sempre la più importante, in principio venne chiamata *Lutetia*, nome che conservò lungo tempo. Era abitata da una tribù che credesi fosse venuta dalla Gallia Celtica, i di cui membri portavano il nome di *Parisii*, ed esercitavano lungo il fiume un fiorente commercio. Tale asserzione pretende provarsi col dire, che da tempo immemorabile la loro città aveva per simbolo una nave. A me però sembra più ragionevole che l'antica *Lutetia* fosse simboleggiata in tal modo non per il commercio che gli abitanti di essa facevano lungo i fiumi, ma per la forma che la loro isola aveva, perfettamente simile ad una nave: che se questa loro industria avesse avuto un grande sviluppo in tempi sì remoti, Cesare non ce l'avrebbe certamente taciuta. Conquistata dal più grande dei romani guerrieri, questi la fece riedificare, l'abbellì di parecchi edificj, la rese forte con muraglia e due torri, innalzandone una ove trovasi attualmente il *Pont-au-Change*, e l'altra ove esiste il *Petit-Pont*, i quali congiungono tuttora la Città Vecchia all'alto quartiere denominato S. Giacomo: accessibile ne' tempi antichi da questi due punti soltanto.

I Romani ne' 530 anni che la possedettero l'aggrandirono di molto, estendendo i nuovi edificj sulle due rive della Senna, specialmente al Nord. La città primitiva racchiusa nell'isola ebbe il nome di Città Vecchia, e l'insieme, cioè città e sobborghi, divenne la capitale delle Gallie. Vi risiedettero i romani proconsoli, e più tardi venne abitata dall'Imperatore Giuliano, il quale vi fece riedificare le Terme, di cui rimangono tuttora visibili avanzi. Valentiniano e Graziano parimenti vi dimorarono per qualche tempo. Verso la fine del soggiorno di Giuliano (anno 361) la città cangiò il vecchio nome di *Lutetia* per prender l'altro di Parigi (*Parisii*), che ha sempre poi conservato. Il paganesimo vi esisteva da lungo tempo: Giove era onorato alla punta orientale della città; Mercurio sull'alto del colle chiamato in seguito di *Sainte-Geneviève*; e Marte sulla sommità di quell'altro, che forse dal tempio e culto di questo Dio chiamossi *Montmartre*. Pretendesi che circa l'anno 245 S. Dionisio venisse a predicare in *Lutetia* la religione cristiana, e che restasse vittima del suo zelo evangelico unitamente ai compagni, i quali tutti furono martirizzati sul colle di Marte. Nel luogo ove attualmente torreggia la superba basilica di *Notre-Dame de Paris*, sorgeva un tempo umile chiesuola dedicata a S. Stefano; e questa fu il primo tempio cristiano che videro i cittadini di *Lutetia*.

Alla dominazione Romana seguì quella dei Franchi verso il 494; Clodoveo figlio di Childerico, e nipote di Meroveo, dopo la sua conversione al cristianesimo, stabilì la sede del suo impero a Parigi, l'anno 508. Childeberto, uno de' suoi successori, e che prese il titolo di re di Parigi nel 524, gettò i fondamenti della prima chiesa di *Notre-Dame*.

I re della seconda dinastia risiedettero poco tempo

a Parigi. Sotto i deboli successori di Carlomagno questa città divenne una contea ereditaria. Venuti i primi Normanni in Francia, l'anno 845, prima di stabilirvisi, risalirono la Senna colle loro barche, saccheggiarono e distrussero tutta la città. Undici anni appresso ritornarono, e costrinsero di nuovo gli abitanti di Parigi ad abbandonare i loro focolari. Tali scorrerie frequenti e disastrose obbligarono il popolo a circondare di fortificazioni e torri la loro città; ma non compiuti ancora tali lavori, trenta mila Normanni vennero ad assediarli. Parigi era in quel tempo governata dal conte Eudes, figlio di Roberto il Forte, le di cui azioni gloriose salvarono gli abitanti, e costrinsero i Normanni a togliere l'incominciato assedio.

A misura che la città oltrepassava i limiti della sua isola primitiva per distendersi sull'una e l'altra riva delle due braccia della Senna, nuove strade, e nuovi quartieri formavansi. Sotto il regno di Luigi VI ebbe un più vasto ricinto, ed i borghi l'*Abbé, Thibourg, Beau-Bourg, S. Martin*, occupati oggi dalle vie S. *Martin, Beaubourg, Bourtibourg,* e *Bourg-l'Abbé* sulla riva destra; e quelli di *S. Germain-des-Prés, S. Victor,* e *S. Michel* sulla riva sinistra racchiusi vennero entro le nuove mura. Dividevasi allora la città di Parigi in tre parti ben distinte, quella al nord della *Seine*, la Città Vecchia nel mezzo, e l'Università al sud. Ben presto questo secondo circuito non fu più bastante alla crescente popolazione, e Filippo-Augusto nel 1190 ne fece costruire un terzo, reso forte da cinquecento torri, e circondato da profondo fosso, spiegandoci un tal fatto il motivo per cui tante strade si chiamano ancora attualmente dei *Rempart, Fossés-Saint-Victor, Fossés-Saint-Jacques, Fossés Montmartre*, etc. Circa quest'epoca s'incominciarono a lastricare le vie di Parigi, in grazia del generoso dono fatto per tale oggetto della somma di undicimila marchi di argento, dal ricco cittadino *Gérard de Poissy*.

Nel 1356, durante la prigionia del re Giovanni in Inghilterra, il famoso Stefano Marcel console de' negozianti fece incominciare i lavori di un quarto recinto. Nella parte meridionale si fecero soltanto i restauri alle vecchie mura; ma la parte settentrionale della città aumentò considerabilmente. Una porta fortificata con torri e chiamata la *Bastille Saint-Antoine* s'innalzò all'estremità della via che portava un tal nome; altre porte che si dissero *Bastille du Temple*, e di *Saint-Denis*, unite fra loro mediante una muraglia, furono parimenti costruite; alcune delle antiche furono rifatte più distanti, e quella di *Saint-Honoré*, che era assai forte, aveva un muro che prolungavasi fino alla Senna presso al luogo ove sorse dipoi il palazzo del *Louvre*, in cui vi era allora un'alta torre, chiamata la *Tour-du-Bois*, restata in piedi fino all'epoca di Luigi XIV. Una rocca di legno difendeva la testa dell'isola che porta il nome di *Saint-Louis*, la quale è unita con un ponte all'altra della vecchia città. L'entrata in Parigi dalle parti della Senna era parimenti guardata da forti catene rette con delle barche, tanto all'insù, che all'ingiù del fiume.

Non bisogna però credere, che a tal' epoca la popolazione di Parigi crescesse proporzionatamente alla estensione che acquistava la città colla sua nuova cinta: al contrario; il principio del XV° secolo vide perire di una terribile epidemia più che due terzi degli abitanti; diciott'anni appresso, la carestia, la peste, i massacri, e le sanguinose conseguenze delle guerre civili ed esterne, tolsero ancora à Parigi più di cento mila individui. Pochi anni dopo, nel 1420, quando questa città, dalla ferocia e tradimento del duca di Borgogna, e de' partiti che in que' tempi laceravano la Francia, venne consegnata agl' inglesi, la popolazione fu nuovamente decimata dalla fame, ed altri flagelli. Finalmente nell' anno 1436 i partigiani del re d'Inghilterra cacciati vennero da Parigi, ma vi lasciaron di loro assai trista rimembranza, cioè fame e peste, che nel successivo anno tolsero di vita altri 50,000 abitanti. Un flagello di nuovo genere, che ne fu la conseguenza, sopravvenne onde accrescer l'orrore di tanta calamità: branchi di lupi, attratti dal puzzo de' cadaveri, e costretti dalla fame, entravano in città dalla parte del fiume, assalivano e divoravano donne e fanciulli perfin nelle case. Quindi il caldo straordinario che sentir si fece nel 1466, tolse di vita un numero sì grande di persone, che si dovette, cosa strana, accordare asilo ai malfattori di ogni paese onde ripopolare la capitale. In somma questo funesto XV secolo fu, per quasi tutto il suo corso, una serie non interrotta di calamità, e disastri.

Ciò non pertanto, verso la fine del regno di Luigi XI, Parigi si era ripopolata a tal punto, che contava più di 300,000 abitanti. Sotto questo re ebbe stabilimento la stampa, la posta delle lettere, e de' cavalli. Carlo VIII suo figlio collocò la prima pietra della *Ville l'Evéque,* e riunì alla biblioteca reale quella dei re di Napoli.

Luigi XII, che venne in appresso, poco si occupò dell' abbellimento della città; ma vi corresse molti abusi, e diminuì le imposizioni: cose che gli meritarono il bel titolo di Padre del Popolo.

Francesco I di lui successore dilatò nuovamente la cinta di Parigi dalla parte dell' ovest; e nel regno di questo gran principe si eseguirono i primi abbellimenti nella città. La greca e romana architettura fu per la prima volta adoperata negli edificj : i quadri dei migliori artisti d'Italia vennero la prima volta ad abbellire i palazzi decorati dalle sculture di Giovanni Goujon. Le chiese di *Saint-Gervais*, *Saint-Germain-l'Auxerrois*, *Saint-Méry*, e l' *Hôtel de Ville* furono fabbricate o restaurate; il *Louvre* fu ricostruito su nuovo disegno, e s'incominciò a rifabbricare il sobborgo *Saint-Germain*, interamente rovinato dalle calamità del XV secolo.

Sotto Enrico II, il vecchio *Louvre* fu terminato, e l'ospitale delle *Petites-Maisons* costruito. Fu Enrico II il primo in Francia che fece nelle monete collocare l'effigie dei re.

I principali edifizj innalzati sotto Carlo IX sono : il palazzo delle *Tuileries*, il palazzo di *Soissons*, il collegio di *Clermont* o de' Gesuiti, e l'ospitale di *Saint-Jacques-du-Haut-Pas*.

Regnando Enrico III sorsero le chiese dei *Jésuites-Saint-Antoine*, oggi di *Saint-Louis* e di *Saint-Paul*; il monastero dei *Feuillants*; l'*Hôtel de Bourgogne*, ed il Teatro Italiano.

Sotto Enrico IV si terminò il Ponte Nuovo con il suo terrapieno alla punta dell'isola della vecchia città. I *quais* dell' *Arsenal*, *Horloge*, *Orfèvres*, *Ecole*, *Mégisserie*, *Conti*, e degli *Augustins*, hanno avuto origine in tal'epoca. Nella vecchia città si formò la piazza *Dauphine*, e si aprì la strada, che porta lo stesso nome, sulla sinistra riva della Senna; una piazza monumentale, che in seguito venne chiamata piazza *Royale*, surrogò, nel rione *Marais*, il vecchio palazzo *Tournelles*, che parecchi re, ed in ispecie Francesco I avevano abitato.

Sotto Luigi XIII, re debole che regnò senza mai governare, Parigi si abbellì di molto : i *quais*, e le vie principali dell'isola di *Saint-Louis* furono edificati; Maria de' Medici fece fabbricare il palazzo del *Luxembourg,* ed alberare il *Cours-la-Reine;* parecchi ponti e nuovi monumenti furono costruiti, fra quali il *Palais-Royal,* chiamato a quell'epoca *Palais-Cardinal;* quindi la chiesa di *Saint-Roch,* l'*Oratoire, Val-de-Gráce,* le *Madelonnettes,* la *Salpétrière,* gli *Enfants-Trouvés,* la *Sorbonne,* ed il *Jardin-des-Plantes;* le pubbliche piazze vennero decorate di statue; la equestre di Enrico IV fu collocata sul Ponte Nuovo, e quella di Luigi XIII nella piazza *Royale.* Durante questo tempo, il vecchio muro di cinta di Filippo-Augusto, slargato da Francesco I, non serviva più allo scopo per la cresciuta popolazione; ma venne Luigi XIV, e rovesciò tutte le torri, e terrapieni, riempì i fossati, i quali un tempo avrebbero potuto difendere la città, e renderla in qualche modo inespugnabile; ma che però allora erano divenuti insufficienti ed inutili in seguito dell'apportato perfezionamento alla difesa delle piazze. D'altronde Luigi XIV credeva, e ben lo dice *Sainte-Foix,* che la capitale di un grande e potente regno non ha bisogno di ripari. Dopo tal'epoca questi conservarono solamente il nome di *Boulevarts,* e formano oggigiorno quell'interno cerchio che costituisce la superba passeggiata, la quale a buon dritto può qualificarsi per una delle più belle d'Europa.

La città di Parigi va debitrice a Luigi XIV dell'*Hôtel-des-Invalides,* che basterebbe solo ad illustrare un regno; dell'*Observatoire;* della *Colonnade du Louvre;* del *Pont-Royal;* del collegio delle *Quatre-Nations;* della *Bibliothèque royale;* di un certo numero di fontane le più eleganti; delle belle manifatture di lastre di cristallo, e dei *Gobelins;* l'incominciamento di *Saint-Sulpice,* ed il compimento di *Val-de-Gráce;* quindi gli archi trionfali dei *boule-*

vards Saint-Denis, e *Saint-Martin*, sostituiti alle antiche porte della città.

In principio del regno di Luigi XV gli abbellimenti ebbero nuova vita. Sulla piazza che portava il nome di questo monarca, e che oggi sotto quello della *Concorde* è sì splendidamente decorata, s'innalzarono due monumenti, che per la loro architettura gareggiano colla colonnata del *Louvre;* furono piantati gli alberi ai *Champs-Élysées;* ed innalzati gli edificj della Scuola Militare, del Diritto, e quello assai bello della Zecca; nuovi *boulevards* furono tracciati alla parte del sud, ed una nuova chiesa, *Sainte-Geneviève,* destinata ne' decorsi anni alla memoria dei grandi uomini della nazione, e cangiato perciò il nome nell'altro di *Panthéon,* restituita oggi al culto dall'attuale governo, corona in modo grandioso l'altura su cui è situata.

Compivansi gl'incominciati, ed altri nuovi abbellimenti sorgevano regnando Luigi XVI, quando nel 1789 scoppiò con tutto il suo furore la più grande delle rivoluzioni. Essendovi molto a riedificare nell'edificio politico, più che a fabbricare si pensò allora a demolire. S'incominciò dalla *Bastille*, fortezza del dispotismo; i cimiterj furono trasportati fuori della città, sorsero delle abitazioni ove prima erano i sepolcri, e ciò fu certamente vantaggio non lieve. Un numero grande di monasteri e conventi, o furono destinati, cangiata la loro forma, ad usi migliori, o vennero abbattuti del tutto; hassi però a lamentare in tale occasione la perdita di tanti antichi edificj, i quali, astrazione facendo dal loro religioso carattere, per la parte istorica ed architettonica avevano certamente un merito incontestabile. Le demolizioni lasciavano largo spazio alle nuove fabbriche, e Napoleone che sopravvenne riempì un tal vuoto con attività senza esempio, da potersi solo paragonare a quella da lui adoperata nel desiderio di conquistare il mondo. Occupossi in modo particolare dei monumenti, e delle utili istituzioni. Aprì un canale che incomincia dalla riviera dell' *Ourcq*, passa per la *Villette*, e si congiunge colla *Seine* mediante i fossati della *Bastille*, per l'avanti sempre pieni di acque stagnanti e putride. In luoghi adatti costrusse publici macelli, sbarazzando le vie di Parigi de' numerosi branchi di bovi e montoni, che ogni giorno le ingombravano per ogni parte. Aprì nuovi mercati nel tempo che i vecchi venivano ingranditi, e resi più salubri. Un numero di fontane fe' sorgere in tutti i quartieri della città; quattro nuovi ponti furono piantati sulla *Seine*. Le vie monumentali di *Castiglione*, e della *Paix*, vennero prolungate dal giardino delle *Tuileries* ai *boulevards* interni, aventi per punto centrale la bella piazza *Vendôme*, decorata dalla superba colonna di bronzo, alla sommità della quale posa la statua del suo fondatore, stranamente vestita in abito da viaggio. Un'altra via delle più magnifiche, detta di *Rivoli*, costruita sopra un piano uniforme, fiancheggiante in tutta la sua lunghezza il giardino delle *Tuileries*, fu incominciata e molto portata innanzi sotto questo impero; oggi poi prolungata fino all' *Hôtel-de-Ville*. Parimenti sotto Napoleone (nel 1808) si vide sorgere il palazzo della Borsa, e si lavorò al compimento del *Louvre*. La piazza del *Carrousel*, mediante una cancellata di ferro, fu divisa dalle *Tuileries*, al cui principale ingresso fu innalzato un arco di trionfo. Gli avvenimenti del 1814 e 1815 fecero sospendere i lavori di abbellimento della città, il più rimarchevole de' quali era senza dubbio quello di aprire una via che partendo dal colonnato del *Louvre*, innanzi al quale si sarebbe formata una bella piazza semicircolare con fontana monumentale nel mezzo, ornata di sculture, quindi prolungata fino alla barriera di *Vincennes*. La via di *Rivoli*, che dovrà protrarsi fino alla piazza della *Bastille*, complta attualmente sino all' *Hôtel-de-Ville*, realizzerà un sì magnifico progetto.

Sotto la Restaurazione pochi pubblici edificj vennero eretti; ed all'opposto società private fecero fabbricare de' bei quartieri, i quali oggidì somigliano ad altrettante nuove e regolari città: la via di *Rivoli*, colle sue arcate e gallerie coperte, ebbe compimento nella sua prima parte, nel modo stesso che il superbo tempio della *Bourse*.

Dopo la rivoluzione del 1830 si ebbe cura particolare di portare a fine i monumenti incompiuti o bisognosi di restauro, quali, per esempio, l'arco trionfale della *Etoile*, ed il tempio della *Madeleine*; quindi il bell' *Hôtel du quai d'Orsay*, il palazzo delle *Beaux-Arts*, e la Camera dei *Députés*. Grandiosi ornamenti furono aggiunti alla piazza della *Concorde*, nel cui centro si collocò il colossale obelisco di Luxor; fu sopra vasto piano restaurato l'antico *Hôtel-de-Ville*, costruito il ponte del *Carrousel*, ed innalzata sulla piazza della *Bastille*, la monumentale colonna di bronzo. Parimenti in quest'epoca, ed a cagione del disgraziato accidente che tolse alla famiglia d'Orleans il suo erede presuntivo, una cappella commemorativa venne consacrata sul luogo medesimo ove lo sventurato principe rimase vittima di funestissima caduta. Un tal monumento (fuori di Parigi) ha buona architettura, ed è rimarchevole per la finitezza della sua esecuzione.

Le vie lungo il margine del fiume, o de' canali, chiamate *Quais*, ricevettero maggiore sviluppo, e piantate di alberi in qualche punto, formano delle piacevoli passeggiate. Nuove strade parimenti sono state aperte ne' vecchi quartieri; edificate fontane monumentali, fra cui quella sulla piazza di *Saint-Sulpice*; venne data esecuzione ad un gran sistema di fogne, per cui ne risentì molto vantaggio l'igiene pubblica; e la illuminazione a gaz, moltiplicata dappertutto, ci fa in ogni sera ammirare il ricco apparato de' belli fondachi sparsi a profusione in ogni quartiere della città.

Parigi, ora di una estensione sì considerevole, s'ingrandirà maggiormente quando il dazio, chiamato *octroi*, sarà naturalmente trasportato fino al muro continuo di cinta, costruito nell'ultimo regno, che ha una estensione di nove leghe, corrispondenti a circa 36 chilometri. Al di là di questo muro, di non ordinaria spessezza, e circondato da largo e profondo fossato, trovansi di distanza in distanza, dei Forti distaccati, i più importanti de' quali sono quelli di *Saint-Denis*, di *Charenton*, e del monte *Valerien*.

Tali nuove fortificazioni sono, nel loro insieme, un lavoro gigantesco mirabilmente eseguito; ma disgraziatamente la loro esistenza distrugge tutto il bello delle circostanti passeggiate, non eccettuato l'aristocratico bosco di *Boulogne*, trattato nel modo stesso che tutti gli altri dintorni di Parigi, trovandosi per tal fatto diviso in due nella sua totale lunghezza; questo bosco però, per i lavori che attualmente vi si eseguiscono, va ad acquistare una nuova e bella forma, che a suo luogo indicheremo. Tutti questi lavori furono incominciati e compiuti nel breve periodo di un decennio!

Dopo la rivoluzione del 1848, e specialmente negli ultimi due o tre anni decorsi, Parigi sembra in alcuni luoghi trasformata in un immenso campo di rovine e costruzioni. Il taglio della via delle Scuole, e sopra tutto il prolungamento della via di *Rivoli*, hanno cangiato aspetto a diversi quartieri. Con una cancellata di ferro si rimpiazzò l'ignobile tavolato che disonorava il Colonnato del *Louvre*; e le belle ajuole di fiori sono state sostituite ai rottami, ed alle pietre, da cui l'edificio veniva deturpato. La congiunzione del nuovo *Louvre* col palazzo delle *Tuileries* è vicina a compiersi. La caserma *Napoléon* ha ricevuto i suoi ospiti. La torre di *Saint-Jacques* si sta restaurando. Il ponte di *Notre-Dame* è stato rifatto ed abbassato. Livellamenti di ogni genere sono stati intrapresi. Una cloaca immensa che deve raccogliere e scaricar le lordure nella parte inferiore della città, è stata scavata in proporzioni tali, che si direbbe essersi voluta fabbricare una città sotterranea. Il *boulevard de Strasbourg* è stato aperto alla pubblica circolazione; ed ora aspettasi quello del *Centre*. Magnifiche *Halles* stanno sorgendo. Finalmente il palazzo dell'*Industrie* apre le sue porte ai prodotti dell'arte di tutte le nazioni. A corto dire, nessun'epoca è stata sì ricca e feconda in migliorìe, e fondazioni di ogni genere, quanto la presente.

Chiuderemo questi brevi cenni osservando, che la popolazione di Parigi nel XV secolo giungeva appena a 100,000 anime; sotto Luigi XIV arrivò alle 500,000, ed oggi si è tanto aumentata che supera un milione di abitanti.

Da questo rapido sommario delle diverse fasi storiche di Parigi può facilmente giudicarsi quanto la città differisca ai nostri giorni dall'antica *Lutetia*, situata in origine in mezzo a boschi e paludi, luogo apparentemente non adatto a diventare la capitale di un grand'impero. Ed in effetto, i cangiamenti che essa ha subito, l'ampliazione e gli abbellimenti di cui è stata l'oggetto in tante epoche differenti, l'hanno resa sì diversa dalla primitiva sua origine, e dalla fondazione della sua prima monarchia, che si può senza tema di errore asserire non esser seconda ad altra capitale di Europa. Ed è cosa certamente maravigliosa, che dopo tanti funesti avvenimenti, dopo tante sanguinose catastrofi, tante guerre intestine, e feroci dissensioni politiche, abbia potuto raggiungere una sì vasta estensione, arricchirsi di tanti ed importanti monumenti, e giungere a quel grado di splendore e di possanza che oggigiorno possiede. Esaminata sotto un tal punto di vista, dobbiamo per necessità concludere, che Parigi è la città più straordinariamente rimarchevole che esista sul nostro globo.

PRIMO CIRCONDARIO.

QUARTIERI :

ROULE, TUILERIES, CHAMPS-ÉLYSÉES, MADELEINE, ÉLYSÉE IMPÉRIAL.

Palazzo e giardino delle TUILERIES, e piazza del CARROUSEL.

L'ordine che noi ci siamo proposti nella descrizione dei monumenti di Parigi ci permette di parlare del palazzo delle *Tuileries* prima di ogni altra cosa, e ne profittiamo con piacere onde fare onoranza a questa antica dimora reale.

Certamente, il palazzo delle *Tuileries*, riguardato sotto il punto di vista politico, è un luogo de' più rimarchevoli : gli avvenimenti di cui n'è stato il teatro; gl'illustri personaggi che lo abitarono, rappresentando le prime parti nella scena politica del mondo, possono somministrar materia a molte e svariate osservazioni ; ma appartenendo questo esclusivamente alla storia, dobbiamo qui tenerne proposito come di cosa secondaria ; ciononostante quando ci si presenterà una qualche circostanza che possa accrescere interesse alla nostra descrizione, noi non la trascureremo certamente.

Il nome di questo palazzo ha origine dal luogo medesimo ove fu fabbricato, poichè essendovi state fin dagli antichi tempi le fabbriche di tegole per uso della prossima *Lutetia*, dal suo prodotto ebbe e conservò sempre il nome di *Tuileries*. Nel 1564, Caterina de' Medici fece acquisto di tutto il terreno, e da Filiberto Delorme vi fe' costruire l'attuale palazzo, il quale in origine non consisteva che nel gran padiglione quadrato del centro, nelle due parti che hanno una terrazza sul lato del giardino, e ne' due padiglioni alle loro estremità. Sotto Enrico IV, Luigi XIII, e Luigi XIV venne ampliato, innalzato, ed abbellito; ma le sue proporzioni rimanendo per tal fatto alterate, ne scapitò lo stile, e l'insieme. Ciò non ostante, dopo il *Louvre*, è uno de' più belli palazzi che abbia la Francia.

Avendo un astrologo predetto a Caterina de' Medici che sarebbe morta presso a *Saint-Germain*, superstiziosa com'era, la si vide subito fuggire i luoghi e le chiese che portavano un tal nome; e perchè il palazzo delle *Tuileries* esisteva nella parrocchia di *Saint-Germain-l'Auxerrois*, si fece fabbricare un altro palazzo sul terreno ove trovasi attualmente la *Halle-au-Blé*, che venne chiamato *Hôtel de Soissons*.

Ciò non ostante fu al palazzo delle *Tuileries*, nel 1572, che questa principessa, astuta e crudele nel tempo stesso, alcuni giorni innanzi al massacro della *Saint-Barthélemy*, immaginò di dare una splendidissima festa, in occasione del matrimonio del re di Navarra (poi Enrico IV) con Margherita di Valois, sorella di Carlo IX. Una tal festa fu, per così dire, la prefazione degli orribili assassinj che dovevano succedere. Vi si rappresentò un mistero ove figuravano tutti i grandi personaggi di corte, cattolici e protestanti. In questa composizione allegorica, Carlo IX ed i suoi fratelli, avevano la difesa del paradiso contro il re di Navarra ed altri gran signori ugonotti; dopo diverse giostre, e combattimenti simulati, i scismatici venivano spinti e cacciati fin nell'inferno, ove erano ritenuti per qualche tempo. Nulla è certamente più esplicativo di un tal fatto, e nel tempo medesimo non v'ha cosa più barbara di questa mascherata, fatta quattro soli giorni innanzi che si ordinasse quell'orribile assassinio, in cui doveva scannarsi la maggior parte degli attori nel rappresentato mistero. Non si può, in verità, non fremere di sdegno ed orrore pensando, che una donna sia stata capace d'immaginare, comporre, e preparare a sangue freddo una festa, ed un ballo sul premeditato eccidio di una parte della nazione; sorridere alle sue vittime; sollazzarsi nella carnificina, ed unire gli allettamenti del ballo e della musica ai gemiti di centomila infelici che stava sgozzando nel suo pensiero!

Abbandoniamo rimembranze sì triste, e ritorniamo alle *Tuileries* della nostra epoca. Gl'interni adobbi sono ricchi oltremodo; gli appartamenti sono decorati da pitture e sculture dei più distinti artisti francesi e stranieri. Innanzi la facciata del *Carrousel* v'è una gran corte divisa da una piazza immensa in forza di cancellata postavi dall'imperatore Napoleone nel 1806. Alla porta centrale di questa corte è situato un arco trionfale di molto bello stile, ma assai piccolo per uno spazio sì vasto. Prende esso origine dall'epoca medesima; alla sua sommità furono posti i quattro antichi cavalli di bronzo della piazza di S. Marco, restituiti alla città di Venezia nell'anno 1815; nel 1828 vi si collocò l'attuale quadriga, lavoro del nostro italiano Bosio.

Nel febbrajo 1848 il palazzo delle *Tuileries* ebbe molto a soffrire dall'ira del ribellato popolo, che lo ebbe per assalto; vi si fece però ogni possibile riparazione, quando, più tardi, si destinò a soggiorno del nuovo imperatore. In assenza della Corte, gli appartamenti possono vedersi, mediante particolar permesso del ministro della casa imperiale.

Piazza del CARROUSEL.

Questa piazza, tanto importante per i diversi fatti storici che ci richiama alla memoria, e che nel pensiero di Napoleone doveva comprendere tutto lo spazio che separa i palazzi delle *Tuileries*, e del *Louvre*, i quali ricongiungendosi dalla parte della bella strada di Rivoli, avrebbero certamente in tal maniera formato la più vasta e bella piazza che possa mai immaginarsi; non doveva, dopo le tante modificazioni fatte al progetto primitivo di Napoleone I, aver compimento che quarant'anni più tardi, sotto il regno del di lui nipote Luigi Napoleone. Per lungo tempo questa piazza restò ingombrata da baracche e casipole, unitamente ad un corridojo di legno che per mala sorte era stato addossato al *Louvre*, e ne toglieva in parte la bellezza; oggi però tutto questo è sparito, e le nuove costruzioni, che legano le *Tuileries* al vicino palazzo, stendono le loro imponenti linee all'occhio dello sbalordito riguardante. Tali nuove costruzioni sono destinate ai diversi ministeri, disseminati ora nella città, e ad una caserma di soldati.

La piazza del *Carrousel* rammenta dei fatti memorabili. Si unisce alla storia dei re per mezzo di Caterina de' Medici, di Luigi XIV, e più tardi a quella di Napoleone; la lega alla storia del popolo gli avvenimenti del 1789, 1830, e 1848; meritava per conseguenza che si trattasse nel modo stesso della piazza della Concordia, tanto pomposamente adornata. Il

ARC DE TRIOMPHE DU CARROUSEL.

famoso torneo o carosello dato in questa piazza da Luigi XIV ne'giorni 5 e 6 giugno 1662, gli fece acquistare il nome che conserva tuttora. Esso fu in effetto la festa più brillante che abbia mai avuto luogo; annunciato lungo tempo innanzi all'Europa intera, ebbe ognuno campo di arrivarvi, anche dalle parti più remote del mondo civilizzato. Se ne parlò per lungo tempo; e l'impressione che produsse fu tale, anche nella Corte, che ci volle tutto il fasto spiegato nelle feste date a *Versailles* per indebolirne la memoria.

Parimenti sulla piazza del *Carrousel* fu che Napoleone passò in rivista, nel 1812, la grande armata, sì bella, sì aguerrita, e formidabile, colla quale si sarebbe potuto conquistare quasi l'universo; ma che un'avversa sorte la destinava a perire in gran parte fra i ghiacci della Russia. Questa piazza venne abbassata di circa due metri, e completamente lastricata di nuovo, spendendovisi 300,000 franchi.

Giardino delle TUILERIES.

Il giardino delle *Tuileries*, all'epoca di Luigi XIII, era disgiunto dal palazzo mediante una strada che portava lo stesso nome. Racchiudeva una vasta uccelliera, uno stagno, una conigliera, un serraglio di bestie, ed un'aranciera. In questo luogo esisteva la casa di *Mademoiselle de Guise*, ed un giardino pubblico, frequentato dai grandi signori di quell'epoca. Una grossa muraglia, con fosso, e bastione chiudeva in tutta la sua lunghezza questo giardino, e gli serviva di limite. Nel 1665, Luigi XIV ne mutò l'antica forma, ordinando a *Le Nôtre* di ridurlo allo stato attuale. Le due terrazze che lo fiancheggiano, cioè dei *Feuillants*, e *du bord de l'eau* vanno a terminare in una vasta apertura, chiusa da balaustra, sporgente sulla piazza della Concordia, da dove puoi osservare l'intera estensione dei Campi Elisi sino all'arco monumentale della Stella. Recentemente è stato abbassato il muro che separa le due terrazze dalla piazza, sulla quale oggi discendesi mediante scalinate. Dinnanzi al palazzo si stende un vasto *parterre* limitato da gruppi d'alberi secolari di maestosa elevazione, occupanti la maggior parte del giardino, diviso da un largo viale che si prolunga sino alla cancellata nel fondo. Due spaziose peschiere trovansi su questa linea, nelle quali, oltre ai cigni che vi nuotano, vi prendon diletto una quantità di vispi fanciulli col farvi scorrere piccole navicelle. Ornato è tutto il giardino da grandi statue, belle e brutte, parte in marmo, e parte in bronzo, rappresentanti soggetti mitologici, greci, e romani : non mancano antichi vasi marmorei di buona esecuzione.

La parte del giardino prossima alla piazza della Concordia non è meno abbellita, e coperta da piantagioni simmetriche di bell'effetto, le quali accrescono non poca vaghezza all'insieme di questa superba passeggiata.

Non è lungo tempo, che all'estremità della terrazza del *bord de l'eau* si adattò un'aranciera più conveniente dell'antica, la quale ricevette un'altra destinazione, ma che però interrompe la prospettiva.

La lunghezza del giardino delle *Tuileries*, dalla facciata del palazzo sino alla opposta estremità, conta 376 tese; e la sua larghezza, comprese le due terrazze, è di 168. Oltre al gran viale del centro, vi è l'altro viale e contro-viale, detto degli aranci, dalla parte della terrazza dei *Feuillants*, che nella bella stagione è il naturale convegno delle gentili persone, ed il luogo più frequentato del giardino.

Piazza della CONCORDE,
detta in passato piazza di Luigi XV.

La posizione del palazzo delle *Tuileries* coll'annesso giardino; il lungo passeggio formato dai *Champs-Élysées*; la gran piazza che li separa dalle *Tuileries*, senza punto disgiungerli, formanti questo insieme uno de' più magnifici ingressi di città che possa mai immaginarsi, viene generalmente considerato quale accompagnamento dovuto alla imperial residenza.

Sulla piazza di Luigi XV, e nel sito appunto ove era situata, innanzi la rivoluzione del 1789, la statua equestre di questo monarca, si vede sorgere attualmente l'obelisco di Luxor. Abbellita di molto dal re Luigi-Filippo, la piazza è circondata da varj oggetti in maniera disposti che l'occhio dello spettatore non s'accorge di nessuna interruzione che possa esservi fra il giardino delle *Tuileries* ed i *Champs-Élysées*. Chiusa all'*Est*, ed all'*Ouest* da belle masse di verdura, che sono le due pubbliche passeggiate alle quali serve di comunicazione, ci presenta, al *Sud* il ponte della Concordia, che conduce al palazzo del Corpo Legislativo, ed al *Nord* le belle fabbriche dell'antica Guardaroba, divise dalla strada *Royale*, oggi però chiamata della *Concorde*, la quale mena al magnifico tempio della *Madeleine*, che parimenti descriveremo. La sua teatrale decorazione, oltre alle cose indicate, si compone di due grandi fontane monumentali, riccamente ornate di figure allegoriche, che hanno però il bacino non corrispondente alla materia di cui esse sono formate. Vengono in seguito parecchie statue colossali, simboleggianti le principali città della Francia; ma che essendo scolpite in pietra assai vile, i di loro artefici sono certamente scusabili se non v'impiegarono maggiore attenzione. Spaziosi marciapiedi la fiancheggiano formati d'impasto di asfalto; e nella chiusa circolare di essi sorgono tante colonne rostrate, con alla cima candelabri a doppio braccio di bronzo dorato, che alimentati dal gaz, servono alla notturna illuminazione. Due cavalli, scolpiti in marmo dallo statuario *Coustou*, e che un tempo ornava il parco di *Marly*, sono collocati all'ingresso dei *Champs-Élysées*; altri due, parimenti in marmo, stanno a quello del giardino delle *Tuileries*; ed in mezzo della piazza, come dicemmo, l'obelisco di Faraone. Nulla a noi interessano le critiche, di cui questo colossale monolito n'è stato il soggetto, con molto spirito assomigliato al camino di un opificio a vapore; solo in proposito diremo essere un monumento importantissimo per la sua antichità e conservazione: e che essendo nella decorazione della piazza il pezzo capitale, logicamente operando, dovevano gli oggetti secondarj colle semplici loro linee essere avvicinati per quanto era possibile alla severità del loro capo, ed in tal modo si sarebbe ottenuto un insieme più ragionevole e bello. Che se la piazza della Concordia non era adattata per ottenere un tale scopo, non sarebbe stato certamente difficile nella città di Parigi formarne altra, dove, collocato nel mezzo l'egiziano Sasso, si ottenesse un insieme armonico e dignitoso; e non mai porre in luogo sì vasto candelabri da salone presso ad un magnifico egiziano obelisco di più che 250,000 chilogrammi di peso.

CHAMPS-ÉLYSÉES.

Come altrove dicemmo, i *Champs-Élysées* non sono che la continuazione della passeggiata del giardino delle *Tuileries*, che incominciando dalla piazza della *Concorde* si distendono fra il *faubourg Saint-Honoré*, e la destra riva della Senna. Un tal passeggio è fiancheggiato al sud dal *Cours-la-Reine*, che cammina lungo il corso del fiume; al nord dall' *allée d'Antin*. Il gran viale, piantato di grossi alberi, ha ne' suoi lati de' controviali del più ridente aspetto, ed innanzi a sè la maestosa prospettiva dell'arco trionfale dell' *Etoile*. La lunghezza dei *Champs-Élysées*, dalla piazza della *Concorde* fino alla barriera dell' *Etoile*, è di 1,200 tesc, o 2,300 metri circa.

I *Champs-Élysées* furono arricchiti negli ultimi anni, nel modo stesso che la piazza della *Concorde*, di molti abbellimenti. I caffè, le trattorie, ed altri luoghi pubblici, che poco tempo indietro consistevano in meschine baracche, sparse quà e là senza gusto nè regolarità, oggi invece sono belle e convenienti costruzioni, eseguite su di un piano regolare ed uniforme con elegante e ricca architettura, i cui frontoni e piccoli colonnati ti presentano l'idea di tempietti in mezzo a' boschi. Qui venne costruito il Circo Olimpico estivo, che aveva per compagna la Rotonda del Diorama Langlois, demolita per dar luogo al vasto palazzo dell' Industria. Quindi, sulla dritta, un bel giardino inglese, separato dalla pubblica passeggiata da un semplice cancello, appartenente al palazzo dell'*Élysée*, antica abitazione reale, il di cui principale ingresso è nella strada detta *Faubourg Saint-Honoré*. Fabbricato nel 1718, fu questo palazzo abitato successivamente da Mme de Pompadour; dalla duchessa di Bourbon, che gli lasciò il suo nome; poi sotto il Direttorio dagli intraprenditori delle feste pubbliche; e sotto l'impero, da Murat, e Napoleone medesimo, il quale, nel 1815, vi sottoscrisse la sua seconda abdicazione dopo la battaglia di Waterloo. In tempo della Restaurazione l'occupó il duca di Berri, avutolo in dono da Luigi XVIII; quindi D. Pedro, ed altri illustri personaggi. Negli ultimi tempi fu designato per abitazione del presidente della Repubblica, ed oggi restaurato e reso migliore di prima, figura nel numero delle residenze imperiali. Come quello delle *Tuileries*, questo palazzo ha subito tutte le fasi della fortuna, ed ha bene spesso cangiato padrone.

Nelle belle giornate, i *Champs-Élysées* sono il prediletto luogo di convegno delle persone di ogni genere che bramano passeggiare; e, nelle ore pomeridiane in particolare, c'è una vita, ed un movimento oltre ogni credere: in tutta la lunghezza del grande viale del centro si vedono circolare senza interruzione un numero infinito di sontuosi cocchi, e capricciosi cavalieri, che vanno e tornano dal bosco di *Boulogne;* nello stesso tempo che i due viali minori, e soprattutto quello a destra, rimangono coperti da una folla ancor più grande di cittadini a piedi, formanti, per cosi dire, immensa processione, compatta, e variata all'infinito, la quale principiando dal giardino delle *Tuileries*, giunge fino alla barriera dell' *Etoile*, vale a dire, quasi due miglia di estensione. Durante questo tempo, nel quale femine pomposamente abbigliate si fanno ammirare in calescia, od a piedi, un altro pubblico, che si occupa poco di questo lusso, gli operaj di ogni genere, i soldati di ogn' arma, le serve co' loro piccoli padroncini, fra le quali si mescolano spesso e volentieri buon numero di curiosi, e sfaccendati di condizione più elevata, specie d'anomalia che non manca di avere la sua parte piccante; tutta questa gente insomma, si variamente composta, forma cerchio attorno agli acrobati, schermitori, pagliacci, bagattellieri, cantanti ad aria aperta; finalmente a tutti i giuocolieri e saltimbanchi possibili, pe' quali è questo l'abituale soggiorno, rinnuovandosi senza interruzione sì di frequente, che li diresti nascer dagli alberi di questa vasta passeggiata. E così, da un canto vedi la parte più agiata de' cittadini che ha per scopo principale il farsi osservare; e dall'altro il popolo che si diverte. Mediante qualche soldo, i fanciulli accompagnati dai loro genitori, o dalle fantesche, si fanno girare sopra a dei cavalli di legno, su bilancieri di ogni specie, ovvero trascinare in piccole carrozzine od omnibus, ove in luogo di cavalli sono attaccate quattro, sei, od otto capre; mentre altri fanciulli più grandi, che avranno certamente la facoltà di ragionare, poichè hanno peli al mento, prendono diletto di due o tre spettacoli di pulcinella, mescolati a gatti e gendarmi. Cessato il giorno, questa vasta estensione dei *Champs-Élysées* viene illuminata; il viale maggiore brilla per doppia linea di lampioni, e ti presenta all'occhio il più seducente spettacolo. I caffè, le trattorie, le sale dei concerti musicali vengono illuminati dal gaz, nel modo stesso che la grande rotonda del Circo, coronata da una vasta rete luminosa. La folla diviene allora maggiore e più compatta, e per qualche tempo resta interrotta la circolazione, poichè ognuno vuol veder più da vicino i diversi spettacoli che vi hanno luogo, od ascoltare la musica che frammezzo agli alberi parte da punti diversi. A poco a poco cessa il tumulto, e la moltitudine ritirasi alle proprie abitazioni; la foresta che poco prima era un insieme di vita, di contento, e di follie, si cangia in vasta e bruna solitudine, e spesso pericolosa diviene a colui che tardi si ripose in cammino.

Ordinariamente son tali i *Champs-Élysées* quali li abbiamo descritti; ma ciò ch'essi presentano ne' giorni di feste straordinarie, è cosa non facile a concepirsi : immenso popolo, balli, grandi spettacoli, banchetti all'aria aperta nel giorno; la sera poi il numero grande delle varie ed eleganti illuminazioni, i palazzi di fuoco, che si crederebbero essere veramente palazzi incantati, ed infinite altre cose diverse, formano un insieme che ci obbliga a convenire esser bene adattato al luogo il nome di Campi-Elisi.

Palazzo dell' INDUSTRIE.

La grande quinquennale esposizione dell'industria francese sappiamo essere stata questa volta ritardata per dar luogo ad una esposizione universale. Londra per tale effetto innalzò il suo palazzo di cristallo, Parigi invece ha fabbricato uno stabile monumento di pietra e di ferro.

Il palazzo dell'Industria, architettato dal Sig. Viel, forma un vasto parallelogrammo, che si distende sopra più di tre ettari di terreno: sei padiglioni adornano questa imponente massa di edificio, che sarebbe, senza una tale disposizione, sembrata troppo pesante e compatta. Le quattro facciate, che occupano più del gran quadrato, detto di *Marigny*, alla sinistra dei *Champs-Élysées*, sono illuminate da due piani di finestre.

L'*aménagement* consiste in una sala immensa, larga almeno 48 metri, e di una galleria che attorno le gira, grande in proporzione. Niun muro o tramezzo nell'interno; potendo la moltitudine dominare con un sol colpo d'occhio tutte le ricchezze di questo abbagliante bazar, senza imbattersi in altri ostacoli che nelle colonne sostenenti l'impalcatura delle circolari gallerie del primo piano. Tali colonne di ferro fuso, ed in numero di 360, hanno il doppio vantaggio della leggerezza congiunta alla solidità. Dodici belle scale, otto delle quali poste ai quattro angoli, danno facile comunicazione alle parti tutte di questo vasto edificio, diviso da un corridojo a cento porte, e da altri che camminano lungo tutto il monumento. I sei padiglioni sono stati destinati per gli uffizj dell' amministrazione, sale di ricevimento, abitazioni per inservienti, ecc.

Nulla diremo delle ricchezze ornamentali di un tale edificio: solo osserviamo, che da ogni punto del globo accorrono le nazioni, e si accalcano presso quest' arena, pacifica lotta dell' industria umana, la sola, speriamo, che si combatterà ne' tempi avvenire.

La superficie lasciata disponibile agli oggetti esposti, sì nel pianterreno, che nel primo piano, è di 45,500 metri, senza contare i grandi locali annessi, che devono esistere provvisoriamente soltanto.

Oltre al Circo nazionale, intitolato dell' *Imperatrice*, ed al Diorama, nominati di sopra, dobbiamo far conoscere ai nostri connazionali i luoghi pubblici che esistono in queste vicinanze.

Il *Jardin d'Hiver*, situato in prossimità de' *Champs-Élysées*, creato nel 1845, è uno de' più curiosi che possa mai vedersi. Consiste in una serra immensa, piena di arbusti sempre verdi, e di fiori i più rari. In questo luogo, veramente delizioso, si danno spesso de' musicali concerti, come anche balli e feste magnifiche. Il prezzo del biglietto d'ingresso varia a misura dell' importanza della festa.

Viene in seguito il *Chateau-des-Fleurs*, che si trova nel medesimo lato, di faccia a Beaujon. È un grazioso giardino distribuito con gusto, in cui si danno feste da ballo, con illuminazioni, fuochi d'artificio, ecc.

Nell' *allée des Veuves*, che comunica col gran viale dei *Champs-Élysées*, s'incontra il giardino *Mabille*, dove, in tutti i giorni della bella stagione, si danno dei balli, che sono il convegno obbligato della galanteria parigina, attratta dall' esca di graziose pubbliche danzatrici, ricche di tutta la loro freschezza, e vestite colla *coquetterie* la più raffinata.

Nomineremo ancora il *Jardin-de-Monceaux*, nella via di *Courcelles*, vicinissimo alla barriera di *Monceaux*. Fu antica proprietà della famiglia d'Orleans, convertito nella prima rivoluzione in pubblico giardino; poscia, sotto la Restaurazione, restituito ai suoi primi padroni. Questo giardino vasto, ricco, bene distribuito, é d'incantevole aspetto, per le sue belle frescure, merita di esser visitato.

Volendo ora completare il numero de' luoghi di ricreazione e di piacere che offre questa parte della città, noi non possiamo passar sotto silenzio l' *Hippodrome*, il quale, benchè situato fuori del giro dei *Champs-Élysées*, ciò non ostante, per la sua prossimità, si considera qual parte integrale di essi, disgiungendolo appena la barriera dell' *Etoile*.

L' *Hippodrome* venne aperto nel 1845. Ha la forma di un quadrilungo, o parallelogrammo, circondato da gradinata capace di 7 ad 8,000 spettatori. Viene attualmente impiegato ad uso di spettacoli equestri, e di aerostazione. Agisce nella bella stagione i giorni di Martedì, Giovedì, Sabato, e Domenica dalle ore tre alle cinque e mezza.

Arco di Trionfo dell' ETOILE.

Questo colossale monumento, innalzato a gloria delle repubblicane ed imperiali armi francesi, ebbe

ARC DE TRIOMPHE DE L'ÉTOILE.

cominciamento nel 1806, ed è incontestabilmente il più grande arco trionfale che esista in Europa. Per la sua importanza storica, per la sua nobile e maestosa semplicità, è forse uno de' più interessanti moderni edificj; e la grandiosa idea par degna della mente dell' uomo di genio che ne ordinò la esecuzione.

Gli avvenimenti del 1815 ne fecero sospendere i lavori, e per quindici anni continui fu quasi lasciato in abbandono. Nel 1823 pareva che vi si volesse far qualche cosa; ma ciò non avvenne che nel 1830. Fu portato a compimento nel 1836, trent' anni precisi dopo che ne erano state gittate le fondamenta ad otto metri di profondità. La sua altezza è di 49 metri compreso l'acroterio, la larghezza è di 45, e la spessezza 22 metri e mezzo. L'arcata principale ha un' apertura di metri 29, 50, contro 14, 50. Ciascuno de' due archi laterali è alto 19 metri, e largo 8, 50. I quattro gruppi colossali, scolpiti sulle due faccie dell' arco, contano 36 piedi di altezza (12 metri circa), e le figure 18 piedi di proporzione.

I gruppi, bassi rilievi, ed altre sculture del monumento sono le seguenti. Dal lato verso la città, il gruppo a dritta raffigura *la partenza per la difesa della patria:* un guerriero brandisce le armi, inalzando il suo caschetto in segno di riunione; un giovine uomo lo segue, unito ad un soldato coperto del suo mantello, con spada nuda in mano. In mezzo a questa scena viva ed animata vedesi un altro soldato quasi rovesciato dal suo cavallo, nel punto in cui un vegliardo sembra dar de' consigli al capo della truppa: altri due personaggi ancora, uno de' quali tende il suo arco mentre l'altro suona la tromba. Il genio della Guerra o della Libertà al di sopra delle teste, colla bocca troppo energicamente contorta, sembra voglia intuonare la

Marsigliese. — Il gruppo a sinistra rappresenta il *trionfo*. Napoleone nel mezzo, in attitudine calma e dignitosa, riceve l'alloro che la Vittoria posa sul suo capo, nel momento che la Storia si occupa a tramandare ai posteri le gloriose gesta pubblicate dalla Fama, che vediamo scolpita al di sopra. Le città conquistate, sotto forma di donne coronate di torri, s'inchinano innanzi all'eroe: ed un soldato straniero, le di cui armi sono appiccate ad un albero, vi si vede incatenato. — Dalla facciata opposta, che guarda il ponte di *Neuilly*, il gruppo a dritta rappresenta la *Resistenza*: un giovine uomo, guidato da un Genio librato sulle ali, circondato dal vecchio padre, e dalla giovine sposa, avente un morto fanciullo fra le braccia, si slancia alla difesa del suo focolare. — Nell'altro a sinistra viene effigiata la *Pace* nel modo seguente. Un soldato, reduce dalla guerra, è collocato in mezzo alla moglie ed ai figliuoli, mentre un altro si affatica ad aggiogare un bue. Il genio della Pace al di sopra protegge l'Agricoltura ed il Commercio. Questi due gruppi, i quali offrono più unità di quelli della facciata opposta, ma che sono forse inferiori ne' dettagli, furono scolpiti dal sig. Etex. Gli altri dal lato di Parigi vennero eseguiti da parecchi artisti, poco curanti di quella unità indispensabile in un tale lavoro, e ne venne per conseguenza quel disaccordo che nuoce all'effetto generale. — Uno de' bassirilievi laterali rappresenta la battaglia di Austerlitz: Napoleone alla testa della sua guardia, fulminando coll'artiglieria l'armata russa, la costringe ad impantanarsi nello stagno su cui si era ritirata. Nell'altro sta scolpita la battaglia di Jemmapes. Il general Dumouriez vedesi alla testa del suo stato maggiore, in mezzo a cui si distingue il duca di Chartres, che fu poi Luigi Filippo I, in atto di animar le sue truppe. Il gran fregio sul cornicione è dovuto allo scalpello di parecchi artisti, e le figure hanno circa sei piedi di proporzione : nel centro, dal lato di Parigi, si vedono i rappresentanti del popolo distribuir le bandiere alle armate d'Italia, e di *Sambre-et-Meuse*, che si mettono in marcia. Dalla parte di *Neuilly*, ai fianchi vi è scolpito il ritorno delle armate vittoriose, conducendo le spoglie de' vinti; e nel centro la Francia rigenerata, che unita alla Prosperità ed all'Abbondanza, dispensa corone. Veduto da lontano, questo fregio ti si presenta confuso, ed impossibile a distinguersi, fa perciò bisogno di un canocchiale, se brami osservarlo, e legger meglio i nomi delle battaglie e dei generali che sono scolpiti nelle arcate di questo curioso monumento. Le sculture tutte del detto Arco Trionfale sono state soggette alle più amare critiche. Noi nulla vi aggiungeremo. parlando ad Italiani che hanno l'occhio esercitato al vero bello artistico, lasciamo che ognuno possa liberamente farsene quella giusta idea, che il monumento è capace di fissare.

Mediante scala interna si perviene, salendo, a diverse grandi sale a volta, che hanno aspetto di antiche tombe egiziane; e salendo ancora, si giunge alla sommità dell'edificio, la quale ti presenta una magnifica veduta di tutta la città, e delle circostanti campagne.

Sull'acroterio, che forma la parte superiore del monumento, si dovrà certamente collocare un gruppo scolpito in bronzo, che servirà di corona indispensabile a sì colossale edificio.

Il pubblico che ama visitarne l'interno, ed ascendere alla sommità, può farlo tutti i giorni.

Ponte di IENA.

Il ponte di Iena è collocato presso la barriera di *Passy*, fra la via di *Versailles*, l'*Ecole militaire*, ed il *Champ-de-Mars*. Incominciato nel 1806, ebbe termine il 1813, assorbendo una spesa di sette milioni di franchi. La sua costruzione è tutta in pietra da taglio; i pilieri e le cosce poggiano sopra grossi pali; si compone di cinque archi a tutto sesto, il cui medio diametro è di 28 metri: è lungo 140 metri, largo 14. Alle due estremità de' parapetti vi sono quattro piedistalli con statue di uomini e destrieri di quattro popoli diversi. È certamente uno de' più belli ponti costruiti nel nostro secolo, e la massiccia sua formazione lo fa essere anche uno de' più solidi. Fu eseguito colla più gran cura, sotto la direzione degl'ingegneri Lamandé e Dillon. Venne dato a questo ponte il nome di *Iena* in commemorazione della famosa battaglia vinta da Napoleone contro i prussiani sulle pianure di Iena, nel 1806; cosicchè, quando gli alleati occuparono Parigi nel 1814, i prussiani volevano far saltare in aria questo ponte, che rammemorava una delle loro più grandi sconfitte; ma accertasi che Luigi XVIII rispondesse: « Mi si faccia conoscer l'ora, in cui si effettuerebbe quest'atto di vandalismo, onde aver tempo di andarmi a collocare nel mezzo, e saltare in aria con esso. » Questa nobile ed energica protesta impose talmente al general prussiano, che non ardì mandare ad effetto la sua minaccia; ed il ponte venne conservato.

Rimontando la Senna, è questo il primo ponte che incontrasi dentro la cinta della città, come quello di Austerlitz n'è il primo discendendola.

Ponte degl' INVALIDES.

Servirà questo ponte di comunicazione tra i *Champs-Élysées*, *Gros-Caillou*, e gl'*Invalides*. La sua lunghezza è di 120 metri. Fu costruito nel 1829, sostituendolo ad altro ponte gittato in faccia agl'*Invalides*, ma che una viziosa costruzione obbligò a demolire, dopo avere ingojato somme enormi. Fu ri fatto con tre *travées* sospese da ferree catene; ma ora si è creduto più conveniente formarlo tutto di pietra. Il nuovo ponte sarà di uso anche per i carri più pesanti.

Casa di FRANCESCO I.

Questa casa è collocata nel nuovo quartiere che porta il medesimo nome, creato circa 25 anni indietro, tra l'*allée des Veuves*, ed i *Champs-Élysées*, alla fine del *Cours-la-Reine*, dalla parte del fiume. Il progetto di questo nuovo quartiere fece al suo tempo un qualche rumore, e si credette che avrebbe occupato una grande estensione; ma invece venne abbandonato quasi al suo nascere : le fabbriche si limitarono ad alcune case sparse quà e là, fatte sul modello di quella di Francesco I, la quale è rimarchevole pel suo stile dell'epoca del risorgimento delle arti, e più ancora per la sua fronte trasportata pietra per pietra, nel 1826, dalla foresta di *Fontainebleau*, ove allora esisteva, da un ricco signore che ne aveva fatto l'acquisto, coll'idea di ricostruirla e porla nel suo stato primitivo, unitamente alle sculture di Giovanni Goujon, rappresentanti soggetti allegorici, targhe colle armi di Francia, e medaglioni o ritratti in basso rilievo di Enrico II, Francesco II, Diana di Poitiers, la regina Margherita di Bretagna, ed altri personaggi illustri.

Ponte della CONCORDE,
di rimpetto al palazzo del Corpo Legislativo.

Il ponte di cui parliamo nel suo nascere venne chiamato *Pont de Louis XVI*, quindi *Pont de la Révolution*, e finalmente detto della *Concorde*, servendo di comunicazione fra la piazza della Concordia e la Camera dei Deputati. È certamente un bel ponte; e fu eseguito da un uomo d'ingegno, l'ingegnere Péronnet, fra il 1787 ed il 1790, in gran parte colle pietre provenienti dalla famosa Bastiglia. Fabbricato sopra palafitte, si compone di cinque archi schiacciati, formanti una lunghezza di 150 metri, avendone 12 di larghezza. Ciò che ne accresce il pregio si è, che la sua costruzione è di una gran leggerezza senza nuocer punto alla sua solidità; e la traforata balaustra che gli serve di parapetto si marita molto a proposito cogli ornamenti della piazza vicina. Sopra dodici piedistalli, collocati su questo ponte, presentemente vuoti, vi erano in passato altrettante statue di marmo d'uomini illustri, l'immenso difetto delle quali era quello di schiacciare il ponte colla loro massa colossale. Tolte dal posto in cui stavano sì mal collocate, si trasportarono a Versailles, ove forse sarà loro assegnato un luogo più conveniente.

Ponte ROYAL.

Dalle *Tuileries* conduce questo ponte alla via *du Bac*. Fu costruito nel 1684, dandone il disegno Giulio Mansard. Il p. Francesco Romain frate domenicano adoperò, in tal'epoca, per la prima volta, la macchina per nettare i fiumi. Ha cinque archi semicircolari, 144 metri di lunghezza, e 17 di larghezza.

Ai lati vi sono ampj marciapiedi di asfalto. Dal 1839 al 1844 vi si lavorò per dargli la importante larghezza che ora presenta, e ciò senza correggere l'originaria sua costruzione.

Antica GARDE-MEUBLE.

I due edificj che tuttora conservano il nome di Guardaroba della Corona, e che formano angolo della via *Royale* al nord della piazza della *Concorde*, hanno da lungo tempo cangiato destinazione. Quello a dritta, sormontato da un telegrafo, è presentemente occupato dal ministero della Marina; l'altro a manca serve ad abitazione di particolari. L'architettura delle due facciate parallele, che danno sulla piazza, è di ordine corintio, e formano due intercolunnj che sostengono una galleria, aventi alle loro estremità un padiglione saliente con quattro colonne dell'ordine medesimo, con frontone, e balaustrata. Se, come sembra indicarlo, l'architetto incaricato della costruzione di queste due fabbriche ha avuto in mira di rivalizzare colla Colonnata del *Louvre*, certamente è caduto in errore, poichè è restato di molto inferiore al capo d'opera di Perrault; ma se ha soltanto preteso di fare una qualche cosa degna di essere osservata, ci è riuscito senza dubbio. Dispiace però di vedere l'effetto pesante e poco in armonia colla leggerezza di ciò che sostiene il basamento di questi due simmetrici edificj, formato da arcate molto ristrette, dietro le quali ricorre una galleria infinitamente inferiore a quelle della via di *Rivoli*, che ne formano continuazione.

La Guardaroba della Corona fu trasportata in via *Bergère* nº 2, e *Faubourg Poissonnière*, nel sito medesimo del Conservatorio di musica; ma l'aprimento di una nuova strada ha costretto che venisse ora trasferita nella via dell'*Université* n° 182.

Bramando osservare i giojelli e gli altri effetti ch'essa conserva, può ottenersene il permesso con dimanda fatta al Ministro delle Finanze, sotto la dipendenza del quale trovasi ora collocata.

Monumento o Chiesa della MADELEINE.

Il presente edificio, costruito sull'area stessa ove un tempo sorgeva la chiesa detta *Ville-l'Evêque*, ebbe cominciamento nel 1764, per ordine di Luigi XV, coi disegni di Costant d'Ivry, i quali subirono poi grandi variazioni che ne ritardarono l'intera esecuzione. Gli avvenimenti della fine del passato secolo ne sospesero i lavori, e non furono continuati che nel 1808, epoca in cui Napoleone Bonaparte ideò farne un tempio della Gloria. Sopravvenuti i disastri del 1814 ne fu interrotta la prosecuzione; ma Luigi XVIII nel 1816 ordinò, che l'edificio si compiesse, seguendo un nuovo piano, che convertir doveva questo tempio in una cappella espiatoria in onore di Luigi XVI e di Maria Antonietta. La rivoluzione di luglio impedì che questa idea raggiungesse il suo scopo, e volle che il monumento servisse a quell'uso a cui oggi è destinato.

La chiesa della Maddalena ha la forma di un antico tempio pagano. È un parallelogrammo lungo 100 metri, e largo 42, circondato da 48 colonne scanalate d'ordine corintio, alte 15 metri, avendone 5 di circonferenza, cioè a dire, che ciascuna estremità dell'edificio presenta una fronte di otto colonne, ed i fianchi ne hanno dieciotto. La facciata principale, sulla via *Royale*, è ricca di brutte sculture, ed ha una scalinata di 30 gradini. Il tetto è interamente composto di rame e ferro, non essendosi

LA MADELEINE.

nella costruzione dell' edificio lasciato neppure un pezzo di legno ; niuna apertura è stata pratticata ne' muri, ricevendo luce dall'alto. Le gallerie a dritta e sinistra, hanno ciascuna quattordici nicchie con altrettante statue di santi e sante, malamente scolpite in pietra arenaria, colla quale sono formati questo, e quasi tutti gli altri monumenti di Parigi. La porta di bronzo dell'ingresso principale ha 32 piedi di altezza, e 15 di larghezza; sull'imposta in alto sta un bassorilievo rappresentante il giudizio finale. Ciascuno dei battenti della porta è diviso in quattro faccie, ove sono scolpiti in altrettanti bassirilievi alcuni fatti della storia sacra.

L'interno del tempio è decorato con eguale magnificenza. I marmi e le dorature vi sono sparsi a profusione; le sculture e pitture, che rappresentano parecchi fatti della vita di S. Maria Maddalena, sono state eseguite colla più gran cura da diversi artisti di merito. Un pezzo capitale, ed a buon dritto ammirato, è la cupola, dovuto al genio di Ziègler. L'artista ha saputo tirare il miglior partito possibile da questa vasta e ricca composizione, che bisogna bene osservarla onde apprezzarne tutto il valore.

Le scale interne, in numero di sei, conducono alle gallerie ed alle vôlte. La chiesa ha un sotterraneo che giunge fin sotto al peristilio. Destinata al culto cattolico, venne consacrata dall'arcivescovo di Parigi nel maggio del 1842.

Cappella espiatoria di Luigi XVI.

È situata nella via d'*Anjou-Saint-Honoré*, nel terreno ove un tempo esisteva un cimitero dipendente dalla chiesa della Maddalena. Dopo la morte delle reali vittime, nel 1793, i loro avanzi furono raccolti e sepolti in questo luogo da un privato cittadino, che a tale effetto ne acquistò il terreno, convertendolo poscia in giardino. Ritornati al trono i Borboni, le ossa del re e della regina si trasportarono con gran pompa ne' sotterranei di *Saint-Denis*, e da Luigi XVIII venne ordinata l'erezione di una cappella espiatoria sul luogo medesimo della loro prima sepoltura. Di nobile ed elegante semplicità è l'interno del monumento, il quale rammentandoti a prima vista tremendi fatti, sei obbligato al raccoglimento ed al rispetto.

Si cerchi del custode, che abita lì prossimo, se si ha desiderio di visitar la cappella.

Piazza e Colonna VENDOME.

Nel 1688 Luigi XIV fece construir questa piazza ove era esistito per lo innanzi un convento di monache. Al suo nascere portò il nome di *Louis-le-Grand*, e non prese quello di *Vendôme* che molto tempo più tardi. La sua forma è un ottagono regolare, avente quattro faccie grandi, e quattro piccole. Gli edificj che la circondano s'incominciarono ad innalzare su i disegni di Mansard nel 1699, e si portarono a compimento nel 1715. A quest'epoca esisteva nel centro della piazza una statua equestre di Luigi XIV di colossale dimensione, eseguita da Girardon, abbattuta dal furente popolo nel 1792. Ma Napoleone nel 1806 vi fece sorgere una colonna di bronzo in onore delle armi francesi. La colonna ha 45 metri di altezza e 4 di diametro; il piedistallo è alto 7 metri, e largo 5. Il fusto è rivestito di 276 piastre di bronzo, formate con 1,200 cannoni tolti ai nemici nelle diverse battaglie combattute contro le armate di Alemagna e di Russia. Queste piastre onso disposte in forma spirale, e presentano in basso

COLONNE VENDÔME.

rilievo i principali fatti che segnalarono la gloriosa campagna del 1805, compresa la battaglia di Austerlitz. Si formò nell'interno della colonna una scala di 176 gradini, per mezzo della quale si ascende ad una loggia sopra il capitello, sormontato da una statua di Napoleone nel suo ordinario costume, cioè a dire con soprabito, e piccolo cappello a tre punte. La presente statua fu surrogata all'altra dell'impero, rappresentante Napoleone in costume imperiale, rovesciata dagli alleati nel 1814.

Non si giunge a comprendere il perchè si sia voluto nella nuova statua, eretta in onor di Buonaparte alla sommità di questa colonna, scegliere un costume così sgradevole all'occhio quale è quello formato da un tricorno, un soprabito da viaggio, e da un pajo di grandi stivaloni. Come statua monumentale è certamente un difetto de' più ributtanti. Ognuno sa, che nelle belle arti vi sono certe regole di convenzione, dalle quali non è lecito allontanarsi. L'arte statuaria ha leggi sue proprie, nel modo stesso che un palazzo od un tempio è necessariamente assoggettato all'osservanza delle regole architettoniche. Starà bene che in una vignetta, ed anche in un quadro istorico, la figura di Napoleone, alla testa delle sue armate, sia vestita con soprabito, piccolo cappello cornuto, e grandi stivali, poichè questa è l'azione istorica rappresentata; ma volendosi collocare isolatamente alla sommità di una colonna monumentale, ne viene per conseguenza che rappresentare dovevasi ricoperta da romano paludamento, ovvero, come in proprio trono, con l'imperiale costume. Quando i nostri antichi eriggevano la statua di un grand'uomo, lo effigiavano cogli attributi della sua dignità, o del suo sapere, ma non mai la vestivano con privata o domestica usanza. Sembra dunque indispensabile sostituire alla cima della istorica colonna altra statua di Napoleone che ce lo mostri con mantello imperiale, capo nudo, e corona di alloro, quale egli stesso volle essere effigiato all'apparire la prima volta di questo monumento. Ma forse si sarà voluto, operando in tal modo, richiamare alla memoria de' riguardanti più il gran capitano, che il forte potentato, poichè fu in forza del primo titolo che egli acquistò gloria e potenza a segno tale, da vincer l'Europa, ed imporle sue leggi.

Il bronzo della prima statua servì nel 1818 a gettare la equestre di Enrico IV, rialzata sul Ponte Nuovo. Strana bizzarria di fortuna e di umani destini, che seco trascinano le rivoluzioni! Chi avrebbe mai potuto pensare, durante la Repubblica e l'Impero, che una statua di Napoleone servirebbe a rifonder quella di Enrico IV?

In quanto alla colonna, essa restò intatta; i fatti d'armi che rappresenta sono di buona esecuzione, e si cercò nell'insieme imitare quella dell'imperatore Trajano che esiste in Roma.

Dalla sommità può osservarsi un magnifico panorama di Parigi e suoi dintorni. In ogni giorno, ed a tutte le ore, vi si può entrare, e salire fino alla cima.

Gli altri edificj, e stabilimenti pubblici esistenti in questo primo circondario, che ci sono sembrati meritevoli dell'attenzione de' nostri connazionali, sono i seguenti.

Chiesa dell' ASSOMPTION,
via *Saint-Honoré*, fra i n.i 369 e 371.

Questa chiesa fu edificata nel 1670 per le sorelle dell' Assunzione. Presenta una rotonda con cupola di 21 metri di diametro. In facciata ha otto colonne corintie con frontone. Vi sono pitture nella cupola e nel coro.

Saint-Philippe-du-Roule,
via del Faubourg Saint-Honoré, fra i ni 8 e 9.

Fu incominciata con disegno di Chalgrin nel 1767, e venne compita nel 1784. Ha la forma delle antiche basiliche. L'interno è ornato di sculture e bassirilievi.

Saint-Louis-d'Antin,
via di Caumartin.

L'insieme di questo edificio, architettato da Brongniart, è semplice e severo. Fra le pitture vi è un S. Francesco che predica, di Giblin; ed un S. Luigi che visita gli appestati, di Garnier. La chiesa appartiene all' antico collegio *Bourbon*, oggi collegio Bonaparte. L'istruzione che si dà in questo collegio consiste nell' insegnamento delle lingue antiche e moderne, nella filosofia, matematica, chimica, fisica, storia naturale, geografia, e disegno.

Saint-Pierre-de-Chaillot,
via di Chaillot, n° 52.

Molto antica è questa chiesa, risalendo la sua origine all' undecimo secolo. Fu con nuovo disegno ricostruita nel 1750. Vi sono delle sculture, e semplice n'è l'architettura.

Cappella BEAUJON,
Faubourg Saint-Honoré.

Fabbricata a spese del finanziere Beaujon, ne conservò il nome. È di elegante disegno unito a buona decorazione.

Altre Cappelle.

Esistono pure in questo circondario, per i diversi culti:

La cappella dei fratelli Moravi, via della *Bienfaisance*, n° 21.

Cappella Marbeuf, culto protestante, via di *Chaillot*, n° 78 *bis*.

Società protestante delle Missioni evangeliche presso i popoli non cristiani, via di *Berlin*, n° 7.

Cappella dell'ambasciata di Russia, via *Neuve-de-Berri*, n° 4, ai *Champs-Élysées* (Chiesa greca).

Cappella anglicana, via d'*Aguesseau*, n° 5.

Cappella francese, via di *Chaillot*, n° 9.

Stabilimento di SAINTE-PÉRINE,
à Chaillot.

È un ospizio, che, per esservi ammesso, bisogna pagare 600 franchi di pensione, ed avere 60 anni di età. Questo luogo di ricovero per la vecchiezza, adattato ad individui di limitate fortune, è tenuto assai bene. La di loro esistenza vi è placida e gradevole.

POMPE A FEU, e Bacino di CHAILLOT.

Questo stabilimento, curioso a vedersi, resta aperto ai forestieri muniti di passaporto.

GYMNASE civile e militare,
via *Jean-Goujon.*

Lo scopo di una tale istituzione tende a sviluppare gradatamente la forza fisica, e l'attitudine degli allievi.

Studio di MOSAICO,
Quai di Billy, n° 24.

Si apre ai stranieri, in seguito di preventiva dimanda fatta al direttore dello stabilimento.

Ospitale BEAUJON,
via del *Faubourg-Saint-Honoré.*

Ospitale di recente fondazione, che può ricoverare circa 200 malati.

Mercato della MADELEINE,
fra la piazza della Maddalena e la via *Castellane.*

Indipendentemente da questo, vi è l'altro de' fiori, che si tiene presso la chiesa della *Madeleine* tutti i martedì e venerdì.

Mercato SAINT-HONORÉ,
via del *Marché-Saint-Honoré.*

Fu costruito nel 1809 sulle ruine di un convento di Domenicani. È bello, e ricco di ogni sorta di comestibili.

Fontana delle CAPUCINES,
all' angolo della via *Castiglione* e *Saint-Honoré.*

Innalzata nel 1670 sul terreno dei conventi *Feuillants* e *Capucines;* fu ricostruita nel 1718.

Macello pubblico,
detto *du Roule*, o *de Monceaux*, via *Miromesnil.*

Fabbricato nel 1810, contiene 14 corpi di fabbrica, occupanti un'estensione di 202 metri in lunghezza e 18 in larghezza. Chi vuol vederlo, si dirigga al custode (*concierge*).

SECONDO CIRCONDARIO.

QUARTIERI:

PALAIS-ROYAL, ITALIENS, OPÉRA, SAINT-GEORGES, MONTHOLON.

Palazzo ROYAL e sue pertinenze.

Fra tutti i pubblici edificj di Parigi, il Palazzo Reale è certamente quello più frequentato. Il brillante aspetto delle numerose botteghe messe in modo sì vago; la ricchezza dei prodotti dell'arte, e dell'industria di ogni specie collocati in mostra nelle sue lunghe gallerie; le splendide abitazioni, in fine, che lo compongono, ne formano a giusto titolo la meraviglia di ogni straniero, e la delizia degli sfaccendati.

Questo palazzo si fabbricò per volere del famoso cardinal di Richelieu, che gl'impose il proprio nome; più tardi, nel 1629, ne fece dono alla debole e reale sua vittima, Luigi XIII, come residenza degna di un re: riserbandosene però il godimento sua vita naturale durante, colla condizione espressa, che una tal proprietà non potesse passare in dominio che ai soli re di Francia successori di sua maestà, e non si potesse dalla corona alienare per qualunque siasi titolo. Una tal condizione però non impedì a Luigi XIV di donarlo, vita durante, al suo unico fratello, quindi in piena proprietà ai figli del fratello medesimo, Filippo d'Orleans, in occasione del suo matrimonio con Mlle dè Blois.

In quell'epoca il palazzo vedevasi riccamente, e sontuosamente decorato : vi era una cappella ove il ministro-re celebrava qualche volta Messa con tutta la pompa di un romano pontifice : ed un teatro, nel quale compiacevasi di farvi rappresentar le proprie sue composizioni; ma dove pure più di una volta restò umiliato il suo orgoglio dagli applausi riscossi dal modesto Corneille, ricusati spesso alla Musa potente, ma insignificante, del vanitoso ministro. Il di lui successore cardinal Mazzarino tenne parimenti in questo palazzo il suo gabinetto. E fu in questo gabinetto medesimo, che la debole reggente, Anna d'Austria, venne trascinata dal furbo ministro ad adottar quelle misure acerbe e severe, che fecero sentire al popolo tutta la sua dipendenza, ma che poco mancò non le costasse la corona del figlio. Luigi XIV ebbe cuna, e fu allevato nel Palazzo *Royale*, ove, si può dire, che venisse abbandonato fin dall'infanzia. Trascurata del tutto l'educazione del reale pupillo, gli s'insegnò appena a leggere e scrivere; e quel che apprese dipoi, lo dovette Luigi in gran parte alla sua intelligenza, ed all'ardente desiderio che aveva d'istruirsi. Le più drammatiche scene *de la Fronde*, tanto bene descritte nelle memorie del cardinal de Retz, ebbero luogo in questo palazzo, e ci danno un'idea esatta de' costumi di que' tempi. Qui i principi ed i grandi signori servivano o tradivano la corte, alternativamente ed unicamente a seconda delle loro passioni, o de' loro capricci. Dopo quest'epoca, la storia del palazzo si unisce in modo più particolare a quella della famiglia d'Orléans. Fu nel salone della avvenente Enrichetta d'Inghilterra, divenuta sposa di Filippo d'Orleans, fratello di Luigi XIV, che ebbero fine gli amori del re, e di Mlle de La Vallière. Circa le scene che vi ebbero luogo più tardi, sotto la reggenza, il dettaglio ne sarebbe troppo lungo, per cui, onde non annojare i lettori, passeremo innanzi dicendo, che si vide la politica mescolarsi sempre agli intrighi delle amorose passioni, che furono di preludio alla caduta della invecchiata monarchia. Il giardino medesimo di questo palazzo, all'epoca della prima rivoluzione, divenne il centro de' popolari movimenti; fu precisamente nel circo, che esisteva allora nel mezzo del giardino, dove i *Giacobini* tennero le loro prime sedute, ed il caffè di Foy, come l'altro di Chartres, divennero celebri per le violente lotte de' partiti. Dopo la morte del duca d'Orléans, chiamato principe *Egalité*, il Palazzo *Royal* fu confiscato a profitto della nazione, e convertito in sale da ballo e da feste pubbliche; nel 1795, vi si stabilì il tribunato, e gli dette il suo nome; ma sotto Bonaparte il palazzo ricuperò l'antica denominazione, e fu abitato per qualche tempo dal principe Luciano. Finalmente, nel 1814, venne restituito all'antico padrone, duca d'Orléans, divenuto nel 1830 re dei Francesi. Fu sotto la Restaurazione, che questo palazzo acquistò tutto quello splendore che ebbe fino agli ultimi rivolgimenti. Attualmente è abitato dal principe Girolamo, il quale ne occupa la parte anteriore, che ora descriveremo.

L'ingresso principale è situato sulla piazza dello stesso nome; ma quello pel pubblico è dalla parte sinistra. Tale ingresso consiste in una tripla porta arcuata, d'ordine dorico, che mette sulla prima corte. A dritta ed a manca due ale dell'edificio s'innoltrano fino alla strada, e si uniscono alle porte mediante un muro che forma terrazza. L'avancorpo di questa prima corte ha colonne joniche sorreggenti un frontone semicircolare, sul quale è posto un quadrante sostenuto da due figure. La facciata dalla parte del giardino è molto più estesa di quella che sta sulla piazza; ha due avancorpi, ornati ciascuno da otto colonne con sopra delle statue; due altre ali congiungono la facciata alla galleria del fondo. Queste medesime ali presentano nello sporto una terrazza retta da colonne doriche a livello del primo piano del palazzo, e formano nell'insieme una corte quadrata. Si perviene quindi ad un secondo cortile pulitamente tenuto, e guarnito di casse d'aranci, da che l'ex re di Westphalia ebbe questo palazzo per sua residenza.

Nel sito delle antiche gallerie di legno sorge attualmente la magnifica galleria d'Orléans, che riunendo i due padiglioni, compie l'ordinanza della seconda corte. L'interno di questa galleria forma una vasta sala lunga circa 300 piedi, coperta da un tetto di cristalli, che illumina le due file di botteghe collocate nei fianchi, separate da pilastri, con esterna decorazione uniforme. Ciascuna bottega ha due facciate, una delle quali sulla sala, e l'altra nella corte, o sul giardino: la forma regolare dell'insieme presenta all'occhio l'effetto il più bello.

I tre corpi della fabbrica che circondano il giardino sono parimenti di un effetto sorprendente, tanto per la loro massa imponente e regolare, quanto per la estensione ed eleganza dell'architettura. Le immense gallerie di pietra che ne formano il giro basterebbero sole per attirare i forastieri in questa capitale, pel numero grande di magnifiche botteghe e magazzini, che costituiscono senza dubbio il più ricco *bazar* dell'Europa. Ed in effetto, qui tu trovi profusamente riuniti tutti gli oggetti di lusso, di sensualità, e di piacere. La moda pare abbia qui stabilito il suo impero : e lo straniero ha la facoltà di procurarsi nel giorno medesimo che arriva tutti quegli oggetti di lusso e di necessità, di cui possa avere bisogno, sia ad ornamento della propria abitazione, come a rinnuovamento della sua guardaroba. Di distanza in distanza s'incontrano parimenti trattorie le più rinomate, quali per esempio, Véry, Véfour, fratelli Provençaux, ed altre ancora; caffé di Foy, della Rotonda, ecc., che sono in gran voga. Qui tu trovi parimenti le botteghe di Chevet, e Corcelet, co'loro magazzini di comestibili i più rinomati, per cui si acquistarono riputazione europea, dove affluiscono tutti i giorni le primizie più scelte, e le ghiottonerie più raffinate di tutti i paesi. Al di sopra di queste gallerie si distendono gli appartamenti del palazzo, e quelli del primo piano sono tenuti per la maggior parte ad uso di trattorie, caffè-*estaminets*, ed altri stabilimenti adobbati con lusso il più grande. Per istorica esattezza dobbiamo ancor dire, che in una parte di questi splendidi appartamenti vi erano, non ha molto, quelle famose case di giuoco, che menarono tanto strepito, e sussistettero sì lungo tempo; scandolose biscazze che ingojarono le fortune di tante famiglie, e fecero versare tante lacrime innocenti. Un poco avanti all'entrata della grande galleria a sinistra, chiamata *Montpensier*, v'è uno degli ingressi del *Théâtre-Français*, che è certamente, per gli attori che vi recitano, il primo teatro di prosa dell'Europa; ed all'estremità della medesima galleria il teatro del *Palais-Royal*, che ha portato a più riprese il nome di *Montpensier*; circa la metà, n° 18, v'è il *Casino-Français*, caffé dove ogni sera si eseguiscono musicali concerti. Fra questa galleria e l'altra chiamata di *Valois* c'è il giardino, dove ordinariamente convengono tutti i stranieri, provinciali, e gran parte ancora di parigini.

Il giardino ha un'estensione di circa 230 metri, e ne è largo 100, piantato da ogni parte con due doppie file di alberi ninnuovati tre o quattro anni indietro: è diviso nel mezzo da due verdi praticelli circondati da una griglia di ferro, ed ajuole di fiori. Questi due giardinetti hanno l'ornamento di parecchie statue in bronzo ed in marmo, e sono separati da una fontana con bacino circolare. Ne' quattro angoli del giardino stanno quattro padiglioni cinesi, occupati dai venditori di giornali.

È in questo luogo, tanto riccamente ornato, e provveduto d'ogni sorta di piaceri e distrazioni, dove si riuniscono giornalmente, come di sopra dicemmo, forastieri di tutti i paesi, studenti, artisti drammatici della città, e provincia, rifugiati politici, militari in congedo ed altri, senza contare i speculatori di ogni genere, che vi si danno appuntamento, sia per di loro piacere, che per trattarvi gli affari. Ed in effetto, è il luogo il più adattato per trovarsi, od aspettare, in una città immensa quale è Parigi.

Chiesa di SAINT-ROCH,
via *Saint-Honoré*, nº 298.

Nel 1653 s'incominciò ad edificar questa chiesa su i disegni di Giacomo Mercier. Luigi XIV, e la sua madre Anna d'Austria vi posero la prima pietra. Interrotti spesso i lavori, non furono portati a total compimento che circa l'anno 1750. Fu in questo tempio, che il famoso Law fece la sua abjura, nel 1720, e si convertì al cattolicismo per l'interesse di esser nominato controllor generale delle finanze, donando alla chiesa in tal circostanza la somma di centomila lire, la quale unita alle liberalità del re, e di altri devoti, servì ad ultimarne la costruzione.

Edificata sopra un monticello, la chiesa ha una scalinata, e la facciata si compone di due ranghi di colonne, dorico l'uno, corintio l'altro, sormontato da un frontone. L'architettura interna è totalmente dorica; la nave ha la lunghezza di 30 metri, ed il coro 23, sopra 13 di larghezza. Venti pilastri sorreggono la vòlta della nave, quarantotto le parti laterali, con 25 cappelle. In quella all'estremità dell'edificio vedesi un calvario; alla dritta di questa Gesù portato al sepolcro. Il pulpito è ricco d'intagli e figure dorate che rappresentano le virtù teologali, cardinali, ecc.

I quadri più meritevoli, oltre quelli della cappella della Vergine, sono la resurrezione di Lazzaro, e Gesù che benedice i fanciulli, di Vien; il trionfo di Mardocheo, di Jouvenet; S. Sebastiano, di Bellai; e la resurrezione della figlia di Jairo, dipinta da Delorme.

Molti illustri personaggi ebbero sepoltura in questa chiesa: oltre a Pietro Corneille, di cui conserva le ceneri, vi esistono i mausolei del maresciallo d'Asfeld, del pittore Mignard, di Maupertuis, Barbezieres, Marillac, abate de l'Épée, cardinal Dubois, duchi di Créqui e di Lesdiguières, Lenostre, madama Deshoulières, madama Delalive de Juilly, e del conte di Harcourt.

La chiesa di S. Rocco si crede la più ricca parrocchia di Parigi. Prima del 1848 era la chiesa di Corte.

Ha una qualche celebrità politica per le scene, di cui più di una volta n'è stata il teatro. Fu d'innanzi la facciata di questa chiesa, che Napoleone Bonaparte, allora al servigio della Repubblica, il 13 vendemmiatore puntando i suoi cannoni, aprì un varco alla sua futura grandezza. Parimenti in questa chiesa, ad epoche diverse, si sforzarono le porte onde introdurvi, contro la volontà del clero, le spoglie mortali di M^{lla} Chamerois cantante nel teatro dell' *Opéra*, e della tragica Raucourt.

Chiesa di NOTRE-DAME-DE-LORETTE,
via del *Faubourg-Montmartre*, e via *Laffitte*.

Questa chiesa, rimarchevole sotto il rapporto del lusso mondano con cui è decorata, giace all'estremità della via *Laffitte*. S'incominciò a fabbricare nel 1823 su i disegni di Lebas, e fu portata a compimento nel 1837. L'edificio ha termine in una specie di rotonda, e molto somiglia ad un antico tempio romano. Il portico, che scorgesi fin dal *Boulevart*, ha quattro colonne corintie, sormontate da un frontone triangolare coronato da tre statue, che rappresentano la Fede, la Speranza, e la Carità, eseguite da Foyatier, Lemaire, e Laytier. Il frontone ha un bassorilievo scolpito da Lebœuf-Nanteuil.

Nell'interno, la navata principale conta 30 metri di lunghezza, ed 8 di larghezza: ha colonne joniche in istucco giallo, due navate laterali, e parecchie cappelle di particolari, il tutto riccamente decorato.

La lunghezza esterna dell'edificio è di 69 metri, e 33 ne ha di larghezza; la sua maggiore altezza giunge a 19 metri.

La chiesa di *Notre-Dame-de-Lorette* è la più sontuosamente e *coquettement* adornata fra tutte le altre di Parigi. Vi si vedono, in effetto, i quadri dei primi pittori moderni della Francia, come Blondel, Devéria, Drolling, Picot, Schnetz, Hesse, Johannot, e Vinchon; quindi le sculture di Cortot, Foyatier, Desbœuf, Lemaire, Laytier, Lebœuf-Nanteuil, e

Dumont figlio, motivo per cui è divenuta una chiesa di moda, essendo quasi il *rendez-vous* generale di tutte le signorine del quartiere, e di qualcuna di quelle belle peccatrici della strada che ha dato loro il suo nome (*Lorette*), le quali ci vengono più per farsi vedere e mettere in mostra il loro abbigliamento, di quello sia per adempiere agl' atti di religioso dovere. Per lusso e pitture si prenderebbe più facilmente questa chiesa per una galleria, che per un luogo consacrato alla pietà de' fedeli.

BIBLIOTECA IMPERIALE,
via di *Richelieu*, n° 58.

Fino al tempo di Carlo V, nessun re di Francia possedette mai una Biblioteca propriamente detta; ma questo monarca, chiamato *il Saggio*, amando le lettere e le arti, giunse dopo molte cure e fatiche a riunire circa 900 volumi, numero certamente assai rimarchevole in tempi, ne' quali non trovavansi che pochi manoscritti. Carlo V collocò i suoi 900 volumi in una torre del *Louvre*, nominata per tale circostanza *Tour de la Librairie*, affidandone la custodia al suo vecchio cameriere Gillet Mallet; e questi, nel 1373, ne compilò un inventario, che esiste tuttora.

L'invenzion della stampa, sotto il regno di Luigi XI, avendo in pochi anni moltiplicato i volumi, la biblioteca reale potè accrescersi con maggior celerità : circa la fine del regno di Francesco I, questa biblioteca, trasportata prima a Blois, poi a Fontainebleau, componevasi di 3,000 volumi circa, compresi i manoscritti greci ed orientali, che il re avea fatto acquistare ne' paesi stranieri. Nel 1556, Enrico II ebbe la felice idea di obbligare i libraj a somministrare alla biblioteca reale un esemplare di ogni libro da loro stampato con privilegio, e ciò dovette necessariamente aumentare ancora il numero de' volumi. Più tardi, venne portata a Parigi, e messa nel collegio di Clermont, d'ordine di Enrico IV; unendovisi la preziosa raccolta di Caterina de' Medici, acquistata dal re, composta di manoscritti greci, ebraici, latini, arabi, francesi, ed italiani, in numero di più che 800 volumi. Sotto Luigi XIII, si tolse dal collegio di Clermont, e si collocò presso i Minori Osservanti di S. Francesco in via *de la Harpe*, aumentata di un gran numero di opere e preziosi manoscritti, fatti comperare dal re; era composta allora di circa 17 a 18,000 volumi.

Nella gloriosa epoca di Luigi XIV questa biblioteca venne considerabilmente arricchita. Per le diligenze di Colbert, in seguito degli ordini dati dal sovrano, grandi acquisti si fecero in tutti i paesi del mondo civilizzato, e si giunse in tal modo a riunire più di 30,000 volumi o manoscritti di ogni lingua. Fu la prima volta allora che venne aperta ad uso pubblico, saggia disposizione che contribuì potentemente al progresso e sviluppo delle umane cognizioni.

Divenuta troppo voluminosa per un locale come quello in via *de la Harpe*, gli fu dato posto, nel 1666, in un più vasto e conveniente edificio nella strada *Vivienne*.

Però sotto la reggenza del duca d'Orléans, si volle trasferita nell'immenso palazzo che aveva abitato il cardinal Mazzarino nella via di Richelieu, ove trovasi attualmente.

Questa vasta e ricca collezione scientifica, una delle più preziose di Europa, nel 1684 si componeva di circa 50,000 volumi; nel 1775 di 150,000; nel 1790 di 200,000; ed oggi giunge a più di 800,000 volumi stampati, non comprese le doppie copie, le quali farebbero ascendere il numero totale de' volumi ad un milione e 200,000. Oltre à ciò vi sono 80,000 manoscritti in tutte le lingue del mondo, un milione d'incisioni almeno, e circa 300,000 carte e piante diverse.

La Biblioteca Imperiale possiede parimenti un gabinetto speciale di antichità, ove stanno riunite 100,000 medaglie in oro, argento, e bronzo del più gran prezzo, senza calcolare parecchie migliaja di pietre antiche incise, il tutto disposto in medaglieri e convenienti armadj. Inoltre la sala che li contiene è adorna di moltissimi quadri de' più celebri artisti; ma la più preziosa fra le decorazioni consiste nelle medaglie rarissime di cui abbiamo testè parlato, ed in una moltitudine di altri oggetti di antichità, gli uni più curiosi degl'altri. Vi si vede fra le altre cose un vaso di avorio fatto d'un pezzo solo di dente di elefante, arricchito di pietre preziose di colori diversi, ed incisioni tanto delicatamente eseguite e tanto moltiplici, che se ne potrebbe per avventura fare una omerica descrizione tanto dettagliata, quanto si è quella del famoso scudo di Achille. Là si veggono, o si vedeano, non ha guari, altri oggetti preziosi rinvenuti nel 1653 in una tomba, che si suppone essere stata quella di Childeberto padre di Clodoveo; vi era poscia uno scudo che si crede di Annibale; la sedia a bracciuoli di Dagoberto; l'armadura di Francesco I; un busto di Marco Asiatico; altro di Giove; ed uno di Cibele; finalmente il zodiaco di Denderah circondato da mummie, papiri, ed altre egiziache antichità. Ma da che fu creato il museo de' re di Francia, tutto quanto risguardava questi principi venne trasportato al *Louvre*.

Le diverse parti di questa ricca e preziosa collezione sono aperte al pubblico il martedì e venerdì, dalle ore 10 alle 3.

I studiosi vi sono ricevuti in tutti i giorni non festivi, nella gran sala di lettura; ma vi è però il grandissimo inconveniente di non esistere un catalogo a disposizione del pubblico; per cui se non rammenti il nome dell'autore, di cui brami studiarne le opere, è meglio, mio caro lettore, che tu volga altrove i tuoi passi.

Palazzo della BOURSE.

Il monumento della Borsa, imperfetta copia del Partenone, di stile conforme alla chiesa della Maddalena, è uno degli edificj moderni più rimarchevoli che adorna la città di Parigi.

La Borsa fu edificata nel sito stesso in cui esisteva un tempo il monastero delle figlie di S. Tommaso. Il disegno è dell'architetto Brongnard: le fondamenta ne furon gettate nel 1808, e la fabbrica fu condotta a termine nel 1826. È un parallelogrammo, la cui lunghezza è di 69 metri, e la larghezza di 41. Sessantaquattro colonne di ordine corintio, di 1 metro di diametro, e di 10 di altezza, 20 delle quali sono in ciascun lato, 14 nelle due facciate, formano quattro coperte gallerie esteriori. Da tre anni in quà ai quattro angoli sono state poste quattro statue allegoriche. Quelle della facciata principale rappresentano, a dritta il Commercio, alla sinistra la Giustizia. La statua a dritta della seconda facciata, l'Agricoltura, l'altra l'Industria.

Mediante ampio vestibolo, si entra nella gran sala, illuminata per di sopra, lunga 38 metri e larga 25 circa, comprese le gallerie ed arcate che la circondano, la di cui principale decorazione consiste in

BOURSE.

buoni chiaroscuri eseguiti dai sigg. Abel de Pujol, e Meynier. In fondo alla sala vi sono i locali destinati agli agenti di cambio, ed ai sensali di commercio. Una grande scala a sinistra conduce alle Cancellerie ed al Tribunal di Commercio, occupanti tutto il primo piano. In fondo della sala del Tribunale vi sono parimenti delle buone pitture.

Il monumento della Borsa è isolato sulle sue quattro facce, domina le fabbriche tutte che lo avvicinano, ed è circondato da una piazza con alberi.

Le operazioni della Borsa hanno luogo da un' ora alle tre per gli agenti di cambio; dalle ore tre alle cinque per il commercio: le sedute del Tribunale di Commercio dalle 10 alle 5. Questo tribunale si compone di un presidente, dieci giudici, sedici supplenti, un cancelliere capo, ecc. I giudici sono scelti fra i negozianti più onesti della città. Nel tempo che si trattan gli affari, non è permesso alle signore di penetrar nella sala; la mattina però fino al mezzogiorno, vien loro accordato di salire alla galleria superiore. I forastieri sono ammessi, in tutte le ore, a visitare il monumento.

Fontana MOLIÈRE,
via di Richelieu.

Il monumento eretto in onor di Molière è il risultato, bisogna convenirne, di ben tarda decisione; e l'illustre padre della commedia francese meritava maggior premura dai suoi concittadini.

La gloria dalla nazione acquistata con gli scritti di questo grande osservatore del cuore umano, tutto quello che la civilizzazione e i costumi hanno guadagnato con la pittura, vera ed originale dei vizj, dei capricci, e delle stesse ridicolezze della società, avrebbe dovuto provocare più presto, non vi ha dubbio, un testimonio ostensibile della riconoscenza, e della pubblica ammirazione.

Nulla meno dobbiamo dire che più d'una volta, artisti e letterati, giusti ammiratori del genio di Molière, si erano offerti, col mezzo di una sottoscrizione, ad erigere una statua al grand'uomo. E fra tante proposizioni citeremo quella fatta nel 1829, che domandava d'innalzare un monumento sulla piazza dell' *Odéon*. Fu avanzata un'istanza al ministro dell'interno, e questi si rifiutò di aderire sotto il misero pretesto che le piazze pubbliche erano destinate ai monumenti da inalzarsi ai sovrani! Finalmente dopo qualche tempo si presentò una favorevole circostanza onde realizzare questo tanto desiderato progetto. Il consiglio municipale di Parigi avendo già da qualche anno votati i fondi necessarj alla costruzione d'una fontana monumentale all'angolo della antica via *Traversière*, oggi della *Fontaine-Molière* e della strada *Richelieu*, il signor Régnier, artista al Teatro Francese, ebbe l'idea di sommettere al prefetto della *Seine*, a nome de' suoi compagni, una domanda avente per iscopo d'innalzare, sopra il progettato monumento la statua di Molière. Egli fece osservare che questa era applicabile, stante che la fontana progettata si trovava non solo a prossimità del Teatro Francese, ma precisamente in faccia alla casa dove l'illustre autore del *Misanthrope* e del *Tartufe* aveva reso l'ultimo respiro. La petizione fu accolta favorevolmente dal prefetto, che volle egli stesso intervenire presso il consiglio municipale, onde ottenere la realizzazione del progetto. Fu in tal modo ordinato ed eseguito il monumento, la composizione del quale fa molto onore al suo autore Visconti, tolto disgraziatamente da poco alle arti;

nel momento in cui finiva, agl' Invalidi, la tomba di Napoleone che gli era stata affidata.

Il primo piano della Fontana si compone di un piedistallo in marmo bianco, la cui base riposa sopra uno zoccolo circondato da un bacino in pietra, che riceve le acque lanciate da tre teste di leone. Per tutta iscrizione il piedistallo porta le date della nascita e della morte di Molière. Due figure allegoriche, parimenti in marmo, e scolpite da Pradier, sono poste ai due lati del piedistallo che sormonta la statua in bronzo del gran poeta, seduto, ed occupato a leggere uno dei suoi manoscritti. La statua è stata eseguita da Seurre; l'altezza del piedistallo e della figura è di 8 metri sopra 10 di larghezza. Il secondo piano è un frontespizio in pietra avente per iscopo principale di coprire un immenso muro a piramide lasciato scoperto dalle successive demolizioni. Si compone d' un basamento, avente una nicchia decorata a dritta e a sinistra da colonne di ordine corintio sormontate dal loro fregio. Un frontone circolare, al centro del quale sta un genio coronando il nome di Molière, termina questo monumento, il cui carattere ha rapporto all' epoca in cui visse il classico autore; le facciate laterali sono del medesimo stile; l'altezza totale è di 16 metri su 10 di larghezza; costò 109,175 franchi; e fu inaugurato nel 1844.

Fontana RICHELIEU,
Piazza *Louvois*.

Questa fontana s'innalza sul terreno dove esisteva l'antico teatro dell' *Opéra*, chiuso per ordine superiore nel 1820 in espiazione dell' assassinio del duca di Berri. Il teatro fu demolito, e al suo posto s'incominciò la costruzione del monumento che doveva esservi elevato in commemorazione del luttuoso avvenimento. Ma la rivoluzione del mille ottocento trenta ne arrestò l'esecuzione, e fu deciso che in cambio vi si sarebbe eretta una fontana monumentale. Infatti nel 1835 la incompiuta cappella fu demolita, e la fontana che presentemente esiste fu cominciata, la quale si forma di un vasto bacino in pietra, nel cui centro s'innalza un piedistallo con dei bassirilievi in bronzo, i quali sorreggono alla lor volta altro bacino di metallo circondato di teste che mandano acqua. Nel centro vi sono le figure in bronzo delle ninfe della *Seine*, della *Loire*, della *Saóne*, e della *Garonne*; queste statue portano un bacino sormontato da una coppa d'onde l'acqua cade sopra le figure prima di arrivare al bacino grande. La piazza, in mezzo alla quale si trova questa bella fontana, è circondata d'alberi, e ciò fa meglio rilevare l'eleganza del monumento, eseguito sul disegno del valentissimo italiano architetto Visconti.

CONSERVATORIO DI MUSICA,
via *Bergère*, e *faubourg Poissonnière*.

Alla scuola di canto, fondata sotto gli auspici del barone di Breteuil e la direzione di Gossec, che già dirigeva i concerti spirituali, vi si aggiunse la musica istrumentale ed il ballo. Nel 1786 il duca di Duras ottenne la formazione di una scuola speciale di declamazione per il teatro francese, i di cui primi professori furono Molè, Dugazon, e Fleury. Dalla riunione di queste diverse scuole, e da quella stabilita in via *Saint-Joseph* per la musica dell'armata, Napoleone formò questo conservatorio. Sotto la Restaurazione, il signor de la Ferté, nominato intendente dei reali teatri, riunì il conservatorio alle sue attribuzioni. Nel 1822 il maestro Cherubini ne ebbe la direzione, posto che conservò fino alla sua morte. Dal 1832 in poi il conservatorio entra nelle attribuzioni del ministro dell'interno. Questo stabilimento occupa i tre fabbricati che circondano la corte che corrisponde al *faubourg Poissonnière*. Quello in prospetto alla porta di entrata è consacrato all'amministrazione; nell'ala sinistra vi sono le classi dei giovani allievi, e l'alloggio dei pensionanti; nell'ala destra le classi per le giovanette.

Gli allievi dei due sessi sono circa 500. Hanno 65 professori e sostituti. Tutti i mesi ha luogo una rappresentazione in un piccolo teatro, in cui gli allievi per esercitarsi eseguiscono commedie, opere, balletti ecc., ed è così che i professori possono giudicare del loro merito.

Le lezioni sono gratuite; i giovani non sono ammessi che per esame e concorso. Il direttore attuale è M. Auber.

Vi è in questo stabilimento una bella biblioteca, ed una rimarchevole collezione di opere musicali. Essa è aperta al publico tutti i giorni della settimana, all'eccezione delle domeniche, ed altre feste.

Accademia imperiale di Musica, o GRAND-OPERA,
via *Lepelletier*.

Questo teatro rimonta al tempo della reggenza d'Anna d'Austria amantissima di musica e di spettacoli. Il cardinal Mazzarino, per farle cosa grata, immaginò di far venire d'Italia degli artisti che rappresentarono alla Reggente delle opere variate, di cui fu molto soddisfatta. Cambert e Lambert, incaricati a quell'epoca della direzione delle feste e dei concerti, diedero in seguito delle opere francesi che ebbero il più gran successo. Più tardi, Luigi XIV ne accordò a Lulli, distinto professor di musica fiorentino, il privilegio, e nel 1673 il teatro del *Palais-Royal* fu ceduto a quest'accademia di musica, che vi restò fino al 1763, epoca in cui fu completamente distrutto da un incendio. In seguito l'*Opéra* fu trasferita alle *Tuileries*, ma di nuovo il fuoco distrusse il locale, ed allora questo spettacolo fu trasportato alla porta *Saint-Martin*, ove si fabbricò in fretta una sala provvisoria, che esiste ancora, e nella quale restò fino al 1794, per essere di poi trasportata, sempre provisoriamente, nel teatro che madamigella Montansier aveva fatto costruire nella via *Richelieu*, in faccia alla biblioteca reale. Nel giorno 13 febbrajo 1820 il duca di Berry fu ivi assassinato nell'uscire dal teatro, ed il governo ordinò che quello fosse demolito, per cui l'*Opéra* diede le sue rappresentazioni, parimenti provvisorie, al teatro Favart, mentre che si fabbricava una nuova sala sul terreno del giardino che apparteneva all' *Hôtel Richelieu*, via *Lepelletier*, ove oggi giorno esiste.

La facciata principale di questo nuovo edifizio ha 60 metri di lunghezza, essa consiste in diversi archi che formano doppio vestibolo al pianterreno. La sala ha 24 metri di profondità sopra 14 di altezza: la larghezza del teatro è di 33 metri circa.

La distribuzione interna di questo, come di tutti i teatri in Parigi, differisce da quella usata in Italia. Invece di avere ordini regolari di loggie, i teatri parigini hanno loggie scoperte a balcone, loggie coperte, gallerie, *baignoires*, stalli d'orchestra, e platea. Noi non diremo se questa divisione sia migliore della nostra per l'aspetto e la regolarità della sala, ma ci contenteremo d'indicarne l'utilità materiale; poichè, mediante questa divisione, è permesso a chiunque di comperare uno o più posti per godere dello spettacolo in quel punto che meglio gli aggrada, e secondo le sue finanze, mentre in Italia non è cosa facile ottenere per una signora una loggia di secondo ordine, per esempio, chè tutte sono riservate all' alta aristocrazia del paese. Può anche dirsi che questa divisione offre più posti al pubblico, poichè si utilizza ogni spazio, a carico però dell' eleganza, e della regolarità interna dell' edificio.

Il teatro dell' *Opéra*, che oggi è amministrato direttamente dal governo, ha il privilegio esclusivo di rappresentare opere in musica e balli. Vi sono bensì altri due teatri di musica, l'*Opéra-Comique*, ed il *Théâtre-Lyrique*, ma in questi la musica è mescolata di recitativi in prosa.

Il ballo però in Parigi non ha il carattere che hanno i nostri balli in Italia. Quì la mimica è in poco credito, e le parti sono rappresentate dai ballerini così detti *serii*. I balli francesi rassomigliano assai più ai nostri *balletti* comici, accompagnati però sempre da gran ballabili, l'accademia di musica possedendo un corpo di ballerini di prim' ordine da stare a confronto, se non superare, le scuole di Milano e di Napoli.

Abitualmente le rappresentazioni dell' *Opéra* han luogo 3 volte la settimana, lunedì, mercoldì e venerdì: qualche volta però il teatro agisce anche la domenica.

In carnevale questo teatro dà dei balli, che hanno acquistato una fama europea. La sala e la scena, posti a livello, formano un immenso salone, illuminato da migliaja di lumi, e decorato con lusso e con gusto. Il *foyer*, sala attenente al teatro, che si trova in ognuno di questi stabilimenti, e che serve di passeggiata o di convegno agli spettatori nei riposi dello spettacolo, è riservato al pubblico in costume di etichetta, e alle maschere in *domino*; la gran sala, le scale, i corridoj, sono pieni di maschere e di spettatori che gridano, si urtano, ballano, e fan di peggio. E mentre il colpo d'occhio è superbo, se un osservatore attento volesse scendere ai dettagli, vi sarebbe più di che arrossire che di che rallegrarsi, assistendo ad uno di quei balli pubblici. La polizia vigila quanto può per diminuire la troppa sfrontatezza di certe donne, ma gli occhi di quell' Argo non giungono a tutto impedire.

Quelle famiglie che vogliono darsi il piacere di contemplare una volta questo *infernale* divertimento, prendono in affitto una loggia chiusa; e così, senza essere a contatto con la folla, godono dell' aspetto generale, senza partecipare agl' incomodi.

THÉATRE-FRANÇAIS,
via di *Richelieu* e *Palais-Royal*.

Il presente teatro, costruito nel 1787, è una dipendenza del Palazzo-Reale. L'ebbero i commedianti francesi nel 1799, i quali, prendendone subito possesso, gli dettero il nome di *Téâtre de la République*, cangiato poi con quello di *Théâtre-Français*, o della *Comédie-Française*.

La principal facciata sulla via *Richelieu*, si compone d'un peristilio di dodici colonne doriche. L'intero edificio è cinto nel pianterreno da una galleria coperta avente comunicazione in ogni lato col *Palais-Royal*. Da questa galleria si penetra da tre diverse parti in un interno vestibolo, ornato della statua in marmo di Voltaire seduta in una sedia a bracciuoli; e da questo, mediante quattro scale, in una ricca, elegante, e comoda sala. Il *foyer* pubblico contiene una serie di busti, rappresentanti i principali autori del Teatro

Francese; e quello degli artisti, una collezione di ritratti d'eminenti attori che hanno fatto onore alle scene. Il teatro ha 23 metri di profondità, ed è largo altrettanto; la bocca d'opera è grande 13 metri. La sala può contenere circa 1500 persone.

Rappresentasi su questo teatro la tragedia, la commedia, ed il dramma.

Noi non solo non ci accingeremo di risalire fino all'origine del Teatro Francese, ed analizzarvi tutte le fasi; ma di più, ci asterremo anche da ogni riflessione qualunque che tocchi la parte letteraria ed artistica del teatro medesimo; d'altronde che si potrebbe dire da noi dopo tutto quello che a sazietà si è ripetuto, sia come elogio, sia come critica? Chi non sa, per esempio, che, dopo Molière, questo teatro è rimasto sempre il primo nel Mondo, tanto sotto il rapporto de' capi-lavori che vi sono stati rappresentati, quanto per l'ingegno de' loro interpreti?

Teatro dell' OPERA-COMIQUE,
Piazza degl' *Italiens.*

Questo teatro è l'antica sala Favart, dove si resero celebri i primi autori francesi delle *Opéras-Comiques*, e dei *Vaudevilles*, e si rappresentò l'antica Commedia Italiana. Il famoso Carlino vi trastullò il pubblico, fino al 1783, colle sue arlecchinate italiane, molto in voga a que' tempi.

La sala dell' *Opéra Comique* è una della meglio collocate di questa capitale. Isolata dai fabbricati che la circondano, ha più gradevole aspetto, più facili e comode le vie di sgombramento.

L'edificio, alquanto massiccio, è di una grande semplicità. La facciata principale, che dà sulla piazza degl' Italiani, si compone d'un peristilio di sei colonne joniche, le quali ne formano tutta la ricchezza architettonica. L'interna disposizione è, all'opposto, molto elegante, e comoda pe' francesi di Parigi. La forma n'è circolare, ed offre in giro tre ordini di loggie. Dietro ad ognuna di queste v'è un camerino decorato con garbo, ove fra un atto e l'altro può lo spettatore ritirarsi a discorrere, dormire, o rifocillarsi comodamente come fosse in casa propria. Tali disposizioni sono ad imitazione di molti teatri d'Italia, eseguite ne' tempi in cui questo riteneasi dalla compagnia italiana, prima che l'incendio lo consumasse nel 1838.

Teatro dell' OPERA-ITALIEN,
Piazza *Ventadour*.

Fu circa l'anno 1752 che, una bene organizzata compagnia d'italiani cantanti, si presentò per la prima volta sul suolo di Francia. Luigi XV l'aveva chiamata onde rallegrar la delfina nel tempo di sua gravidanza; ma i cantanti italiani, per la loro bravura, divennero subito l'oggetto della gelosia de' musicanti francesi. Una guerra musicale, che menò grave rumore al suo tempo, essendosi accesa fra i partigiani delle due fazioni, e le cabale poste in opera dai membri dell' Accademia reale di musica furono tanto efficaci, da far bandir dalla Francia la musica italiana, la di cui concorrenza poteva porre in pericolo quella di Lulli e di Rameau, potentissima a que' tempi in Parigi. Ciò non ostante, e malgrado l'intolleranza musicale che avea bandito i zanni, l'impressione era stata dal pubblico ricevuta, e la comparazione fatta dai conoscitori e dilettanti della musica francese di allora con quella degl'italiani, preparò i cangiamenti che dipoi sopravvennero.

La prima innovazione che ebbe luogo fu di vestire con parole francesi gli armoniosissimi canti d'Italia; e tali traduzioni ottennero i più grandi applausi, non ostante lo scapito immenso che subire doveano passando in una lingua immensamente meno musicale della italiana. Incoraggiti da tale successo, parecchi compositori francesi e stranieri scrissero musica italiana, adoperando poesia francese. Ecco come ha avuto origine l'*Opéra-Comique*, ed in qual modo Philidor, Duni, Monsigny, e Grétry, scrissero le graziose loro opere per quel teatro. La stessa *Grand-Opéra*, ch'ebbe origine da Lulli, come dicemmo a pag. 62, subì rivoluzione completa dalle dolci e commoventi melodie di Piccini, Gluck, e Sacchini.

Nel 1789, *Monsieur*, conte di *Provence* (poi Luigi XVIII), volle avere nel suo teatro una compagnia italiana, la quale agir dovesse alternativamente colla francese; e con immensa soddisfazione universale si rappresentarono per qualche tempo le graziose opere buffe di Paisiello, ed altri distinti maestri italiani. Venne la rivoluzione, ed interruppe il corso di queste rappresentazioni; ma proseguirono sotto il consolato e l'impero. Fu al teatro *Louvois* che ricomparvero gl'italiani; passarono quindi a quello dell'*Odéon*. A tal'epoca, la signora Barili, godeva gran fama per il prestigio della sua voce pura, soave, flessibile; venne poi il di lei marito, eccellente buffo; quindi Crivelli, Porto, Tachinardi, primi cantanti d'allora, i quali lasciarono graziose rimembranze, cantando alternativamente i capi d'opera di Cimarosa, Paisiello, Martini, Paer, Mozart, ed altri celebri compositori.

Più tardi, vi è stato Rossini, le cui mirabili composizioni produssero una nuova rivoluzione nella musica.

Dopo Rossini, parecchi compositori di gran merito sono parimenti venuti onde far ammirare i loro lavori, cioè Mercadante, Pacini, Donizetti, e specialmente Bellini, il dotto compositor del Pirata, dei Puritani, della Norma, e della Sonnambula, che una morte immatura tolse tanto rapidamente alle arti, ed ai numerosi suoi ammiratori, nei dintorni di questa capitale.

Fu nel 1819, che l'Opera Italiana incominciò a dare le sue rappresentazioni al teatro *Favart*, le quali non cessarono che nel 1838, epoca in cui un incendio distrusse questo edificio da cima a fondo, ed obbligò gl'italiani a traslocarsi provvisoriamente all'*Odéon*, poi stabilmente alla sala *Ventadour*, ove trovansi oggi giorno. In questo intervallo la sala *Favart* fu ricostruita, ma ceduta all'*Opéra-Comique*, come lo dicemmo nell'articolo precedente.

Il teatro *Ventadour* fu incontanente occupato dai comici della *Renaissance*, compagnia di nuovo formata per rappresentare il dramma, la commedia, e l'*Opéra-Comique*. Questa sala, più bella delle altre tutte (non esclusa quella della *Grand-Opéra*), e per la quale nulla si è risparmiato, fu costruita sull'antico posto del ministero delle finanze. La facciata principale si compone di nove arcate a colonne sormontate da un piano ove trovasi il *foyer*, le cui finestre stan sulla strada *Neuve-des-Petits-Champs*, non essendone separato il teatro che dalla piccola via di *Mehul*. Sul frontone dell'attico sono collocate delle statue che rappresentano Apollo, e le Muse. L'edificio, diviso interamente dagli altri che lo circondano, presenta parimenti sulle altre tre faccie arcate chiuse, ma a pilastri. L'interno, riccamente decorato, è a quattro ordini di loggie, i cui tre primi ne hanno alcune con grate nella loro profondità. Il *foyer* vasto e comodo, è parimenti con ricchezza adobbato.

Durante il tempo della stagione teatrale, vale a dire dal 1 di ottobre al 31 di marzo, le rappresentazioni hanno luogo il martedì, giovedì, e sabato di ogni settimana. La sala può contenere circa 1,200 persone.

Teatro del VAUDEVILLE,
Piazza della *Bourse.*

Il teatro ove trovasi attualmente il *Vaudeville* è l'antica sala delle *Nouveautés*, costruita nel 1827, e dove i comici della via di *Chartres* si rifugiarono dopo l'incendio del loro teatro avvenuto nel 1838. Questa nuova sala è fabbricata con gusto ed eleganza, non mancando di comodità le interne disposizioni. Può contenere circa 1,300 persone.

Sono molti anni che il genere del *Vaudeville* ha completamente cangiato di forma e natura, e non si conosce il perchè non abbia anche il teatro mutato il suo titolo. Non sentendovisi più le graziose strofette, ed i piacevoli *flons-flons* di altri tempi, è segno manifesto che il gusto del pubblico non è più quello.

Teatro del PALAIS-ROYAL,
all' estremità della galleria di *Montpensier.*

Questo teatro fu ricostruito sul posto dell'antica sala *Montansier*, la di cui compagnia comica, nel 1807, andò a stabilirsi nel teatro detto delle *Variétés*, fabbricato per essa, in tal epoca, nel *boulevart Montmartre*, a fianco del passaggio dei *Panoramas.*

L'interno della nuova sala del *Palais-Royal* è messo con gusto, ma ha il difetto, che hanno quasi tutti i teatri della città, l'essere angusto, e contenere un piccolissimo numero di spettatori. È una vergogna per Parigi avere un teatro, quale è questo, collocato nel cuore della città, e non potervi stipare che 900 à 1000 persone.

Teatro delle VARIÉTÉS,
Boulevart Montmartre.

Come dicemmo di sopra, questo teatro fu costruito nel 1807 per l'antica compagnia comica dell'altro di *Montansier*, la quale acquistatasi in que' tempi molta riputazione, non solo seppe mantenerla, ma l'aumentò in avvenire.

Il genere di composizione che si rappresentava anticamente alle *Variétés* era quello del *Vaudeville* propriamente detto, cioè il medesimo di cui facemmo parola nell'articolo concernente quel teatro, e che oggi non è più di moda. Ma il genere più particolarmente appropriato a questo teatro, è senza dubbio la Farsa, che ti dà la pittura esatta de' costumi bassi e triviali; finalmente la caricatura grottesca e sgualdrina condita di grossolani sali, freddure, ed arguzie, più spesso pungenti che delicate; ma che non ostante, per il modo vero, comico, e buffone con cui viene rappresentata, ti reca non ordinario diletto.

La sala può contenere 1,200 posti.

Teatro CHOISEUL.

Ebbe origine questo teatro quarant'anni indietro circa, dal fisico sig. Comte, che n'è tuttora il direttore. Lo stabilì in principio nel *Passage des Panoramas*, dandogli il titolo di *Théâtre des Jeunes Elèves*, ed ogni sera vi eseguiva giuochi di fisica, fantasmagoria, e destrezza di mano, unitamente a piccoli *Vaudevilles* recitati da fanciulli, nel numero de' quali non pochi si fecero ammirare per la loro intelligenza, e precocità d'ingegno.

Il sig. Comte trasferì quindi il suo teatro al passaggio *Choiseul*, ove presentemente vi rappresenta dei *Vaudevilles* e giuochi d'incantesimo, che attirano buon numero di spettatori, e vi trovano divertimento non meno de' fanciulli, pe' quali questo genere di spettacolo è specialmente destinato.

Soirées fantastiques de ROBERT-HOUDIN,
Boulevart des Italiens, n° 8.

È qui che il sig. Hamilton dà in ogni sera, alle ore 8 pomeridiane, giuochi dilettevoli di fisica, meccanica, e ventriloquia, ne' quali questo valente prestigiatore fa prova di sottile e rara destrezza, attirandovi sempre gran folla di gente.

Cosmorama historique.

Il successore di Robert-Houdin, sig. Hamilton, ha stabilito al di sopra della sua nuova sala questo rimarchevole Cosmorama, ove si sviluppano i più belli punti di vista, e, fra gli altri, quelli delle principali città d'Europa.

Teatro SERAPHIN,
al Palazzo *Royal*, galleria di *Valois*, n° 121.

Vero divertimento per fanciulli, che esiste da molti anni, e dove ogni sera, dopo le ore 7, le *bonnes d'enfants* (aje o governanti di bambini) vanno col loro fanciullo in braccio a vedere le ombre cinesi, le marionette, ecc. Bisogna però dire che qui ragazzi non son più quelli che noi crediamo, poichè vi abbiam veduto persone di età prendervi diletto niente meno de' fanciulli più goccioloni, e divider perfettamente con questi l'ilarità e la gioja.

Caffè DES AVEUGLES,
al Palazzo *Royal*, sotto il peristilio *Beaujolais*.

Se noi facciamo una qualche parola sopra questo caffè, ci costringe la sua originalità non ordinaria, la quale non può a meno di sorprendere e dilettare il forastiero che vorrà visitarlo. Ed in effetto, la sua orchestra, composta di tutti ciechi, il tamburo suonato in maniera selvaggia con andamento da teatro, produce al certo un effetto abbastanza originale.

Indipendentemente dai molti monumenti e stabilimenti di utilità pubblica da noi descritti alla meglio che abbiamo potuto, ve ne sono molti altri, i quali meritano, in maniera però più succinta, una particolar menzione. Ecco dunque, onde nulla ommettere di essenziale, quelli che noi crediamo doversi indicare.

ABATTOIRS (Macelli pubblici).

Noi abbiamo avuto occasione di parlare, in principio di questo libro, de' pubblici macelli di Parigi, e di far conoscere la utilità di questi stabilimenti rapporto alla igiene e sicurezza pubblica. Devesi un tale perfezionamento a Napoleone I, il quale, nel 1809, ordinò per Parigi la costruzione di cinque Macelli, tre de' quali alla parte del Nord, cioè di *Roule*, *Montmartre* e *Popincourt;* e due al Sud, quelli d'*Ivry*, e di *Vaugirard*. Occupano tutti un vasto spazio, e si compongono di parecchi cortili, e corpi di fabbrica, la cui costruzione, e le interne disposizioni meritano di esser viste dettagliatamente.

Ora non dobbiamo occuparci che di quello collocato nel II circondario, il quale trovasi alla barriera *Rochechouart,* ch'è uno de' più rimarchevoli, avente un' estensione di 350 metri su 125 di larghezza. Fu costruito nel 1811.

Gallerie e Passaggi.

I Passaggi e le Gallerie si sono da qualche anno assai moltiplicati in Parigi, ed hanno singolarmente accresciuto il numero delle ricche ed eleganti botteghe, nelle quali puoi rinvenire, dal più semplice oggetto di giornaliera consumazione a quello del lusso il più grande. Parecchi di questi stessi Passaggi possono rivalizzare, per il gusto e ricchezza, coll'immenso *Bazar* del *Palais-Royal*. Presentano ancora il prezioso vantaggio di facilitare la comunicazione coi quartieri da cui dipendono. I più rimarchevoli, nel secondo Circondario, sono i seguenti:

1° Dei *Panoramas*, confinanti colla via, e *boulevart Montmartre*, e colle strade *Feydeau*, e *Neuve-Vivienne*. Prendono il nome questi Passaggi dai *Panoramas*, che vi si trovavano sotto l'impero, e che furono quindi abbattuti. Non ommettiamo di far conoscere ai nostri connazionali trovarsi in questo Passaggio, precisamente nella galleria che sbocca sulla strada di *Montmartre*, e che porta il nome di *Galerie des Panoramas*, una trattoria tenuta ad uso e cucina italiana, condotta dal sig. Galiani, il quale nulla trascura onde i suoi avventori, pranzando, abbiano continue reminiscenze della nostra patria comune.

2° Galleria *Vivienne*, e passaggio *Colbert*, che comunicano colla via *Vivienne*, piazza dei *Petits-Pères*, e via *Neuve-des-Petits-Champs*, di fianco la piazza delle *Victoires*.

3º Il passaggio *Choiseul*, avente comunicazione colla via *Neuve-des-Petits-Champs*, con quella di *Choiseul*, quindi col *Boulevard*.

4º Il passaggio della *cité Bergère*, che incomincia dal *Foubourg-Montmartre*, e finisce alla via *Bergère*.

5º Il passaggio dell' *Opéra*, che ha doppio ingresso, e dal *Boulevard* conduce alla via *Lepelletier*, ove sta il teatro.

6º Finalmente i due passaggi *Jouffroy* e *Verdeau*, di recente creazione, i quali dal *Boulevard* conducono alla via del *Faubourg-Montmartre*.

Balli pubblici di questo Circondario.

Sala *Sainte-Cécile*, via de la *Chaussée-d'Antin*, nº 49 *bis*. — Vi è ballo la domenica, il mercoldì, e venerdì. Alcune volte vi si danno feste, concerti, ed altre riunioni.

Ballo *de la Cité d'Antin*, via di *Provence*, nº 63.

Sala *Valentino*, via *Saint-Honoré*, nº 359. — Stabilimento fondato da Musard nel 1836 per darvi nell' inverno concerti e balli tre volte la settimana. Ora non è altro che una sala da ballo.

Bazar Européen,
Boulevart Montmartre, e passaggio *Jouffroy*.

Grazioso locale ove trovasi riunito tutto ciò che l'industria umana inventa giornalmente in oggetti d'arte, e di fantasia. Nomineremo specialmente il *conservatorio d'indicazioni industriali e commerciali*, fondato dal sig. Richard, per la sua eminente utilità, essendo un centro adatto a risparmiare ricerche lunghe, fastidiose, e spesso inutili. Tutte le indicazioni, che possonsi desiderare, tutti gl'indizj, dei quali può aversi bisogno, sono là classificati in tanti registri, a disposizione del pubblico.

Prigione per DETTES (debiti).

In altro tempo gl'incarcerati per debiti erano rinchiusi nella prigione di S. Pelagia, via della *Clef;* ma per non tenerli mescolati con ogni sorta di malfattori, si ebbe la buona idea di fabbricargli apposito locale nella via di *Clichy.*

La nuova prigione può albergare 200 individui circa in tante celle separate. Ogni detenuto è alimentato a spese del creditore che lo ha fatto incarcerare, il quale ha l'obbligo di versar puntualmente a quest'effetto 30 franchi mensili, se vuole che al suo prigioniero non sia schiusa la porta. Vi è una cucina comune a tutti i detenuti. L'ala sinistra, che guarda sulla corte, è riservata esclusivamente per le donne.

Posta dei cavalli,
via della *Tour-des-Dames*, e via *Pigalle*, nº 2.

Lo stabilimento della Posta de' cavalli risale all'epoca di Luigi XI, che ne fu il fondatore.

Quella di Parigi ebbe per lungo tempo una grande importanza; ma dopo stabilite le strade ferrate, è divenuta poca cosa. Prima di una tale istituzione la Posta de' cavali possedeva più di 1,500 di questi animali, e contava al suo servizio almeno 400 postiglioni.

Nel 1840, il prezzo per il servizio di ogni cavallo venne stabilito a due franchi per miriametro, e quello del postiglione ad un franco. Ciò non ostante si usa dare al postiglione la stessa somma che si paga per il cavallo.

Hôtel delle vendite,
via *Drouot*.

Quest' *Hôtel*, di recente costruzione, resta aperto al pubblico tutti i giorni. Vi si vende ogni sorta di oggetti che provengono da fallimenti, vendite volontarie e giudiziali, o del Monte di pietà.

Culti diversi.

Oratorio. — Tempio calvinista. — Via *Saint-Honoré*, n° 157.

Chiese concistoriali *de la Rédemption.* — Via *Chauchat.*

Cappella francese. — Via *Montholon*, n° 8.

Cappella Evangelica riformata. — Via di *Provence*, n° 44.

Società biblica protestante di Parigi. — Via *des Moulins-Saint-Roch*, n° 16.

TERZO CIRCONDARIO.

QUARTIERI:

SAINT-EUSTACHE, SAINT-JOSEPH, HAUTEVILLE.

Piazza delle VICTOIRES.

Gli edificj attorno questa piazza rimontano al 1686. Si costruirono su i disegni di Mansard, e sono ornati, nelle loro facciate, da pilastri d'ordine jonico.

Una statua pedestre di Luigi XIV coronata dalla Vittoria, e circondata d'altre statue allegoriche, ha sussistito su questa piazza fino all' epoca della rivoluzione del passato secolo; ed era un monumento di gratitudine del suo favorito duca de La Feuillade che lo innalzò a proprie spese, sperando eternare in tal modo la sua riconoscenza. Sainte-Foix scherzosamente ci narra ciò che era solito dire in tal circostanza l'abate di Choisi, cioè, che il marescallo de la Feuillade spingeva sì oltre il suo cortigiano amore pel re, da nutrire immenso desiderio di fare acquisto di una sepoltura nella chiesa dei *Petits-Pères*, colla facoltà di prolungarla sotterra fino al centro della piazza delle *Victoires*, onde farsi seppellire precisamente sotto la statua di Luigi XIV, progetto, che apparentemente non potè eseguirsi, poichè il maresciallo venne tumulato a *Saint-Eustache*.

Comunque sia la cosa, il fatto sta, che la suddetta statua venne abbattuta e distrutta nel 1792, e nell'anno seguente si rimpiazzò con una piramide, che avea su i quattro lati scolpiti i nomi delle vittorie riportate dalle repubblicane schiere francesi.

Nel 1808, Napoleone tolse via la piramide, e vi sostituì la statua colossale del general Desaix. Nel 1822 si tolse via ancor questa, e vi si pose la equestre di Luigi XIV, eseguita dal Bosio, che vi figura tuttora.

Uffici del Bollo Imperiale,

via della *Banque*, di faccia all'antico convento dei *Petits-Pères*, sulla di cui area si fabbricò la nuova *Mairie* del 3º circondario.

Dividonsi in due direzioni: 1ª quella del Demanio, che occupa il lato sud: 2ª quella del Registro, che è nella parte nord.

Gli uffici sono aperti tutti i giorni della settimana, eccettuata la domenica, dalle ore 9 di mattino alle 4 della sera.

Chiesa di SAINT-EUSTACHE,
di faccia alle *Halles centrales*.

È una delle più vaste, belle, e più monumentali chiese di Parigi. L'elevatezza delle sue vôlte, l'ardita e delicata sua costruzione, finalmente la maestà dell'insieme, ne formano uno de' migliori edifici religiosi della città. Incominciata nel 1532, non si compì che dopo un secolo circa, per cui la sua architettura manca di unità. Ed infatti, gli ordini greci si trovano confusi collo stile del risorgimento, e colla forma gotica delle sue diverse parti, risultandone un contrasto che nuoce essenzialmente alla sua armonia. La vòlta della nave è retta da dieci pilastri paralleli, ridicolosamente coronati da capitelli corintii, che s'innalzano diminuendosi a più di cento piedi dal suolo, interrotti nel mezzo da una galleria balaustrata, che fa il giro dell'edificio. Al di sopra della galleria vi sono dodici finestre centinate, guarnite di vetri, che possono dirsi preziosi pel disegno, colore, e perfetta conservazione. Il pulpito, collocato nel coro, è quello stesso, che anticamente esisteva nella chiesa di *Notre-Dame*, tolto via dalle rivoluzionarie vicende.

I quadri che meritano una qualche considerazione sono, l'Adorazione de' magi, la Guarigione dei lebbrosi, e l'Adorazione de' pastori, di Carlo Vanloo, che però non sono de' migliori di questo valente artista.

Una statua in marmo della Vergine, scolpita da Pigale, vedesi nella cappella che le è consacrata.

L'organo, lavoro di Duroquet, è forse la più perfetta macchina che Parigi possegga in tal genere. Ha 70 differenti registri, e costò 175,000 franchi. L'edificio è sormontato da due torri quadrate.

Nel modo stesso che a S. Rocco, molti uomini illustri hanno avuto sepoltura in questa chiesa: fra i mausolei vi sono quelli del gran Colbert, Voiture, Benserade, Lamothe-le-Vayer, Vaugelas, maresciallo de la Feuillade, ammiraglio Tourville, e Chevert.

Chiesa di NOTRE-DAME-DES-VICTOIRES,
detta dei Petits-Pères,
Piazza dei *Petits-Pères.*

La prima costruzione di questo edificio data dal 1629. Nel 1656 venne ricostruita su piano più vasto, e tale quale oggi esiste. Ne posò la prima pietra Luigi XIII, e la dedicò alla Madonna delle Vittorie per i vantaggi che riportò su i protestanti de La Rochelle!

L'architettura è di ordine jonico: ha una sola navata, lunga 43 metri, larga 10. 70, alta 18.

Sette quadri di Vanloo esistono nel coro, i di cui stalli sono abilmente scolpiti.

Nella terza cappella a sinistra vi è il sepolcro del fiorentino maestro di musica Lulli.

Chiesa di NOTRE-DAME-DE-BONNE-NOUVELLE,
via della *Lune*.

Distrutta nell'assedio di Parigi da Enrico IV nel 1593, questa chiesa fu rifabbricata tra il 1624 ed il 1725, e quasi interamente rifatta nel 1825 da Godde. È d'ordine dorico, priva di ogni merito.

Chiesa di SAINT-VINCENT-DE-PAUL,
Piazza *Lafayette*, alla fine della via *Hauteville*.

Questa chiesa fu innalzata sopra una porzione de' terreni del *Clos-Saint-Lazare*, nel luogo di un antico belvedere, ove il santo era solito andarvisi a riposare.

Innanzi di arrivare al piano della porta d'ingresso, bisogna salire una scala di 35 gradini. Il portico, d'ordine dorico, ha un triplo rango di colonne, ed è sormontato da un frontone triangolare, e due torri quadrate, che s'innalzano a 54 metri dal suolo, entro le quali sono le statue dei quattro Evangelisti. L'interno dell'edificio ha una profondità di 66 metri, sopra 34 di larghezza. L'esterno 88 metri di lunghezza, contro 37.

Nel mezzo del coro vi è un altare, in cui il sig. Rude vi fuse un Calvario in bronzo. Le intarsiature del suddetto coro, eseguite da Millet e Molchnët, e le vetrate di Marechal (di Metz) sono le altre cose che meritano di essere osservate.

Ospedale LARIBOISIÈRE.

Nel 1846 s'incominciò la costruzione di questo importante edificio, che dovea avere il nome di Luigi Filippo, poi l'altro della Repubblica, e finalmente si convenne dargli quello che attualmente porta, in memoria degli otto milioni che Madama Lariboissière legò a beneficio dei poveri di Parigi. È stato edificato sopra parte de' terreni del *Clos-Saint-Lazare*, ove esisteva un tempo il convento de' Lazzaristi e sue vaste dipendenze, a spese dell'Amministrazione degli ospizj della città di Parigi, e serve di succursale all'*Hôtel-Dieu*. Può contenere 650 malati circa, assistiti dalle sorelle della Carità, e curati dai medici e chirurghi ordinarj degli ospizj.

I lavori di costruzione sono stati diretti dall'architetto Gauthier, ed eseguiti su i suoi disegni dagl'intraprenditori Lemaire e fratello. La forma è di un parallelogrammo, la di cui totale superficie, compreso il muro di cinta, è di 34,595 metri. Si compone nell'insieme di 26 corpi di fabbrica, due de' quali formano l'ingresso principale con facciata volta verso la chiesa di S. Vincenzo de Paoli. Il portico in cui ha termine il muro di cinta, è ornato da bella cancellata.

A dritta e a manca del gran cortile principale si trovano otto grandi edificj a due piani, con pianoterra circondato da portici. In questi edificj sono disposte delle ampie sale ben ventilate, per riceverci i malati.

Gli altri corpi di fabbrica sono designati per sale di consulti, scaldatoj, spezierie, erbolaj, bagni di specie diverse, gabinetti de' professori, anfiteatri, oratorj, sale di depositi, guardarobe, luoghi pel bucato, refettorj delle Sorelle, scuderie, rimesse, ecc. Otto cortili con giardino dividono tutti questi fabbricati.

Nel fondo della gran corte, che ha nel mezzo una fontana con spaziosa vasca, e su i lati del giardino, sta una cappella co' suoi accessorj, alta 28 metri, la quale, nel modo stesso delle altre fabbriche, è cinta da portici. La facciata ha quattro ordini d'architettura, dorico, jonico, corintio, e composito, sovrapposti uno all'altro, con doppie colonne da ogni lato; il primo formante il portico; il secondo un attico con nicchie per statue; il terzo, ove si trova l'oriuolo; ed il quarto è il campanile, con croce al di sopra.

L'insieme di questo ospedale ha bell'aspetto, e la sua distribuzione è ammirabile. Vi sono state introdotte tutte le disposizioni indicate dalla scienza, e tendenti al benessere de'malati. Come saggio comparativo, vi furono attivati i due sistemi di riscaldamento, l'uno mediante la circolazione dell'acqua calda, l'altro col mezzo del vapore; come ancora i due sistemi di ventilazione, per aspirazione cioè, e per soffiamento, e ciò lo fa esser senza dubbio uno de'più belli ospedali di Parigi.

Amministrazione delle Poste,
via Jean-Jacques Rousseau.

L'amministrazione delle Poste dipende del Ministero delle Finanze, non ostante che gli uffici siano collocati nella via *Jean-Jacques-Rousseau*.

Qui sono organizzati diversi *bureaux* per la partenza ed arrivo delle lettere, affrancamento, e carico per i dipartimenti, e per l'estero, aperti dalle ore otto di mattina, fino alle sei della sera; eccettuate le domeniche, in cui si chiudono alle ore tre pomeridiane.

Vi esiste parimenti un ufficio speciale per la trasmissione delle somme in oro ed argento, le quali pagano cinque centesimi per franco sul loro valore; questo ufficio resta aperto tutti i giorni, fuori le domeniche, dalle 9 alle 3 ore.

Le lettere per l'estero si tolgono dalla buca dell'amministrazione alle ore 5 precise di sera.

Mercato SAINT-JOSEPH.

Esiste questo mercato fin dal 1814. Costruito sul terreno occupato anticamente da una cappella dedicata a S. Giuseppe, serve di comunicazione fra la strada che porta il medesimo nome, e quella di *Montmartre*.

Bazar de l'industrie française,
Boulevart Poissonnière, n° 27.

È occupato da bottegaj che vendono ogni sorta di mercanzie nell'istesso modo del bazar *Bonne-Nouvelle*.

Bazar du voyage,
Boulevart Poissonnière, n° 14.

Questo bazar, stabilito da circa dieci anni, è specialmente consacrato alla vendita di qualunque oggetto che può essere necessario od utile ai viaggiatori.

QUARTO CIRCONDARIO.

QUARTIERI :

MARCHÉS ou HALLES, LOUVRE, BANQUE.

Il LOUVRE.

Fra tutti i monumenti di Parigi il palazzo del *Louvre* è quello che merita di essere in particolar modo visitato. Se noi l'osserviamo nella sua architettura, diremo che avrà forse molti rivali; ma contemplando le grandi ricchezze ch' esso racchiude, il dubbio sparisce, e con difficoltà c' indurremo a credere che ve ne sia altro simile in Europa. Ed infatti, qui vedesi una delle più grandi è complete collezioni di quadri e disegni di sommi artisti d'ogni epoca, e di ogni scuola; qui una collezione di antiche statue, e di moderne sculture; qui antichità greche, romane, egiziane, e messicane di ogni specie, ecc. ecc. Colui che avrà attentamente percorso le immense gallerie del *Louvre*, può lusingarsi di aver veduto tutto quello che Parigi racchiude di più importante in genere di arti belle; poichè nelle abitazioni de' ricchi non vi troverebbe certamente nè le immense raccolte di quadri de' principi Borghese, Corsini, Doria, e di altri mille italiani patrizj, nè la poco numerosa, ma preziosissima collezione Sciarra.

Passeremo adunque ad osservare la parte monumentale di questo palazzo, quindi daremo una succinta analisi di tutti gli oggetti d'arte ch' esso racchiude.

La prima costruzione del *Louvre* risale ad epoca molto lontana ed incerta. Ciò che si sa di positivo è, che, sotto Filippo Augusto, serviva da lungo tempo ai re di Francia come casa di delizia, e come fortezza, per difendere il fiume dalle scorrerie degl'inimici, e tenere in soggezione i cittadini. Era, propriamente parlando, un forte distaccato, ma di ben altra importanza di quelli innalzati recentemente fuori le mura di Parigi. L'insieme delle fabbriche del *Louvre* offriva un parallelogrammo circondato da fossati, che ricevevano alimento dalle acque della Senna. A tal' epoca i fabbricati esterni erano tanto uniti fra di loro, che si sarebbe detto esser muraglie, irregolarmente tagliate da piccole finestre, le une sovrapposte alle altre. Nel mezzo della gran corte innalzavasi la famosa torre del *Louvre*, tanto celebre nella storia feudale, che era lo spavento degl' indocili vassalli. Questa torre, costruita da Filippo Augusto nel 1204, aveva forma circolare, cinta da un largo e profondo fossato, designata sotto i diversi nomi di *Tour-Neuve, Tour-Philippine, Forteresse-du-Louvre, Tour-Ferrand*, ecc. I suoi muri alla base aveano 13 piedi di spessezza, la sua circonferenza era di 144 piedi, e l'altezza 96. Comunicava colla corte principale per mezzo di ponte ad una sola arcata, ed altro levatore. Sorpassava in altezza tutte le altre fabbriche colle quali si univa mediante un ponte sul fosso, e galleria di pietra. Ogni piano era illuminato da otto finestre alte quattro piedi, e larghe tre, guarnite da spesse barre di ferro. L'interno conteneva parecchie camere, una cappella, ed una latrina. Servì per lungo tempo come prigione di stato, e parecchi de' più grandi personaggi dei regni di Carlo V, e Carlo VI, vi stettero rinserrati. Conteneva parimenti il tesoro dei re. Gli edificj che circondavano la corte principale, rendendo forte la grossa torre, erano, nel modo stesso delle muraglie che chiudevano le basse-corti, e giardini, sormontati da una infinità di altre torri e torricelle di diverse altezze e dimensioni. Ciascuna di queste torri prendeva il nome dalla sua particolare destinazione, come per esempio quella del *Horloge*, dell'*Armurerie*, della *Fauconerie*, della *Grande et Petite Chapelle*, le torri della *Tournelle*, e della *Grand' Chambre du Conseil*, la torre dell'*Ecluse*, la torre dell'*Orgueil*, e l'altra della *Librairie*, che era quella ove Carlo V aveva riunito la sua biblioteca. Quasi tutte queste torri avevano il loro capitano, o custode nelle persone de' più grandi e potenti signori di quel tempo. Penetravasi nel *Louvre*, da quattro porte fortificate, ciascuna sulla parte che introduce anche oggi giorno nel grande cortile. Nelle fabbriche attorno la corte interna esistevano delle nobilissime sale, ed erano la *grande salle Saint-Louis*, la *salle neuve du Roi*, quella della *Reine*, la *chambre du Conseil*, ecc. Là sussistevano parimenti diverse altre basse-corti e cortili circondati da fabbriche, dette: case *du Four*, de la *Panneterie*, della *Saucerie*, dell' *Epicerie*, dell' *Arsenal*, ecc.

Nel 1539 pare che tutti questi edificj si trovassero in assai cattivo stato, da lungo tempo non abitandovi i re di Francia che assai raramente, mentre si dovettero farvi delle grandi riparazioni, per potervi degnamente ricevere l'imperator Carlo V. Un' armata di operaj li rese magnifici in pochi giorni; ma dopo altri pochi dì cadde in ruina tanta magnificenza.

Francesco I si persuase che era di necessità abbattere il castello di Filippo-Augusto, e fabbricarne uno nuovo sulle sue ruine. L'italiano Serlio presentò un progetto, non adottato per esser troppo dispendioso; quello di Pietro Lescot venne approvato, e nel 1541 si principiò a dar di piccone alla vecchia fortezza.

Incominciato da Francesco I, il *Louvre*, quale vedesi oggigiorno, fu continuato da Enrico II, Carlo IX, Enrico III ed Enrico IV fino alle *Tuileries*. La facciata esterna della galleria dalla parte del fiume ha pilastri corintii accoppiati, e scanalati; è coronata alternativamente da frontoni circolari, e triangolari. Il grosso padiglione fu costruito regnando Luigi XIII; e sotto Luigi XIV s'innalzò una gran parte delle fabbriche della corte, ed il bel colonnato. Furono ripresi i lavori sotto Luigi XV, ma poi abbandonati fino al 1804, epoca in cui furono quasi completamente portati a compimento.

Nulla diremo de' lavori immensi, ed addizioni, che alle *Tuileries* ed a questo palazzo sta ora facendo l'attuale imperatore Napoleone III. Le nostre parole non sarebbero certamente tali, quali merita la grandezza delle colossali opere; d'altronde non essendo queste ancora condotte a fine, sarebbe temerità dirne qualche còsa anzi tempo, per cui ci riserbiamo parlarne quando ci sarà permesso di farlo.

Chiediamo ora al nostro lettore di prestarci più grande attenzione nel condurci sulla piazza di *Saint-Germain-l'Auxerrois*, per osservare la bella facciata di questo palazzo, conosciuta col nome di *Colonnade du Louvre*. Questo pezzo magnifico, senza dubbio uno dei migliori capi d'opera del gran secolo (per la Francia) di Luigi XIV, fu architettato da Claudio Perrault, il quale, trascinato da forza sovrumana, abbandonò la sua professione di medico, e volle farsi architetto. Riuscito essendo sì bene nella sua nuova professione, non meritava certamente le amare ed ingiuste critiche scagliategli contro da Boileau.

Dando Perrault il modello della granda facciata del *Louvre*, si collocò nel posto de'grandi maestri, poichè questa facciata non ha meno di 175 metri di lunghezza, e 28 di larghezza. Ammirasi sopra ogni altra cosa il perfetto insieme de' tre avancorpi, e dei due peristilj che la compongono. Nel basamento dell' avancorpo di mezzo si è aperta una magnifica porta di grandioso effetto, sopra la quale sta un frontone triangolare di maestosa semplicità. La cimasa di un tal frontone è formata da due sole pietre aventi ciascuna 18 metri di lunghezza, e 2 50 di larghezza. Ciò che sopratutto si deve rimarcare si è, l'effetto mirabile che producono le due gallerie de' peristilj dietro queste colonne corintie appajate e poste sopra un alto basamento, che serve a meglio apprezzare le loro belle ed eleganti proporzioni. In fine, tutto questo insieme di avancorpi, peristilj e colonne, forma la famosa colonnata del *Louvre*, sopra cui poggia una terrazza adorna di ricca balaustra.

Questa facciata è senza dubbio, per la felice armonia che esiste fra tutte le sue parti, per la scelta e bella esecuzione de' suoi ornamenti, per la saggia economia della loro distribuzione, finalmente per la maestà della sua estensione, il più bel monumento architettonico di che possa gloriarsi la città di Parigi.

Penetrando nella corte del *Louvre*, osserviamo con piacere la maestosa regolarità degli edificj che la circondano. Una delle quattro facciate non rassomiglia affatto alle tre altre; esse sono decorate da colonne, le une d'ordine corintio, e le altre d'ordine composito. Nel modo stesso che il Colonnato, tali colonne hanno per comignolo una terrazza con balaustra in pietra. Osservando i tre lati uniformi di questa corte, l'occhio italiano non resta oltraggiato dai tetti quasi a piombo, aventi fenestre nel modo stesso della facciata, da alti muri isolati, sopra i quali una batteria di tubi alti e bassi, grandi e piccoli, cose che talmente t'indispongono, da farti disprezzare quel bello dell'arte, che forse si troverà nell'edificio sì ridicolosamente coronato.

La quarta faccia è di data anteriore al regno di Luigi XIV; fu incominciata nel 1528, vale a dire 142 anni innanzi gli altri corpi costruiti da Perrault, su i disegni di Pietro Lescot, ed è la parte che chiamasi il vecchio *Louvre*. Esiste in questa facciata non poca confusione; le sculture del terzo piano appartengono allo scalpello del celebre Giovanni Goujon. Il grande padiglione centrale fu costruito sotto il regno di Luigi XIII; le cariatidi dell'attico, che sostengono il frontone di questo padiglione, furono scolpite da Sarrazin.

Negli ultimi cinque o sei anni decorsi, si spinsero colla più grande alacrità i lavori di restauro del vecchio *Louvre*. La facciata del fiume fu scavata, ed ogni pietra intagliata è oggi ripulita o restaurata. La fenestra più prossima al nuovo *Louvre*, e dalla quale, si dice, che Carlo IX tirasse contro gl'infelici ugonotti che cercavano uno scampo guadando il fiume, è stata la prima ad esser rimessa alla pubblica vista. Essa è adorna d'un balcone di ferro lavorato, al di sopra del quale in lettere d'oro si legge: *Musée du Louvre*. L'ingresso della Biblioteca presentemente è di molto abbellito.

Il *quai* è stato livellato, ed ingrandito in maniera da permettere all'occhio di abbracciar da cima a fondo la facciata.

L'ala dritta dell'antico *Louvre*, presa dalla sua

origine fino all' avancorpo del centro, ebbe incominciamento sotto Enrico II, e continuata ne' tempi di Carlo IX, Enrico III ed Enrico IV. Distinguesi facilmente la parte costruita all' epoca di Enrico II dalle lettere H e D insieme annodate, e scolpite sulla pietra. La parte fatta edificare da Enrico IV si riconosce parimenti dalla lettera G, iniziale del nome di Gabriella d'Estrées.

L'altra parte della galleria, che prolungasi fino al palazzo delle *Tuileries*, ebbe principio da Luigi XIII, e fine sotto Luigi XIV. La disposizione architettonica è qui tutta diversa; si compone di pilastri corintii scanalati di bella proporzione; il sopraornato ha frontoni circolari ed acuti alternativamente disposti, su parecchi de' quali trovi scolpito un sole, orgoglioso emblema sotto il quale designavasi allora il gran re. Quest' ordine d'architettura è generalmente di aspetto più severo e monumentale. Là, tu vedi più cifre amorose, più superfluità nell' ornato. Luigi XIV non era certo meno galante di Enrico II, ed Enrico IV; ma in lui vi era più alterigia e fierezza, di quello che vero amore; e se non fece scolpire su i muri del *Louvre* le iniziali delle sue innamorate, fu perchè non accordava loro nella propria affezione un posto tanto eminente, quale lo ebbero da' suoi avi Diana di Poitiers, e Gabriella d'Estrées. In una parola, Enrico II ed Enrico IV avevano amato sinceramente ed esclusivamente; mentre il gran re, egoista e glorioso ad un tempo, attribuiva tutto a sè stesso, e non ebbe caldo effetto per nessuno.

Cortile del Louvre.

Nel mezzo di questa corte vedevasi ancora nel 1848 una statua equestre del duca d'Orleans, opera dell'italiano Marocchetti. Oggi vi si sta lavorando, e forse vi sorgerà un altro monumento, che speriamo sia degno di una sì magnifica corte.

Qui sono gl'ingressi di parecchi nuovi musei.

Museo del Louvre.

I musei di pittura e scultura sono in numero di quattro, e ciascuno di essi è suddiviso in più parti, secondo il maggiore o minor numero di sale a loro assegnate.

La prima divisione si compone di tutte le sculture, e forma due classi distinte, l'una delle quali comprende le statue antiche, e l'altra le opere moderne.

La prima classe, designata col titolo di *Musée des Antiques*, occupa il pianterreno meridionale dell'edificio ove sta l'oriuolo. Questo museo, che ha avuto origine soltanto nel 1797, fu composto in gran parte di statue ed altri monumenti ottenuti in forza di conquista dall'armata d'Italia. Fu aperto la prima volta al pubblico nel mese *brumaire*, anno IX della Repubblica (novembre 1800), col titolo di Museo Napoleone, che conservò fino alla caduta dell'impero. Le sale assegnate si distinguono fra loro dalle particolori denominazioni che si riferiscono agl'oggetti che racchiudono, come per esempio: la sala degl'Imperatori romani, quella delle Stagioni, della Pace, di Diana, del Centauro, del Gladiatore, di Pallade, d'Ercole, di Melpomene, delle Cariatidi, ecc. Tutte queste sale non contengono che opere antiche, e non ostante le considerevoli perdite fatte da questo museo nel 1815, per la restituzione di tante di esse ai loro antichi padroni, pure ve ne son restate abbastanza. Vi si vedono in effetto circa 500 busti o statue, fra le quali primeggia la Venere trovata nell' isola de Milo, 200 bassirilievi, e più di 250 vasi, candelabri, ecc.

La seconda classe di sculture, o *Musée des sculptures modernes*, e de la *Renaissance*, occupa cinque sale, parimenti a pianterreno, ma dal lato settentrionale. Creato nel 1824, questo museo non contiene altre produzioni fuori quelle dei secoli XVI°, XVII°, e XVIII°; l'antico museo dei *Petits-Augustins* ha somministrato gran parte delle sue ricchezze. Le sale portano il nome dell'artista che ne ha fornito i principali elementi.

La seconda divisione si compone di quadri delle diverse scuole, classificati nel gran salone del primo piano sopra il *Musée des Antiques*, e nella gran galleria che congiunge il *Louvre* alle *Tuileries*.

La sala de' disegni, che forma la terza divisione, è nella galleria d'Apollo.

Finalmente la quarta divisione, composta di antichità greche, romane, ed egiziane, occupa nove sale. La scala a sinistra sotto il peristilio dell'ingresso principale, di faccia a *Saint-Germain-l'Auxerrois*, è quella che vi conduce. Questo museo ebbe origine nel 1827; tutti i vasi, medaglie, ed antichità che vi si veggono esposte, sono chiuse dentro immensi armadj d'*acajou* ornati di cristalli.

Ogni sala del Louvre è arricchita di pitture allegoriche de' primi artisti francesi.

L'esposizione di quadri e statue degli artisti nazionali viventi aveva luogo in ogni anno nelle gallerie del *Louvre*. Una provvisoria, oggi però abbattuta, era stata aggiunta a tale effetto lungo la parte settentrionale della gran galleria, per compimento dell'esposizione de' prodotti annuali, il di cui numero cresce continuamente. Dopo la rivoluzione del 1848, questa esposizione facevasi alle *Tuileries*, quindi al

Palais-Royal, e finalmente al *Conservatoire de Musique*. Quella di quest'anno ha luogo nel *Palais de l'Industrie*.

La collezione de' quadri del *Louvre* è una delle più ricche di Europa, poichè numera 1250 dipinti. Ha il difetto di una qualche bell'opera bizantina, necessaria onde vedere il legame tradizionale fra l'arte antica, e quella del risorgimento. Le scuole italiane occupano il primo posto, non contandovisi meno di 543 quadri, fra quali 12 di Raffaello. Della scuola spagnuola non ve ne esistono che 15 ; 618 di quelle di Alemagna, Fiandra, ed Olanda ; il resto appartiene alla scuola francese.

L'enumerazione di tutti gli oggetti d'arte che contiene questo museo forma un voluminoso catalogo, che l'amatore può procurarselo dai custodi delle gallerie.

Il museo resta aperto al pubblico nella domenica dalle ore 10 di mattino alle quattro della sera. I studenti vi sono ammessi dal martedì al sabato di ciascuna settimana ; ed i forastieri possono entrarvi tutti i giorni, ad eccezione del lunedì, colla semplice presentazione del loro passaporto. Tutte le collezioni del pianterreno sono pe' forastieri aperte egualmente tutti i giorni, eccetto sempre il lunedì, destinato allo spazzamento.

Musée égyptien. — È il primo a sinistra sotto il peristilio del grande ingresso del Colonnato. Vi si vede una numerosa collezione di statue, sarcofaghi ecc. ricoperti di geroglifici. Per l'apertura è soggetto alle stesse leggi indicate di sopra. Il catalogo esplicativo di tutte queste antichità può aversi dal custode.

Antiquités mexicaines. — È una piccola sala aperta a dritta nella corte, contenente una grande quantità di varj oggetti raccolti da uno de' consoli francesi nel nuovo mondo.

Sculpture moderne. — Sono parecchie sale, una dopo l'altra, nel pianterreno a dritta della fabbrica dell'oriuolo.

Musée des Souverains. — Posto al primo piano della facciata del Colonnato. Si formò recentemente col riunirvi una quantità di oggetti appartenuti ai re di Francia, che trovavansi sparsi in molte altre collezioni.

Musée de Marine. — È una collezione di modelli di navi d'ogni sorta. Vi sono unite molte armi offensive e difensive di ogni popolo. Sta situato nella parte superiore dell'ala del palazzo sulla via di *Rivoli*. Torniamo a ripetere, che i forastieri sono ammessi a visitare tutti questi locali in ogni giorno, meno il lunedì, dalle ore 10 di mattina alle quattro della sera, col solo mostrare il proprio passaporto.

Bibliothèque impériale du Louvre. — Sotto la Repubblica, nel 1848, questa biblioteca era divenuta publica. Oggidì non può visitarsi che dietro un permesso speciale del ministero della casa imperiale, situato alle *Tuileries*. Può anche ottenersi il permesso di consultare le opere, o portarsele per questo scopo in propria casa, dopo averne giustificato i motivi.

La suddetta biblioteca è molto ricca di curiosissimi documenti politici, che hanno rapporto colla Rivoluzione francese, e la Restaurazione.

HALLES AUX BLÉS, e fontana MEDICIS,
via di *Viarmes*.

Questo locale, destinato a magazzino di grani, è un vasto edificio circolare, la di cui prima costruzione risale al 1767. Occupa il posto ove esisteva un tempo l'*Hôtel de Soissons*, che aveva abitato Caterina de' Medici nel 1562. La vasta rotonda, che ha 100 metri di circonferenza, è formata di 28 arcate, sei delle quali servono di passaggio, e metton capo ad altrettante strade.

Per conseguenza di un incendio avvenuto nel 1802, la cupola, che era di legno, venne rifatta di ferro fuso, e coperta di rame, onde meglio garantire la fabbrica da nuovi disastri.

I granai, stabiliti nelle gallerie del pianterreno, possono contenere più di 30,000 sacchi di grano e farina, quantità ritenutavi costantemente per l'approvigionamento della città.

Una colonna jonica, rimarchevole pe' suoi ornamenti, resta addossata a questo edificio, ed è la sola cosa che rimanga dell'antico *Hôtel Soissons*. Nel 1572 fu innalzata d'ordine di Caterina de' Medici, e disposta in modo, da permettere a questa principessa di potersi abbandonare alle osservazioni astronomiche, che tanto amava. Sulla sommità di questa colonna, che vi si giunge mediante una scala praticata nell'interno del monumento, è stato ingegnosamente tracciato un meridiano. Ai piedi della colonna si vede una pubblica fonte. Se si brama visitarne l'interno e la sommità, si cerchi del portiere che sta al nord dell'edificio.

Fontana della CROIX-DU-TRAHOIR.

È situata all'angolo delle vie *Saint-Honoré*, e dell' *Arbre-Sec*. Ebbe origine da Francesco I, ma fu restaurata nel 1775 da Soufflot. Si compone di pilastri ornati da conchiglie, stalattiti, ed una Ninfa scolpita da Giovanni Goujon.

Fontana degli INNOCENS.

Come opera di scultura ed architettura, la fontana degl'Innocenti è senza dubbio una delle più belle di questa città, e nel tempo stesso la più antica. Fu costruita nel 1551 su i disegni di Pietro Lescot, ed i ricchi bassirilievi che la nobilitano son dovuti allo scalpello del celebre Giovanni Goujon, primo scultore de' suoi tempi, il quale fu uno delle tante infelici vittime della *Saint-Barthélemy*.

Nella sua origine questa fontana era situata al canto della via *Saint-Denis*, e dell'altra *aux Fers*; ma, nel 1785, quando si demolì la chiesa ed il cimitero degl'Innocenti, a cui trovavasi addossata, fu trasferita nel mezzo della piazza, senza che la scultura abbia nulla sofferto. In tale occasione vi si aggiunse una quarta arcata, la cui scultura, di egual dimensione delle altre, è di Pajou. Nel 1788 fu adornata con bacini e lioni che sussistono ancora. Questo monumento ha 16 metri di altezza, compresa la cupola: l'acqua delle cascate proviene dal canale dell'*Ourcq*.

Halles centrales.

Da lungo tempo l'approvigionamento di Parigi reclamava delle *Halles* (Mercati coperti). Il consiglio municipale, dopo avere lungamente esitato sulla scelta de' diversi progetti presentati dagli architetti, adottò quello che andiamo a descrivere. La costruzione di queste *Halles* ha necessitato la demolizione di un gran numero di case, ed ha cangiato fisonomia a tutto un quartiere, di già considerabilmente modificato dalla prolungazione della via di *Rivoli*.

I corpi principali delle *Halles centrales* formano

otto padiglioni quadrati, riuniti fra loro con passaggi coperti, larghi, e spaziosi. Di questi otto padiglioni, quattro grandi sono nel centro, più alti e dominanti quelli vicini. Stanno fra la strada chiamata de la *Cossonnerie*, e l'altra dei *Prouvaires*. Vengono poi sull'antico sito del mercato dei *Prouvaires*, vasti parallelogrammi separati, che servono per la vendita all'ingrosso, ed al dettaglio.

I padiglioni del corpo principale sono così disposti: 3° e 4°, vendita all'ingrosso di legumi, frutta, ed erbaggi; 5° e 6°, vendita in dettaglio dei stessi generi; 7°, vendita di pesce fresco e salato; 8°, burro, uova, e formaggi all'ingrosso; 9°, volatili, cacciagione, e carne cotta. Finalmente il 10° è destinato al dettaglio del formaggio, burro, ed uova.

Queste nuove *Halles centrales* hanno 60,000 metri di superficie, 32,000 de' quali sono coperti; 1,930 posti coperti, e 1,300 movibili.

Piazza di CHATELET, e Fontana detta du PALMIER.

La piazza di *Châtelet* prende il nome dall'antica fortezza di Parigi esistente fin dai più remoti tempi della monarchia francese, restata in piedi fino al 1812, epoca in cui fu completamente demolita. Gli edificj che la circondano, e la fontana monumentale posta nel mezzo, fanno bella questa piazza. La fonte, costruita nel 1807, consiste in un bacino circolare di 7 metri di diametro con piedistallo, sopra il quale s'innalza una colonna alta 18 metri. La medesima colonna, eretta in onor di Napoleone, rappresenta un palmizio, la cui cima circondata dalle proprie foglie forma il capitello, sormontato dalla Fama che dispensa corone. Quattro statue allegoriche, cioè,

St GERMAIN L'AUXERROIS.

la Fede, la Forza, la Prudenza, e la Vigilanza son collocate nel piedistallo, le quali, tenendosi l'un l'altra per mano, formano cerchio alla colonna; anelli di bronzo dorato ne cingono il fusto, ed in essi vedi incisi i nomi di parecchie vittorie riportate dalle schiere Napoleoniche.

L'acqua cade nel sottoposto bacino sgorgando ai lati dai corni della capra Amaltèa.

Le statue sudette furono scolpite da Bosio.

Attualmente su questa piazza, si sono demolite molte case, per aprire il nuovo *Boulevart du Centre* che avrà principio da essa.

Piazza e fontana de l'ECOLE.

La fontana ha un bacino, un vaso di pietra, e leoni che gittano acqua dalla bocca.

Uno spaccio di liquori, detto della *Mère Moreau*, collocato su questa piazza, ha tanta vecchia celebrità, che ci ha obbligato di farne menzione.

Chiesa di SAINT-GERMAIN-L'AUXERROIS,
di faccia al Colonnato del *Louvre*.

Rimarchevole per la sua antichità è questo tempio cristiano. Gli storici ne fanno rimontar l'origine al 580, sotto il re Childerico, che ne fu, secondo essi, il fondatore. Saccheggiato e distrutto dai normanni, fu ricostruito da Roberto figlio di Ugo Capeto l'anno 990; restaurato e compiuto da Carlo VII nel 1435. Nel secolo XVII vi si fecero nuovi abbellimenti, ed altri ancora nel 1746. *Saint-Germain-l'Auxerrois* fu sempre la chiesa parrocchiale dei re di Francia nel tempo che abitarono il *Louvre*, e ciò spiega bastantemente il motivo dei notabili cangiamenti fattivi ad epoche diverse, i quali ne costituiscono la principale ricchezza. Un tal privilegio le venne tolto naturalmente dalla prima rivoluzione, ma col ritorno dei Borboni le fu questo restituito. Devastata dopo la rivoluzione di Luglio, nell'occasione che i preti vollero celebrarvi un servizio funebre in onore della caduta dinastia, restò chiusa parecchi anni, e non fu restituita al culto che nel 1838, dopo aver subito parecchi cangiamenti, in ispecie sulla facciata, che doveasi invece conservare in tutta la sua integrità, come monumento antico dei più rispettabili.

L'interno di questa chiesa si compone di cinque navate, di un coro magnifico con bella cancellata, e di parecchie cappelle, ricche un tempo di buoni quadri de' più grandi artisti. I pilastri gotici sono stati nel basso messi alla moderna, e con nuovi ornati si è preteso di abbellirli; il pulpito colla sua cupola in forma di corona reale, è di bell'effetto; il *banc d'œuvre*, eseguito su i disegni di Perrault, merita parimenti attenzione; come anche assai rimarchevoli sono le fenestre di vetri colorati. Indicheremo ancora il vaso dell'acqua santa coi tre putti che sostengono una croce, eseguito dal sig. Jouffroy sopra un disegno della sig. de Lamartine; e trovasi all'entrata della via *des Prêtres*.

La lunghezza di questo monumento è di 80 metri, e la sua larghezza 40.

Hôtel de la BANQUE DE FRANCE,
via de la *Vrillière*.

Come monumento, il presente edificio, che è l'antico *Hôtel de Toulouse*, nulla ha d'importanza; ne facciamo menzione soltanto in vista della sua attuale destinazione.

Questo *hôtel* fu ricostruito nel 1720, su i disegni

di Mansard, dal duca de la Vrillière, che, in tale occasione restò il suo nome alla strada che gli passa innanzi. Nel 1811 passò in potere dell'amministrazione della Banca di Francia, e questa vi fece eseguire considerevoli lavori, unendovi recentemente un nuovo edificio, sulla via *Croix-des-Petits-Champs*, ove prima non vedevasi che un muro nudo, e riedificata per intiero tutta la lunga facciata con stile adatto al genere a cui è destinato.

La Banca ebbe origine nel 1803, con autorizzazione di Napoleone, per l'emissione di biglietti pagabili a vista al portatore, chiamati *biglietti di banca*, di 500, e 1,000 franchi. Dopo la rivoluzione di Febbrajo essa emise dei *coupons* di 100 e 200 franchi. Il suo credito fu stabilito dalle principali case bancarie di Parigi, e le prime operazioni ebbero per oggetto di facilitar lo sconto degli effetti commerciali a determinate scadenze. La Banca fa ancora delle anticipazioni su i depositi di verghe e monete straniere d'oro e di argento; esigge in conto corrente gli effetti a scadenza; riceve le somme che le sono versate dai particolari, e dai pubblici stabilimenti, e le impiega all'uso a cui son destinate. Non può fare opposizioni sulle somme che riceve in conto corrente. La Banca ha un governatore, due sotto-governatori, un consiglio di reggenza, e dei censori. Inoltre è sottoposta all'autorità superiore del ministro delle finanze.

Le fabbriche attorno la corte sono occupate dalle casse, e *bureaux* diversi di cambio di biglietti, ed effetti pubblici; il primo piano dal direttore, e censori della Banca. Il governatore abita gli appartamenti dell'ala dritta; e nella sinistra, il cui ingresso è sulla via della *Croix-des-Petits-Champs*, presentemente vi sono gli ufficj.

Chiesa dell' ORATORIO,
via *Saint-Honoré*, n° 157.

La chiesa dell' Oratorio, che fu chiusa nella rivoluzione del 1789, in conseguenza della soppressione dei preti di quest' ordine, fu ceduta nel 1802 ai protestanti riformati; ed il servizio di questa religione si fa, da quel tempo, tutte le domeniche, a mezzogiorno pei francesi, ed alle tre pomeridiane per gl' inglesi ed americani.

La costruzione di quest' edificio rimonta al 1621.

Ponte del CARROUSEL, o dei SAINT-PÈRES,
che dal *Louvre* porta al *quai Voltaire*.

Questo grazioso ponte, costruito nel 1834 sotto la direzione dell' ingegnere Polonceau, si compone di tre archi in ferro fuso di meraviglioso ardire, sopra pile di pietra, ripiene di travi; e pare sostenuto, nel passarvi sopra, da molle di vettura. Dal suo mezzo osservasi una pittoresca veduta dei *quais* di Parigi, e della città vecchia. Ha suolo di ghiaja con marciapiedi in bitume di Seyssel.

Fino al 1848, pagavansi 5 centesimi a persona per traversarlo; ma dopo tal' epoca l'imposta venne soppressa tanto per questo, come per gli altri ponti soggetti a pedaggio. È ad uso di pedoni, e vetture.

Ponte delle ARTS,
di faccia al *Louvre*, ed all' *Institut*.

Fu questo ponte fabbricato nel 1804, e posto fra il palazzo del *Louvre*, e quello dell' *Institut*. Si compone di nove archi di ferro, che sostengono il pavimento, fiancheggiato da balaustra parimenti in ferro; le pile e cosce sono di pietra, e furono gettate sopra palafitte. La lunghezza del ponte è di 172 metri, avendone 10 di larghezza; i soli pedoni possono passarvi.

Distinguesi per la sua leggerezza, e per essere stato il primo a costruirsi colle arcate di ferro : si fabbricò a spese di una compagnia, che ne ottenne il privilegio per trent' anni, spendendovi appena 900,000 franchi.

Sala MONTESQUIEU,
via di *Montesquieu*, n° 6.

Balli, concerti, accademie di scherma ecc. si davano ordinariamente in questa bella sala; ma da qualche tempo essendo entrata la mania di aprir trattorie di estrema grandezza, fu quella modificata a tal uso, sebbene non abbia ancora acquistata fama di buona cucina.

PORTE St DENIS.

QUINTO CIRCONDARIO.

QUARTIERI:

BONNE-NOUVELLE, FAUBOURG SAINT-MARTIN, SAINT-LAURENT, DOUANE.

ARCO DI TRIONFO della porta SAINT-DENIS.

L'arco trionfale di cui parliamo, fu dalla città di Parigi innalzato nel 1672, a gloria di Luigi XIV. Meno grandioso di quello della Stella, è nell'insieme degno del gran re al quale è dedicato.

Il disegno è opera di Blondel, celebre architetto de' suoi tempi, che ne diresse anche i lavori. Compreso l'attico ha 24 metri in altezza, ed altrettanti in larghezza. Si compone di un arco, e due porte: l'arco è alto 10 metri contro 5; ma le porte laterali non hanno che cinque metri di altezza e due di larghezza. Le sculture sono di mano del celebre Girardon. Due piramidi furono scolpite nella spessezza della muraglia del monumento, cariche di trofei, e sormontate da due globi colle armi borboniche. Nel basso della faccia principale stanno due statue colossali allegoriche, una delle quali rappresenta l'Olanda soggiogata sotto forma di una donna afflitta; l'altra, il fiume Reno, appoggiato sopra un lione, tenendo in mano il corno dell' abbondanza. La facciata opposta ci presenta la presa di Maestricht, e le cento voci della Fama. Al di sopra dell'arco vi si vede Luigi XIV a cavallo, traversando a nuoto un fiume. Sul fregio furono scolpite le parole: LUDOVICO MAGNO.

ARCO DI TRIONFO
della PORTE-SAINT-MARTIN.

Due anni dopo l'erezione dell'altro arco di trionfo nominato di sopra, ed in seguito di nuove vittorie riportate da Luigi XIV, che ebbero per risultato la presa di Besançon, e quella di Limbourg, la triplice alleanza disciolta, e la disfatta dei tedeschi, la città di Parigi volle festeggiare il re innalzando altro arco trionfale l'anno 1674. Non ha il monumento, di cui ci occupiamo, il merito dell'altro prossimo, ma non ne è certamente privo del tutto. Lo disegnò Bullet, discepolo di Blondel, dandogli un'altezza di 18 metri, ed eguale larghezza. Ha tre archi, e quel di mezzo è ornato da quattro bassi rilievi, che figurano: uno la presa di Besançon; l'altro lo scioglimento della triplice alleanza; i due ultimi, la disfatta degli alemanni dallo stesso Luigi XIV, rappresentato sotto la figura di Ercole che colla clava abbatte un'aquila.

Sull'attico v'è una iscrizione latina, che ricorda alcune vittorie del monarca francese.

Teatro del GYMNASE,
Boulevart Bonne-Nouvelle.

Sotto gli auspicj della duchessa di Berrì fu nel 1820 innalzato questo teatro, che ebbe il nome di *Théâtre de Madame*. Ebbe buona riputazione per molti anni, e divenne in qualche modo il prediletto *rendez-vous* dell'alta società. La maggior parte delle opere di Scribe comparvero la prima volta su questo teatro, recitate da una eccellente compagnia.

Il teatro ha nell'esterno un frontispizio con colonne e pilastri d'ordine jonico e corintio, ed un frontone con due muse incastrate in due nicchie. L'interno è elegante. Il *foyer* vasto, e bene ornato. Può contenere circa 1500 spettatori.

Teatro della PORTE-SAINT-MARTIN.
Boulevart di questo nome.

Noi dicemmo, parlando dell'Accademia reale di musica, che la sala della *Porte-Saint-Martin* fu costruita in fretta, nel 1781, per ricevervi la compagnia della *Grand-Opéra*, il cui teatro stabilito al *Palais-Royal* era stato distrutto da un incendio. Fu qui, in effetto, che questa si trattenne fino al 1794, epoca in cui trasportò i suoi Penati in via di *Richelieu*, nella nuova sala espressamente fabbricata.

La faccia del teatro della *Porte-Saint-Martin* ha otto colonne doriche sostenute da altrettante cariatidi a livello dello zoccolo. Tra le colonne vi sono i busti de Quinault, Lulli, Rameau, e Gluck; al di sopra v'è un largo bassorilievo di Boquet. Non ha vestibolo, e nemmeno *foyer*, tanto è piccolo quello che vi esiste; ma la sala è più vasta delle altre, e può contenere 1800 persone circa.

Nel 1794, questa sala era destinata quasi esclusivamente al melodramma tragico, alla pantomima, e balletti, ed a qualche commedia-*vaudeville* in un atto. Sono molti anni però che il dramma e la commedia, rappresentata da buoni attori, hanno nobilitato il genere, e data maggiore importanza alle rappresentazioni.

Teatro del l'AMBIGU-COMIQUE,
Boulevart Saint-Martin, di faccia al *Château-d'Eau*.

Un tempo questo teatro esisteva al *boulevard du Temple*, a fianco di quello della *Gaîté*, ma un incendio avendolo divorato nel 1827, se ne fabbricò altro sul *boulevard Saint-Martin,* e si aprì al pubblico nel 1828. La facciata di questo nuovo teatro ha un avancorpo con colonne che sostengono una terrazza che comunica col *foyer*. Disposta in tal modo, la facciata medesima è di bell'effetto, veduta dalla parte del *boulevard* che conduce al *Château-d'Eau*. L'interno della sala è di forma circolare, ed ha cinque ordini di loggie.

Le composizioni che si rappresentano all'*Ambigu-Comique* sono presso a poco del genere medesimo di quelle della *Porte-Saint-Martin*. Può contenere circa 1700 persone.

SPECTACLES-CONCERTS,
Boulevart Bonne-Nouvelle.

In questa sala si rappresentano *vaudevilles*, pantomine, e balli, alternati da concerti e canti. Il prezzo d'ingresso è da 1 a 2 franchi. — Il caffé *de France*, situato nell'edificio medesimo, è qualche tempo che dà *soirée* musicali.

Fontana del CHATEAU-D'EAU,
Boulevart de Bondy.

Fu eretta nel 1811 con disegno di Girard. Ha un bacino circolare di 13 metri circa, dal mezzo del quale se ne elevano altri tre, sormontati da una coppa gettante acqua, che cade di piano in piano fino all'ultimo bacino. Otto leoni appajati di ferro fuso sono agli angoli di questo, e gittano acqua dalla bocca. Dal bacino inferiore alla sommità della coppa v'è un'altezza di circa 10 metri. La fontana riceve alimento dalle acque provenienti dal bacino *de la Villette*.

Fontana del MARCHÉ-SAINT-MARTIN.

È posta nel mezzo del mercato questa graziosa fontana, la quale è formata da tre putti di bronzo, emblemi della Caccia, della Pesca, e dell'Agricoltura, i cui principali prodotti si trovano in vendita nel medesimo. Le tre figure stanno aggruppate attorno un fascio di piante palustri, che regge una vasca, e da questa esce un getto d'acqua.

Ospedale di SAINT-LOUIS,
Faubourg du Temple, via dei *Récollets*.

Quest'ospedale, fondato da Enrico IV nel 1610, è certamente uno de' più belli, salubri, e meglio tenuti di Parigi. Ricevette nuovo sviluppo e notabili miglioramenti nel 1802. Fu costruito sopra vasto terreno di elevata situazione, perfettamente arioso, e quel che è più, separato del tutto dalle vicine abitazioni col mezzo di grandi cortili fiancheggiati da fabbriche per uso dello stabilimento.

I bagni medicinali di ogni genere usati in quest'ospedale per le diverse malattie che vi si curano, godono grande riputazione.

È specialmente destinato per i mali cutanei; 800 letti circa sono assegnati alle persone affette di scabbia, tigna, ulceri, serpigine ecc., assistite dalle sorelle della Carità. Resta aperto al pubblico il giovedì e la domenica; per i forastieri però tutti giorni.

Casa di Salute,
via del *Faubourg-Saint-Denis*.

Questo stabilimento è più particolarmente conosciuto colla denominazione di *Hospice Dubois*, dal nome del suo fondatore.

Vi si curano malattie di ogni specie, ma i malati non vi si ricevono che mediante una stabilita retribuzione. Vi sono sale comuni, camere particolari, un gran cortile, ed un giardino. La casa è perfettamente tenuta, ed ogni giorno visitata da parecchi de' più celebri professori sanitarii, addetti allo stabilimento.

Prigione di SAINT-LAZARE,
via *del Faubourg-Saint-Denis*, n° 117.

È stabilita questa prigione di donne nell'antica casa dei preti della Missione fondata da S. Vincenzo di Paoli, ove il santo stesso aveva formato uno spedale pe' poveri lebbrosi, ed un priorato, la di cui chiesa esisteva ancora nel 1823, e serviva di succursale a quella di S. Lorenzo. Le prigioniere sono tenute in separati locali, secondo la natura de' delitti. Quelle che devono esser giudicate, o che la loro condanna non supera un anno, sono totalmente divise dalle donne pubbliche condannate ad uno o più mesi di carcere per infrazione alle leggi di polizia. Un tempo vi si ritenevano ancora le femine condannate alla detenzione per debiti, ma oggi stanno queste, come a suo luogo dicemmo, nella casa in via di *Clichy*. Ogni classe ha la propria infermeria, e locali per i diversi lavori di ago. V'è parimenti una cappella, ove nelle domeniche le detenute vanno ad ascoltar la messa. Il servizio interno è disimpegnato dalle sorelle della Carità. Il locale può contenere circa 900 donne.

Chiesa di SAINT-LAURENT,
via del *Faubourg-Saint-Martin*, e *boulevart de Strasbourg*.

La prima costruzione di questa chiesa data dal XIII secolo. Ricostruita nel 1429, fu ingrandita e restaurata nel 1595; la facciata è del 1622. Il piano dell'edificio è regolare, semplice, e senza ornamenti architettonici. L'interno nulla ha di rimarchevole, se si eccettua un quadro di Greuze, rappresentante il martirio di S. Lorenzo.

Barriera della VILLETTE,
Faubourg-Saint-Martin.

La cinta dell'*octroi* (dazio comunale di consumo) che circonda Parigi, e che ha un'estensione di circa 12,000 tese di muro, è tagliata da 55 barriere che servono d'ingresso a questa immensa capitale. Una gran parte di queste barriere sono attrettanti monumenti di architettura. Quella di cui ci occupiamo attualmente è assai rimarchevole. Costruita nel 1788, con disegno di Ledoux, offre un piano quadrato, le di cui quattro faccie presentano un prospetto di 8 pilastri isolati d'ordine toscano. Sopra una tal vasta base s'innalza una torre massiccia composta da una galleria circolare di 40 colonne doriche, formanti nell'assieme 20 arcate. Una seconda fila di finestre, un cornicione, ed un attico completano all'esterno l'insieme di questo imponente edificio.

Oltre di questa, comprende il quinto circondario altre barriere, quella cioè delle *Vertus*, de la *Chopinette*, e di *Pantin*, che sono fra la *Villette*, e la barriera di *Belleville*.

Quella di *Pantin* chiamavasi altra volta *Barrière du Combat* a cagione di uno stabilimento che vi sussistette per lungo tempo, però da circa vent'anni fortunatamente soppresso. Tale stabilimento altro non era che una sudicia ed ignobile arena, dove tutti i giorni faceansi combattere l'un contro l'altro animali d'ogni specie, come cani, gatti, orsi, asini, e tori, i quali lacerandosi fra di loro, rallegravano il popolaccio, che solo può aver simpatia per simiglianti spettacoli.

Mercato SAINT-JEAN.

È collocato sul posto ove un tempo fu l'antico *Hôtel de Craon*.

Mercato dei FLEURS.

Di recente creazione: è stabilito nei lunedì e giovedì d'ogni settimana sul *boulevart Saint-Martin*, presso il *Château-d'Eau*.

Mercato SAINT-LAURENT.

Fu da poco tempo abbattuto per l'apertura del *boulevart de Strasbourg*; ma ricostruito su nuovo piano nella via del *Château-d'Eau*.

Mercato SAINT-MARTIN.

Stabilito il 1807, nel chiostro dell'antica abbazia di *Saint-Martin-des-Champs*, si compone di due *Halles* con circa 400 posti di venditori. Nel mezzo vi è una fontana con tre figure emblematiche, delle quali ne abbiamo data la descrizione a pag. 109.

Mercato del TEMPLE.

Fu costruito nel 1802 sopra una parte dell'antica prigione del *Temple*. Vi si vendono tutti i giorni vestiti, mobili, biancherie, ed altro proveniente da circostanze speciali.

Halle delle ostriche,
via *Montorgueil*, presso le *Halles*.

Questa *Halle*, di recente data, si compone di un vasto cortile guarnito di tettoje, e chiuso da cancelli. Tutte le mattine vi si vende all' incanto una gran quantità di ostriche di ogni sorta.

Halle delle Pelli,
via *Mauconseil*, n° 34.

Fu stabilita questa *Halle* sul luogo stesso, ove ai tempi di Molière esisteva il famoso teatro dell' *Hôtel de Bourgogne*. Allora, certamente, non vi si vendevano cuoj.

Bazar BONNE-NOUVELLE,
Boulevart Bonne-Nouvelle, n° 20 e 22.

Il presente *Bazar*, messo con lusso ed eleganza, contiene, oltre i molti e ricchi magazzini, parecchie sale destinate all' esposizioni di pitture ed oggetti d'arte; di sopra v'è il bel caffè di Francia, e di sotto il teatro. *V. pag.* 108.

Istituto dei fratelli delle Scuole Cristiane,
via del *Faubourg-Saint-Martin*, n° 165.

Consacrato unicamente all' istruzione dei fratelli delle scuole medesime.

Pubblico macello di Porci.

Prima che venisse fabbricato questo macello, i porci si uccidevano in luoghi particolari. È osservabile pe' numerosi locali che vi sono aderenti, quali per esempio l'ammazzatojo, il porcile, le caldaje, ecc.

SESTO CIRCONDARIO.

QUARTIERI :

TEMPLE, THÉATRES, ARTS-ET-MÉTIERS, BOURG-L'ABBÉ.

Chiesa di SAINT-LEU,
via di *Saint-Denis*, n° 184.

L'origine di questa chiesa risale al XIII secolo. Nel 1717 fu restaurata e fatta parrocchia. Nel 1727 venne rifabbricata ed ingrandita. Al contrario delle altre chiese, l'altar maggiore di *Saint-Leu* è collocato assai alto dal suolo, per cui il sacerdote celebrante pare che ufficii da un primo piano. Questa particolar disposizione ha permesso di stabilirvi al di sotto una cappella dedicata a Gesù Cristo sul Calvario. Alcuni quadri adornano l'interno della chiesa, d'altronde poco notabile, per rapporto all'architettura.

Chiesa di SAINT-NICOLAS-DES-CHAMPS,
via *Saint-Martin*, n° 202.

Eretta in parrocchia l'anno 1176, la chiesa di *Saint-Nicolas-des-Champs* fu ricostruita nel 1420, e nuovamente ingrandita nel 1576 : l'interno ricevette un qualche abbellimento pochi anni innanzi la prima rivoluzione. L'altar maggiore ha un attico sormontato da un frontone, ed un quadro che rappresenta l'assunzione della Vergine.

Diversi personaggi illustri furono sepolti in questa chiesa, e fra gli altri il poeta Viaud, Guglielmo Budé, Pietro Gassendi, madamigella de Scudéry ecc.

Chiesa di SAINTE-ELISABETH,
via del *Temple*, n° 109.

La chiesa di S. Elisabetta fu costruita nel 1626 per le religiose del terz'ordine di S. Francesco, soppresse nel 1799. S'ingrandì nel 1820. Tanto la facciata, che l'interno hanno pilastri dorici, e jonici. Vi sono parecchi non disprezzabili quadri.

Torre di SAINT-JACQUES-DE-LA-BOUCHERIE,
via di *Rivoli*.

La chiesa di S. Giacomo *de-la-Boucherie*, una delle più antiche di questa città, fu demolita durante la rivoluzione del 1789. La sola torre, che ha origine dal regno di Francesco I, venne risparmiata, e venduta ad un particolare, che vi stabilì una fonderia. Fu certamente una gran fortuna, alienando l'edificio, il pensiero d'imporre all'acquirente la condizione di conservarlo intatto, poichè senza ciò la torre forse sarebbe stata demolita unitamente alla chiesa; cosa senza dubbio spiacevole, poichè è uno de' migliori avanzi di quella scuola di transizione, la quale in Francia dal 1490 al 1525 trovavasi fra il gotico, che sembrava finire, ed il bello stile del risorgimento portatovi dall'Italia. La città di Parigi acquistò la torre di cui parliamo nel 1836, ed ora vi sono stati fatti i necessarj restauri sotto la direzione dell'architetto sig. Ballu.

La via di *Rivoli*, il cui livello è due metri più basso del piede della torre, la fa sembrare anche più alta; e per tal ragione vi si è lasciato attorno un terrapieno, che ha la forma di una base ottagona, con balaustra di stile unisono a quello dell'edificio, il tutto chiuso da una cancellata, e decorato di verdura.

È stata rifabbricata quasi in totalità, sì dentro che fuori, dalla base fino al primo cordone. La facciata principale, volta a ponente, ha un'apertura in forma di arco ogivale chiuso da una grata di ferro, che lascia vedere le vôlte interne del pianoterra.

La decorazione è quasi nulla vicina al suolo, ma va crescendo mano mano in modo tale, che è sparsa a profusione avvicinandosi alla sommità. Alla ricchezza degli ornati si uniscono anche le statue.

La torre è uno de' più alti monumenti della città, sollevandosi per 52 metri.

Conservatorio delle ARTS ET MÉTIERS,
via di *Saint-Martin*, n° 292.

Questo stabilimento, veramente nazionale, è senza dubbio uno dei più utili e ragguardevoli che esistano. È la più bella conquista di cui possa glorificarsi la prima rivoluzione francese, ed il fatto che maggiormente onora quel tremendo periodo.

Fondato dalla Convenzione nel 1795, il Conservatorio delle Arti e Mestieri ha per oggetto di offrire una collezione completa di ogni modello possibile di macchine, ed istrumenti adatti a facilitare il progresso delle arti, dell'agricoltura, e dell'industria. Nessun brevetto d'invenzione, o di perfezionamento viene rilasciato, se prima dal suo autore non ne è stato deposto il disegno in questo interessante museo, ordinatamente disposto in tante sale separate, nel modo seguente:

1º Galleria d'ingresso al pianterreno, destinata alle macchine in grande.

2º Sala di Agricoltura, contenente ogni sorta di modelli d'istrumenti aratorj, e di altre operazioni agrarie.

3º La sala di Filatura, ove si trovano riuniti tutti i modelli di telaj, filatoj, cardi, ecc.

4º La grande galleria, per tutti gl'istrumenti proprj all'architettura.

5º La galleria degli *Echantillons*, contenente più di 400 modelli di ogni specie.

6º La sala di *Vaucanson*, ove stanno i strettoj, soppresse, ecc.

7º Quella dell'*Eventail*, destinata a conservare i modelli di ruote, pesi e misure, istrumenti di matematica, ecc.

8º La sala delle *Tours*, che contiene una quantità di modelli di forme diverse.

9º Sala sul giardino, per i modelli di ottica.

10º Sala degli *Outils*, strumenti di ogni sorta.

11º Sala dell'*Horlogerie*, contenente due in trecento pezzi ed articoli proprj all'arte dell'oriuolajo.

12º Finalmente il gabinetto di Fisica, diviso come appresso: Meccanica, Idrostatica, Pneumatica, Acustica, Pneumato-chimica, Elettricità, Galvanismo, ed Ottica, con tutti gl'istrumenti relativi.

Più, la sala de' disegni, che ne ha una numerosa collezione.

Una biblioteca speciale, unicamente composta di opere relative alle scienze ed alle arti, fa parte egualmente di sì prezioso deposito. Questa biblioteca è ricca di circa 12,000 volumi, i quali trattano tutti di arti meccaniche, scienze matematiche, ecc.

Nel 1819 vi si stabilirono diversi corsi gratuiti di fisica, geometria, meccanica, e chimica agraria. Recentemente vi sono stati fatti molti lavori di riparazione ed abbellimento, che danno a questo edificio un nuovo aspetto: la porta principale d'ingresso, ornata di frontone e due statue, a guisa di Cariatidi, che rappresentano l'Arte e la Scienza, mette alla gran corte. Di faccia si trova il nuovo ingresso delle gallerie e sale preceduto da una scalinata: a dritta, il bel refettorio dell'antico convento, ove è collocata la biblioteca appartenente al Conservatorio. Finalmente ove era l'antica chiesa vi è stata posta una macchina a vapore, la quale mette in movimento tutte le altre; e fabbricata una nuova sala per uso delle grandi macchine.

La domenica dalle ore 10 alle 4 sono i locali aperti al pubblico; i forastieri vi sono ammessi in tutti i giorni da mezzodi alle quattro pomeridiane, dietro semplice presentazione de' loro passaporti.

Palazzo del TEMPLE,
via del *Temple*, n° 80.

Questo palazzo ora non v'è più. Recentemente se ne distrussero gli ultimi avanzi a motivo delle nuove costruzioni del mercato delle vecchie biancherie. Era stato eretto nel 1667 sopra una parte del terreno che occupava il vasto e forte palazzo dei Templari. Se noi consacriamo alcune linee per un monumento che più non esiste, lo facciamo solo per ricordare che nella torre di questo edificio si tenne l'infelice Luigi XVI.

Teatro della GAITÉ,
Boulevart du Temple.

Il teatro della *Gaîté* ebbe origine nel 1760 col titolo di *Théâtre de Nicolet* dal nome di un abilissimo giuocatore di forze, molto in voga a que' tempi; il nome attuale lo acquistò dopo la rivoluzione del 1789. Un incendio, che ebbe luogo nel 1835, lo distrusse da cima a fondo, nel modo stesso che il teatro dell'*Ambigu*, allora più prossimo suo vicino. La sala de la *Gaîté* fu ricostruita quasi immediatamente sull'area stessa dell'antica; ma semplice nel suo insieme, e senza ornamenti. Il genere delle composizioni che vi si recitano è perfettamente quello dell'*Ambigu-Comique*. Può contener la sala circa 1,500 persone.

Teatro Imperiale del CIRQUE,
Boulevart du Temple.

Il circo olimpico è un teatro di equitazione, diretto dai fratelli Franconi, figli dell'antico cavallerizzo di questo nome, fondatore del circo intitolato *Théâtre-Franconi*, che esisteva in origine sul *boulevard des Capucines*, trasferito più tardi in via *Mont-Thabor*, e *Saint-Honoré*, nel luogo ove oggi si danno balli e concerti; in seguito trasportato nel *faubourg du Temple*. Dopo un incendio che distrusse il locale, i fratelli Franconi si stabilirono nel *boulevard du Temple,* nel teatro di cui parliamo, da loro appositamente costruito.

La facciata del medesimo è adorna di colonne e statue, fra le quali due focosi destrieri frenati da vigorosi cavallerizzi, imitazione dei cavalli di Marly all' ingresso dei Campi-Elisi. L'interno è di forma circolare, e può capire 1,800 persone circa.

Indipendentemente da questo teatro, i fratelli Franconi ne possiedono un secondo in mezzo ai Campi-Elisi, che lo fabbricarono per darvi le rappresentazioni nella bella stagione.

Da qualche tempo a questa parte i suddetti fratelli aggiunsero ai loro esercizj equestri, balletti, e pantomime, che piacciono, concorrendovi d'ordinario gente in gran numero.

Ciò che potentemente contribuisce ancora al credito di questo teatro è, la rara perfezione che si giunse ad ottenere negli esercizj ed evoluzioni che eseguiscono i cavalli. Si rimane al certo maravigliati quando si vuol considerare, da un lato, l'abilità de' cavallerizzi incaricati della equestre educazione, la loro pazienza, tatto, e destrezza che sono obbligati ad usare per rendersi padroni a tal segno di tutti i movimenti dell'animale; e dall'altra parte, del grado d'intelligenza di cui dev'essere il cavallo dotato, onde con tanta precisione eseguire i tanti esercizj, ai quali vien sottoposto.

L'interesse che naturalmente ispira il cavallo per le eminenti qualità che lo distinguono sulle altre bestie, e che Buffon ha tanto bene descritte, divien qui maggiore nell'osservar quello che la forza umana è giunta ad ottenere dalla intelligenza e docilità di questo prezioso animale.

Teatro LIRIQUE (in passato teatro Istorico),
Boulevart du Temple.

Questo teatro si aprì nel 1847, sotto la direzione del sig. Alessandro Dumas, e fu specialmente consacrato al dramma istorico. Ebbe per qualche tempo una certa voga ; ma diverse circostanze ne obbligarono la chiusura. Si è riaperto col titolo di *Opéra-National*.

Circo NAPOLEON,
Boulevart du Temple.

È una vasta, elegante, e ben decorata rotonda. All' intorno ha una quantità di bassi-rilievi, che rappresentano i divertimenti che hanno luogo al di dentro. Ai lati dell' ingresso vi sono scolpiti due cavalli montati da cavallerizzi di diverso sesso. L'interno è ricco ed elegante.

Teatro delle FOLIES-DRAMATIQUES,
Boulevart du Temple.

Teatro aperto nel 1830, e consacrato al *Vaudeville*, ed alla commedia mescolata con piccole arie in musica.

Teatro dei DELASSEMENTS COMIQUES,
Boulevart du Temple.

Sull' antico teatro di *madame Saqui*, fu costruito il presente. Presso a poco vi si rappresentano le stesse cose del suo vicino *le Folies-Dramatiques*. È piccolissimo.

Teatro dei FUNAMBULES,
Boulevart du Temple.

Altro piccolo teatro, che al tempo di Debureau aveva una certa celebrità per le arlecchinate, pantomime, *vaudeville* ecc.

Teatro del PETIT-LAZARI,
Boulevart du Temple.

Questo parimenti piccolo teatro, senza pretenzione, è in qualche modo una succursale degli altri piccoli teatri circostanti : vi si rappresentano alternativamente drammi, *vaudevilles*, e pantomime. D'ordinario la folla che non cape ne' vicini teatri, viene in questo, poichè il *Boulevart du Temple*, ha la particolarità di essere il *rendez-vous* obbligato di quella classe di persone, per cui lo spettacolo, qualunque esso sia, è un bisogno di prima necessità.

Macello POPINCOURT,

fra le via *Saint-Ambroise*, e *des Amandiers*, presso l'*allée Parmentier*.

Questo edificio, costruito nel 1810, contiene 64 ammazzatoj, ed 8 locali per fondere i grassi. È un parallelogrammo di 215 metri di fronte, e 190 di profondità. L'ingresso ha una cancellata di 32 metri posta fra due padiglioni, che servono all'amministrazione dello stabilimento. Nel mezzo v'ha una gran piazza, divisa in due parchi lunghi 47 metri, e larghi 15, che servono alla scelta de' bestiami. Più in distanza, due serbatoj contenenti l'acqua necessaria al consumo dello stabilimento, ad alto livello innalzata col mezzo di una pompa a fuoco. Nella parte posteriore sono in ciascun lato stabiliti ovili, stalle, e fenili. L'insieme di questo macello è composto di 21 corpi di fabbrica, bene distribuiti, e pulitamente tenuti.

Prigione delle MADELONNETTES,

Sta in via delle *Fontaines*, nº 14, ed occupa il fabbricato dell'antico monastero delle *Filles-de-la-Madeleine*. È casa di correzione per le giovani donne. Le condannate per debiti vi erano parimenti rinchiuse in altro tempo.

Fontana VENDOME,
via del *Temple*.

Fontana sormontata da una cupola, ed ornata di trofei militari. Ebbe questo nome dal gran priore di Vendôme, il cui *hôtel* era nel ricinto del Tempio.

Culti diversi.

Chiesa di culto Evangelico, via di *Ménilmontant* nº 3.

Cappella evangelica riformata, via del *Temple*.

SETTIMO CIRCONDARIO.

QUARTIERI :

SAINT-MERRY, MONT-DE-PIÉTÉ, ARCHIVES.

Chiesa di SAINT-MERRY, o SAINT-MEDERIC,
via *Saint-Martin*.

Fu questa chiesa costruita nel 1520 sull'area di un'antica cappella del IX secolo, vicino alla quale abitò e morì S. Mederic, e vi fu sepolto.

L'attuale chiesa, restaurata nel 1836, è di elegante e ricca architettura gotica; ha un gran numero di cappelle, ed in alcune vi sono buoni quadri e belle vetrate.

L'altare maggiore somiglia ad un'antica tomba, che racchiude, a quanto assicurasi, gli avanzi di S. Merry. Le cappelle della crociata hanno colonne corintie con frontone triangolare.

Chiesa di SAINT-FRANÇOIS-D'ASSISE,
via del *Perche*, n° 15.

Questa chiesa, dipendente da un antico convento di cappuccini, s'innalzò nel 1623 sull'arena di un antico giuoco di palla.

L'architettura non ha alcuna importanza; e l'interno, semplicissimo in origine, venne ornato di statue, quadri, e ricchi candelabri. Fra le altre statue, nel coro vi è quella di S. Francesco in marmo di Egitto, che sta ginocchioni di faccia ad altra statua nella medesima posizione.

Chiesa dei BLANCS-MANTEAUX,
via del medesimo nome, n° 16.

Come monumento, la chiesa di cui parliamo, fabbricata nel 1687, non meriterebbe farne parola. Non ha facciata, ed il suo interno, d'ordine corintio, è troppo lungo in proporzione della sua larghezza. Le navate laterali sono parimenti troppo strette. Parecchie pitture e qualche quadro moderno stanno ad ornamento di questa chiesa.

Chiesa di SAINT-DENIS,
via di *Saint-Louis, au Marais*, n° 60.

Chiesa di recente costruzione, vale a dire rifabbricata nel 1828 sopra un'altra del 1684. La sua architettura è di stile greco con peristilio a quattro colonne. L'interno si compone di tre navate.

TEMPIO DEI PROTESTANTI,
via delle *Billettes*, n° 18.

La chiesa attuale, sorta nel 1734, dipendeva da un antico convento, soppresso nella rivoluzione del 1789. Ricostruita dalla città di Parigi nel 1808, fu destinata al culto luterano della confessione di Augusta.

Il servizio di questa comunione si fa tutte le domeniche e feste, alternativamente in francese ed in tedesco, a mezzogiorno per gli uni, ed alle due ore per gli altri.

Tempio della VISITATION,
via di *Saint-Antoine*, n° 216.

Il servizio di questo tempio ha luogo in tutti i giorni mezz'ora dopo il mezzodì, in lingua francese.

SINAGOGA DEGL' ISRAELITI,
via di *Notre-Dame-de-Nazareth*.

Di semplice ma elegante costruzione è questo tempio. L'interno è formato di una gran sala circondata da 30 colonne d'ordine dorico, che sostengono la galleria superiore destinata per le donne. La vôlta, a tutto sesto, è forata da dieci aperture o lanterne.

Il servizio incomincia ne' giorni di festa e di Sabato a 7 ore e mezza del mattino; e la sera, in tutte le stagioni, un'ora innanzi il tramontar del sole. Durante le cerimonie della sera, il tempio è rischiarato da 31 lampade appese nell' intercolunnio dell' edificio, e da sei lumiere di candele.

ARCHIVJ IMPERIALI,
Hôtel Soubise, au Marais.

Fino al 1697 l'*l'Hôtel de Soubise* avea portato il nome di *Guise;* in tal' anno ne fece acquisto Francesco di Rohan principe di Soubise, che lo fece quasi interamente ricostruire con disegno dell'architetto Lemaire. L'ingresso principale di questo palazzo è nella via del *Paradis*, ed è ornato di colonne corintie, trofei, stemmi dei Rohan e di Soubise, e sculture di Coustou. Un emblema sulla facciata è scolpito da le Lorrain; il vestibolo e la scala hanno pitture ad olio dell'artista Brunetti.

Quest'*hôtel* era dunque uno de' più belli edificj

del suo tempo. Allora il *Marais* reputavasi il quartiere di moda, perchè fabbricato più sontuosamente degli altri. La piazza reale era la passeggiata prediletta, e gli *hôtels* di Soubise, Rohan, Beauvilliers, e tanti altri di nomi parimenti illustri, attestano la grandezza in cui viveano i primi signori del diciassettesimo secolo.

Anche presentemente, l'*Hôtel de Soubise*, per le sue rimembranze istoriche, e gli avanzi del suo passato splendore, merita una speciale attenzione. Le vaste stanze che contengono gli archivj nazionali, a giudicare dalla loro estensione, doveano servire ai pubblici ricevimenti; queste però oggi non son più riconoscibili per l'immensa quantità di carte che le ingombrano, le quali hanno tale importanza da non calcolare affatto il sacrificio che si fece della loro primitiva destinazione.

Innanzi la rivoluzione del 1789, gli archivj di Francia trovavansi disseminati in diversi conventi di religiosi, e stabilimenti pubblici della capitale, come il *Louvre*, i *Petits-Pères*, il *Palais de Justice*, ecc. Nel 1793, per decreto della Convenzione Nazionale, furono riuniti, e trasportati alle *Tuileries*, affidandone la direzione al dotto archeologo *Camus*, che ne formò due classi distinte, cioè: gli archivj giudiziarii, che vennero collocati al *Palais de Justice*, e gli archivj domaniali, che restar dovevano alle *Tuileries*, dove in effetto rimasero fino al 1797, epoca in cui Napoleone Bonaparte li fece trasportare al *Palais Bourbon*, da cui furono tolti, e traslocati all'*Hôtel de Soubise*, ove sono presentemente.

Il deposito di questi importanti documenti si era considerevolmente aumentato, sotto il primo impero, con gli archivj tolti all'Italia da Napoleone nelle sue rapide conquiste, tanto a Roma, quanto a Venezia,

Milano ecc.; ma questi più tardi si dovettero restituire.

Gli archivj propriamente detti, almeno quelli depositati nell'*Hôtel de Soubise*, e che sono attualmente divisi in sei sezioni, si compongono; dell'antico *Trésor des Chartres;* di 80 volumi manoscritti, contenenti gli atti dei diversi regni da Filippo-Augusto a Luigi XVI; di una infinità di documenti cavati da diverse origini sì di Parigi, che delle provincie; di una collezione topografica; degli archivj demaniali; di una biblioteca di circa 14,000 volumi che si riferiscono alla storia di Francia; e finalmente di una quantità di memorie e curiosità di ogni epoca, le quali, non meno dei monumenti scritti, fanno fede dei progressi della civiltà nazionale.

Nel 1838 fu votata una somma ragguardevole per le riparazioni da farsi all'*Hôtel de Soubise*, ed annettervi nuovi edificj.

Il pubblico, ed i forastieri possono tutti i giorni visitare questo stabilimento, dalle ore nove di mattino alle tre della sera; ma i manoscritti non vengono comunicati che in forza di un permesso speciale del ministro dell'interno.

MONTE DI PIETÁ,
via dei *Blancs-Manteaux*, n° 18, *au Marais*.

Questo ampio edificio, costruito nel 1786, è destinato all'amministrazione del gran *Mont-de-Piété*, ed al deposito generale degli effetti e mercanzie che servono di pegno ai prestiti ed anticipazioni fatte ai depositanti. L'interesse che il Monte preleva pe'suoi prestiti è del 9 per 100 l'anno, (potendo questo salire fino al 12, se si ricorre ai commissionarj); con la condizione espressa di rinnuovare o ritirare i pegni entro il termine di 14 mesi, scorso il quale, gli effetti depositati si vendono. Il gran Monte di Pietà ha tre succursali, via *Bonaparte*, n° 20, via della *Montagne-Sainte-Geneviève*, n° 6, e via della *Pépinière*, n° 14.

TIPOGRAFIA IMPERIALE,
via *Vielle-du-Temple*, n° 89.

L'edificio in cui è collocata presentemente la Stamperia imperiale è l'antico palazzo del cardinal de Rohan, fabbricato nel 1712.

Francesco I fondò questa tipografia, e la collocò nel *Louvre*; ma nell'epoca della prima rivoluzione fu trasportata all'*Hôtel de Toulouse*, ove sta presentemente la Banca di Francia, e vi restò sino al 1809, nel qual'anno fu definitivamente stabilita nel locale che occupa oggidì.

Questo stabilimento è in particolar modo destinato alla stampa degli atti governativi, e ad una gran parte di ciò che serve ai ministeri. Ha una ricca collezione di caratteri di ogni lingua, specialmente delle lingue orientali, di cui ne possiede 56 qualità diverse, che comprende tutti gli alfabeti conosciuti dei popoli dell'Asia, antichi e moderni; e quasi lo stesso numero per le altre lingue, tanto morte che vive. Il peso di tutti questi caratteri giunge per lo meno ai 400,000 chilogrammi.

I tipografi di Parigi sono autorizzati a farvi comporre e stampare quella porzione delle loro opere, in cui bisogna far uso di caratteri orientali, od altri posseduti soltanto dalla tipografia imperiale.

Ottenuto un permesso dal direttore, può visitarsi nel giovedì, da un'ora alle tre pomeridiane.

Mercato dei Blancs-Manteaux.

Sul terreno, ove anticamente esisteva il monastero delle Figlie ospitaliere di *Saint-Gervais*, si fondò questo mercato nel 1819.

Mercato degli Enfants-Rouges,
via di *Bretagne*.

Questi due mercati nulla presentano che meriti particolare attenzione.

OTTAVO CIRCONDARIO.

QUARTIERI :

QUINZE-VINGTS, POPINCOURT,
FAUBOURG SAINT-ANTOINE, MARAIS, ROQUETTE.

Piazza ROYALE,
presso la *Bastille*, *au Marais*.

Questa piazza, circondata da edificj uniformi, con portici, ebbe origine da Enrico IV nel 1612, sopra una parte dell'area del famoso palazzo delle *Tournelles*, abitato da Luigi XII, e Francesco I, abbattuto da Caterina de' Medici dopo la morte di suo marito.

Ha la forma di un quadrato perfetto, che presenta per ogni faccia la lunghezza di 144 metri. È chiusa da una cancellata di ferro, che forma della piazza una specie di giardino con viali fiancheggiati d'alberi, da terreni erbosi, e fontane ai quattro angoli. Nel centro v'è la statua equestre di Luigi XIII, scolpita in marmo bianco da Dupaty.

Nel 1639 il cardinal di Richelieu vi aveva fatto innalzare la statua in bronzo del medesimo re, la quale fu abbattuta e distrutta nel 1792 come l'altra di Enrico IV sul Ponte Nuovo. Una fontana rimpiazzò la statua del Borbone, ma Carlo X nel 1829, la tolse via, ponendovi quella che attualmente vediamo.

Durante il tempo della rivoluzione, ed in forza di un decreto dell'anno VII repubblicano, la piazza reale cangiò di nome, prendendo quello dei *Vosges*, volendosi in tal modo onorare quel dipartimento della Francia, per aver ben meritato della patria, pagando prima degl'altri le imposte contribuzioni, e somministrando all'armata quattordici battaglioni di volontarj. La Restaurazione restituì alla piazza l'antico suo nome, che sempre dipoi conservò, eccettuato il breve periodo del 1848, in cui aveva ripreso il suo nome rivoluzionario.

Piazza della BASTILLE, e Colonna del Luglio 1830.

Porta questa piazza il nome di un'antica fortezza costruita sopra tale terreno, la di cui origine risale, secondo alcuni storici di Parigi, all'epoca di Carlo V, che la innalzò nel 1370. Aveva per lungo tempo servito da prigione di stato, e, come ognuno conosce, fu presa d'assalto dalla ribellata popolazione il 14 luglio 1789. Un decreto della Convenzione nazionale dell'anno seguente la rase al suolo, e le pietre servirono al ponte Luigi XVI (della Concordia), che allora stavasi fabbricando. La sparizione di questa fortezza lasciò uno spazio immenso, che venne in ogni tempo chiamato col nome di piazza della *Bastille*.

Durante l'impero, Napoleone ordinò che una fontana si eriggesse nel mezzo di questa piazza, ed avesse la forma di un colossale elefante, il di cui modello in gesso sussisté per lungo tempo, non essendosi distrutto che cinque o sei anni addietro.

COLONNE DE JUILLET.

Sotto la Restaurazione si ebbe parimenti l'idea d'innalzare un monumento sulla piazza della *Bastille*, ma non venne eseguita, essendo riservato alla rivoluzione di Luglio di mandarla ad effetto. Una legge di allora ordinò, che si eriggesse sulla piazza una colonna commemorativa di quest'epoca rimarchevole, e ne portasse il nome.

La colonna, inaugurata nel 1840, è tutta di bronzo con basamento quadrato di marmo bianco, arricchito di bassi rilievi parimenti in bronzo sopra ciascuna faccia, e di quattro galli agl'angoli. Il fusto è diviso in tante lastre piene di ornamenti ed iscrizioni; il capitello, d'ordine composito, e di un sol getto, ha 15,000 chilogrammi di peso. Sulla piattaforma v'è una lanterna o cupola, al di sopra della quale un globo sormontato dal simulacro della Libertà in bronzo dorato.

L'altezza totale di questo monumento è di circa 50 metri. Entro al fusto vi si praticò una scala a chiocciola di 210 gradini di bronzo frastagliato a giorno, con balaustrata dello stesso metallo. Dall'alto della galleria superiore si gode una delle più magnifiche vedute della città di Parigi e suoi dintorni. Il peso totale del bronzo impiegato in questo monumento ascende a 179,500 chilogrammi.

È sostenuta la colonna da un grand'arco, sotto il quale passa il canal *Saint-Martin*, che va a scaricarsi nella Senna presso il ponte di Austerlitz. I fondamenti, ed i sepolcri ove son rinchiusi gli avanzi delle vittime del Luglio 1830, i di cui nomi in lettere dorate stanno scolpiti sul bronzo della colonna, sono oggetti degni della pubblica curiosità. Sotto il rapporto artistico, il monumento viene generalmente lodato.

La NOUVELLE FORCE, o prigione modello,

via e *boulevart Mazas*, di faccia all' *imbarcadero* della via ferrata di *Lyon*.

È una recente fabbrica, creata per l'applicazione del sistema cellulare. La prigione è divisa in sei raggi o scompartimenti diversi, in ciascun de' quali vi sono 70 cellule. Un tal modo di divisione, vista la generale ampiezza del carcere, ed il numero de' piani, può fornire in totale più di 1200 prigioni cellulari.

Nel centro della fabbrica v'è una rotonda, sulla quale s'innalza un altare visibile da ogni cellula, potendo il prigioniero veder officiare il sacerdote.

Ogni cellula ha un letto, una sedia, un tavolo, e gli oggetti necessarj per il lavoro: un campanello è posto in modo d'avvertire prontamente il custode, se il prigioniero ha bisogno di lui.

Vi è anche un parlatorio dal quale i carcerati possono parlare senza esser veduti dai loro compagni.

Ospizio dei QUINZE-VINGTS,

via di *Charenton* n° 38, *faubourg Saint-Antoine*.

S. Luigi re di Francia, ritornando dall'Egitto nel 1260, fondò quest'ospizio per ricoverarvi una quantità di poveri, acciecati dalle sabbie del deserto. Il numero di questi furono in principio 300, o quindici volte venti, ed erano alloggiati e nudriti a spese dello stato. Oggi, nel modo stesso della sua prima istituzione, l'ospizio ricovera 300 ciechi di prima classe, i quali hanno vitto, vestito, fuoco per riscaldarsi, e 33 centesimi per giorno. Vi sono 120 ciechi di seconda classe, che non ricevono paga; ed altri ciechi venuti dai dipartimenti, ammessi a cagione di cecità completa.

Alloggiano in comune entro grandi sale, ovvero separatamente in tante piccole stanze, per le quali però pagasi una piccola retribuzione.

Possono esser visitati dai parenti tutti i giorni.

L'ospizio dipende direttamente dal ministero dell' interno.

Ospizio di SAINTE-EUGÉNIE,
via di *Saint-Antoine* n° 124.

Fu istituito nel 1792 per gli orfanelli dai 2 ai 12 anni. Ammessi quest'infelici nell'ospizio, divengono l'oggetto delle cure più sollecite e veramente paterne, tanto in riguardo alla di loro salute, che per la istruzione, e sviluppo della loro intelligenza. In età adattata gli si fa imparare un'arte, poi si fornisce loro tutto ciò che è necessario onde assicurargli una indipendente esistenza; e per tale effetto sono, in compagnia de' loro mastri di bottega, sottoposti per un dato tempo alla sorveglianza particolare dell' amministrazione: nulla in somma di più filantropico di un tale istituto. Disgraziatamente il numero de' fanciulli ammessi nell'ospizio non è proporzionato alla immensa popolazione di Parigi, essendovene appena 7 od 800. La Città però vuol rimediare a tale mancanza, avendo decretato l'ingrandimento dell'ospizio, e la fondazione di un altro.

Gli ospizj stanno sotto la sorveglianza di un' amministrazione, composta d'un Consiglio generale, e di una Commissione amministrativa. Il Consiglio è presieduto dal Prefetto della Senna.

Manifattura di specchi,
via di *Reuilly*, *faubourg Saint-Antoine*.

Vasto stabilimento, di grande importanza, che gode da lungo tempo in Francia molta riputazione. Impiega un numero considerevole di operaj, unicamente occupati nel perfezionamento delle lastre da specchi, le di cui fonderie sono a Saint-Gobain, e Tourlaville.

Può visitarsi lo stabilimento in tutti i giorni, dalle due pomeridiane fino a notte, eccettuate le domeniche ed altre feste.

Chiesa di SAINTE-MARGUERITE,
via di *Saint-Bernard*, *faubourg Saint-Antoine*.

Si edificò questa chiesa nel 1625, s'ingrandì nel 1712, e vi si aggiunse nel 1765 una cappella disegnata da Louis, architetto in que' tempi di molta riputazione, la quale è ricca di pitture a fresco del Brunetti, e di una Deposizione di croce disegnata da Girardon, e scolpita da la Lorrain. L'altare ha la forma di tomba antica, e al di dietro v'è un quadro di Briard, rappresentante il Purgatorio.

Chiesa di SAINT-AMBROISE,
via di *Saint-Ambroise*, n° 21.

È un assai vasto edificio costruito nel 1639, e riedificato nel 1802. Fu in altri tempi la chiesa delle monache dell' *Annonciade du Saint-Esprit*. La chiesa ha parecchi quadri di artisti nazionali.

Chiesa di SAINT-ANTOINE,
via di *Charenton*, n° 38.

Fabbricata nel 1701, dipendeva questa chiesa

dall' *Hôtel des Mousquetaires noirs*, che data dall' epoca medesima. Presentemente fa parte dell'Ospizio dei *Quinze-Vingt*. Come monumento non ha alcuna importanza.

Arenes nationales,
via di Lyon, presso all' imbarcadero.

È un vasto ricinto circolare fatto di tavole, senza ornamenti architettonici. È l'Ippodromo del popolo. In effetto, vi si fanno gli stessi esercizj nelle domeniche, lunedì e giorni di festa, durante la buona stagione; come nell' altro dalla parte opposta della città, fuori la barriera dell' *Étoile*.

Prigioni de la ROQUETTE, e del nuovo BICÊTRE,
via de la Roquette, presso il cimitero dell' Est.

La prigione de *la Roquette* è di moderna costruzione, di aspetto non disgustoso, ed una delle più importanti della città. Fabbricata isolatamente con torri e torricelle, somiglia ad un antico castello de' tempi feudali.

Non vi si tengono che i condannati ai lavori forzati, o alla morte. Ogni prigionero ha la sua camera separata; vi sono segrete per i turbolenti, e tre cellule per i condannati all' ultimo supplizio. Questa prigione può contenere circa 300 delinquenti. Di più, vi sono le abitazioni del direttore, dei custodi, ed agenti della forza armata.

Nella strada medesima, e precisamente incontro a questa, v'è l'altra prigione chiamata dei giovani detenuti, o del nuovo *Bicêtre*. I prigionieri sono divisi per categorie, a seconda della loro età, grado d'immoralità, o colpa; non possono comunicar fra loro che ne' laboratoj, ove regna però il più perfetto silenzio. Il locale è separato da vasti cortili; nel mezzo v'è una bella fontana circondata da alberi. Le cucine, e i scaldatoj sono perfettamente tenuti, e molto ariosi. Può capire dai 4 ai 500 condannati ai bagni.

Tali edificj, fabbricati con molta solidità, e cura particolare, han costato circa tre milioni di franchi.

Si contano in Parigi otto prigioni principali, che hanno tutte la loro specialità; e sono: per gl'individui in istato di accusa; per i debitori; per i delitti politici; per gli accusati in corso di giudizio; condannati ai lavori forzati, o alla morte; giovani detenuti; donne detenute. Tutte queste prigioni, che hanno nella nostra guida un separato articolo, stan sotto la giurisdizione del prefetto di polizia. Inoltre una prigione militare, sotto la dipendenza del ministro della guerra.

I suddetti stabilimenti possono esser visitati con un permesso rilasciato dalla Prefettura di polizia per le prigioni civili, o dal Ministero della guerra per la prigione militare.

Ponte d'AUSTERLITS, o Ponte del Jardin des Plantes.

Questo ponte, collocato in faccia al *Jardin des Plantes*, fu incominciato nel 1801, e portato a termine il 1806. Benchè gli archi di un tal ponte fossero di ferro fuso solidamente collocati sopra piloni in pietra da taglio, ciò non ostante nacquero de' dubbj sulla di loro resistenza per il continuo passaggio de' pedoni, e de' carri pesanti, per cui l'amministrazione ordinò che si ricostruisse interamente in pietra. La sua lunghezza è di 130 metri, e la larghezza di 13.

Il nome di Austerlitz gli venne dato in seguito

della famosa battaglia vinta da Napoleone in Moravia, l'anno 1805, contro le armate russe ed austriache.

Cimitero del PÈRE-LACHAISE,
presso la barriera *des Amandiers*.

Anticamente avevasi la perniciosa abitudine di seppellire i morti nell'interno delle città, e specialmente nelle chiese, uso pregiudizievolissimo alla pubblica igiene per le mefitiche esalazioni che ne erano la necessaria conseguenza. Si era molto scritto su tal particolare, e Voltaire fra gli altri con tanta logica e persistenza volle dimostrarne gl'inconvenienti, che alla fine fu necessità rimediarvi. Cosicchè, accaduta la Rivoluzione, una delle prime riforme ch'essa operò fu, che i cimiterj fossero trasferiti fuori le mura della città; operando in tal modo un miglioramento reale da non doversi porre in oblìo. Nel 1790, una legge in proposito dell'Assemblea Costituente stabiliva tre recinti fuori delle barriere per inumarvi i corpi de' trapassati, assegnando quattro circondarj ad ognuno di essi. Più tardi, nel 1804, Napoleone riorganizzò questa legge, ordinando quattro cimiterj, due de' quali al nord, e sono quelli di *Montmartre*, e del *Père-Lachaise*, e due al sud, che si chiamarono di *Vaugirard*, e *Sainte-Catherine*. Questi due ultimi furono chiusi sotto la Restaurazione.

Il cimitero del *Père-Lachaise*, così chiamato per la bella casa di campagna, sussistita fino al 1820, che vi possedeva il confessore di Luigi XIV, sopra una collina detta per lo passato *Mont-Louis*, è il più vasto e rimarchevole di tutti gli altri. Collocato in un terreno parte piano, e parte in collina, presenta un colpo d'occhio de' più graziosi e pittoreschi. La veduta che si gode dalla spianata del colle che domina la bassa pianura, e che si estende sopra una gran parte della città e circostanti campagne, è delle più magnifiche di questa capitale. Finalmente l'immenso ricinto, che va facendosi sempre più vasto per le continue addizioni de' confinanti terreni, che racchiude molte migliaja di tombe, ombreggiate da alberi e fiori, circondate da sabbiosi viali, e verdi praticelli, lo rendono oggetto costante della curiosità de' forastieri. Fra la immensa moltitudine di tombe figura in primo luogo quella di Abelardo ed Eloisa, che fu per lungo tempo nel musèo dei *Petits-Augustins;* quelle di Moliere, e Lafontaine, che vi furono parimenti trasportate; quindi le tombe di Delille, Bernardin de Saint-Pierre, Fourcroy, Massena, Kellerman, Lefèvre, Beurnonville, Picard, Désaugiers, Giraudet, Casimir Perrier, Foy, Talma, madamigella Raucourt, Duchesnois, ecc.; in una parola, d'un immenso numero di personnaggi di ogni genere e condizione, scienziati, guerrieri, artisti, letterati e magistrati, i di cui nomi la storia ha tramandato alla posterità. Non resteranno al certo inosservati i fastosi mausolèi della principessa Demidoff, di Kellermann, Massena, e del general Foy. Non possiamo però celare il dispiacere di non aver potuto, fra una miriade di sepolcri, rinvenirne un proporzionato numero che avesse l'impronta di quel bello artistico, che contenta l'occhio ed il cuore. Ordinariamente lo scalpellino è quello che inventa ed eseguisce l'avello, che l'amor de' congiunti fa innalzare all'estinto; anzi una quantità di questi ne tiene egli in pronto nella sua bottega, o laboratorio, onde servir con prestezza i richiedenti. Qual meraviglia dunque di vedere un immenso numero di pietre scolpite, che rassomigliano a seggiole di gotica forma, o a casotti di sentinelle?

Il cimitero è aperto tutti i giorni dalle ore 9 del mattino fino a notte.

Cimitero di PICPUS,
vià di *Reuilly*.

Dimandandone il permesso al *concierge* (custode), il pubblico è ammesso a visitar questo Cimitero, che racchiude le tombe di qualche illustre famiglia, quali sono quelle di Lamoignon, Grammont, Noailles, e Lafayette.

Liceo CHARLEMAGNE,
vìa *Saint-Antoine*, n° 110.

Fu stabilito il presente liceo nello stesso luogo ove esistette il collegio gesuitico, fondato nel 1582, e distrutto nella prima rivoluzione.

Scuola centrale delle ARTS ET MANUFACTURES,
via di *Thorigny*, n° 7.

Questa scuola fu creata nel 1828, a guisa della scuola politecnica. L'istruzione che vi si riceve è relativa alle manifatture, usine, ed al genio civile.

Mercato BEAUVEAU,
fra la via di *Charenton*, ed il *Faubourg-Saint-Antoine*.

Di antichissima origine è questo mercato; risale all'anno 1330, e fu costruito da Lenoir, che gli dette il nome di una Badessa di S. Antonio.

Teatro BEAUMARCHAIS,
boulevart dello stesso nome.

Designavasi in origine col nome di *Théâtre*

Saint-Antoine. Vi si rappresentano *vaudevilles* e melodrammi, come negli altri teatri del *boulevart*.

Barriere.

Quelle che esistono nell' ottavo circondario sono le seguenti : *Amandiers*, *Père-Lachaise*, *Rats*, *Charonne*, *Montreuil*, *Tróne*, *Saint-Mandé*, *Picpus*, *Reuilly*, *Charenton* e *Bercy*. La più rimarchevole di queste barriere è quella del *Tróne*, all' estremità del *faubourg Saint-Antoine*, che trae la sua denominazione da un trono innalzatovi nel 1660, ove si assise Luigi XIV per ricevere gli omaggi di fedeltà de' suoi sudditi. I due edificj destinati all' esazione del dazio dell' *octroi* servono di base a due colonne di pietra, restate per tanto tempo incompiute, e che oggi sorreggono due statue di bronzo, una delle quali rappresenta S. Luigi, e l'altra Filippo-Augusto.

La strada di questa barriera conduce a Vincennes.

NOTRE DAME.

NONO CIRCONDARIO.

QUARTIERI:

ARSENAL, LES ILES, HOTEL-DE-VILLE.

Chiesa metropolitana di NOTRE-DAME DE PARIS.

Eccoci finalmente arrivati al più importante religioso monumento di questa capitale. Accingersi oggi a farne la descrizione, sarebbe senza dubbio un'opera assai difficile, se da noi si presumesse far meglio di coloro che in tale assunto ci precedettero; ma questa non è certamente la nostra intenzione, perchè ben conosciamo la debolezza delle nostre forze. In fatti si è tanto scritto e stampato intorno quest'antica chiesa metropolitana, che sarebbe cosa superflua parlarne d'avvantaggio. D'altronde il presente saggio analitico estendendosi alla generalità de' monumenti parigini, faremmo ingiuria al lettore se appena di volo si accennasse il monumento più degl'altri meritevole di ammirazione e rispetto. Nondimeno siccome nella presente circostanza peccar potressimo di troppa prolissità, ci limiteremo ad indicare le cose più essenziali a conoscersi, rimandando, per il di più, il cortese lettore, ai curiosi dettagli dati da Victor

Ugo nella sua celebre opera *Notre-Dame de Paris*.

Sainte-Foix, ne' suoi *Essais historiques*, ci dice, che la prima chiesa esistita in Parigi si fondò sotto il regno dell'imperatore Valentiniano, circa l'anno 375, dedicata a santo Stefano; e nel 522 questa sola chiesa esisteva entro il ricinto della città. Childeberto figlio di Clodoveo, la fece non solo restaurare, abbellire, ed ingrandire, ma vi aggiunse anche una basilica, che volle fosse dedicata alla Vergine. Sopra i fondamenti di queste due chiese, nel 1160, regnando Luigi il Giovine, s'incominciò a costruire con un piano molto più vasto, la cattedrale che oggigiorno vediamo, posandone la prima pietra (dicono) il pontefice Alessandro III, allora per politiche vicende rifugiato in Francia.

Alcuni pretendono che avesse termine il lavoro di questo tempio verso la fine del regno di Filippo-Augusto, nel 1223; ma invece sembra che non si ultimasse prima del 1420, epoca in cui si fece la porta rossa del coro. Secondo un tal calcolo, ci vollero circa tre secoli prima che l'edificio si portasse a compimento.

La chiesa di *Notre-Dame* ha la forma di croce latina, ed è fabbricata sopra palafitte, non ostante l'enorme suo peso. L'interno non presenta a prima vista la grandezza e magnificenza delle parti esteriori. Bisogna che l'occhio si avvezzi prima di conoscerne la maestà. Si vede, entrando, l'arditezza delle vôlte, l'insieme delle sue tre navate, divise da due ranghi di pilastri ed archi ogivali in numero di 120, sormontati dall'una e l'altra parte da lunghe gallerie ornate da colonnette, dall'alto delle quali si può comodamente assistere a tutte le grandi funzioni religiose che hanno luogo nella basilica. Le imposte delle porte laterali sono coperte di volute in ferro. Al di sopra della porta principale v'è una superba cassa d'organo alta 15 metri, e larga 12. Il cancello di ferro che separa il coro dalla navata è un capo lavoro. I bassi rilievi scolpiti in pietra nel giro esterno del coro, che rappresentano soggetti sacri, sono rimarchevoli per rapporto all'esecuzione. Entrando nel coro, tutto lastricato di marmo, vedi ricchezza negli ornati e nelle sculture che lo circondano; la lunghezza di questa parte del monumento è di 42 metri, 15 ne ha di larghezza. Le magnifiche intarsiature del coro medesimo, collocate al di sopra dei 26 stalli posti in giro, rappresentano diversi fatti della vita di Gesù Cristo, e della B. Vergine. I bassi rilievi sono scolpiti assai delicatamente, e meritano particolare attenzione; nel modo stesso che l'altar maggiore, co' suoi gradini in marmo di Linguadoca, il ricco tabernacolo, ed i preziosi suoi bassirilievi. Dietro questo altare v'è una Deposizione di croce, scolpita in marmo bianco dal celebre Coustou. Meritano attenzione i grandi quadri attorno il coro dipinti da Luigi di Boullogne, Hallé, Lafosse, Antonio Coypel, Filippo di Champagne, e Jouvenet, specialmente quello di quest'ultimo, indicato colla parola *Magnificat*. Finalmente nell'antica cappella della Vergine si osserva con piacere la statua della Madonna del Carmine scolpita a Roma da Antonio Raggi detto il Lombardo. Però un intonaco giallastro sudicio e scolorito profuso barbaramente a più riprese per nascondere la bruna e maestosa tinta che i secoli avevano dato alle pietre, respinge lo sguardo dalle pareti di tutto l'edifizio.

I guasti interni, sofferti da questo tempio nella prima rivoluzione, sono stati in gran parte riparati da Bonaparte nel tempo della sua Sacra; in seguito sotto la Restaurazione; e quindi si arricchì di dorature, marmi, e sculture; ma in forza di questi stessi ornamenti, e del lusso un poco teatrale, il santuario disparve in parte, perchè non vi si vede più la nativa e religiosa grandezza delle costruzioni del medio evo. I lavori del XVII secolo, come per esempio, il cancello, ed i candelabri destinati ad ornare l'ingresso del coro, producono un effetto abominevole, non solo per la diversità immensa di stile, ma specialmente per la deplorabile loro forma, e più che pessimo gusto.

All' esterno non può al certo mancar di sorprendere l'insieme della sua imponente architettura, e l'alta fronte tanto riccamente scolpita. La facciata ha tre grandi porte cariche di sculture, che rappresentano parecchi fatti del nuovo Testamento. Due grosse torri quadrate, alte 94 metri, compiono la facciata medesima. In quella a settentrione v'è una interna scala di 380 gradini per ascendere alla sommità: una galleria sostenuta da colonne gotiche di molta delicatezza mette in comunicazione le due torri. Dall' alto di queste l'occhio domina il corso della Senna, e la intera città.

Nella torre al sud esiste la famosa campana, il cui suono grave e lugubre non si ascolta che nelle grandi solennità. Ha 32 migliaja di peso, fu rifusa nel 1685, e si battezzò con grande cerimonia, servendo da padrini Luigi XIV e sua moglie, che gli dettero il nome di Emanuella-Luisa-Teresa. L'armatura del tetto di *Notre-Dame* è parimenti curioso a vedersi: il nome di *la Forét* che gli vien dato è riferibile alla immensa quantità di castagni di cui essa è composta; ed è ricoperto da 1336 lastre di piombo del peso enorme di 420 migliaja. Discendendo vedesi nella stessa porta della torre un basso rilievo che rappresenta un cadavere divorato completamente dai vermi: è un frammento del sepolcro di un canonico di nome

Ives, scolpito nel XV secolo. Seguendo sino al fine da questo lato del tempio s'incontrano altre tombe di epoca a noi più vicina, quelle cioè dei vescovi Juigné, e Beaumont, ed il pomposo ma pesante monumento del cardinal di Belloy.

Uscendo dalla chiesa di *Notre-Dame*, non può farsi a meno di gettare un ultimo sguardo all'importante edificio, ed osservar di nuovo la facciata, nella quale, in mezzo ad un gran numero di bassirilievi esistevano le statue di 27 re di Francia, da Childeberto fondatore della basilica fino a Filippo-Augusto.

La lunghezza esterna dell'edificio è di 139 metri, e la sua larghezza di 50.

Sbarazzata presentemente da tutte le fabbriche che in passato la ingombravano, restaurata da cima a fondo, la basilica di *Notre-Dame*, osservata da ogni lato, è certamente un edificio mirabile.

HOTEL-DIEU de Paris,
piazza di *Notre-Dame*.

È questo forse il più antico ospedale che esista in Europa. La sua fondazione, che data dal 651 al 656, viene attribuita al vescovo S. Landry, il quale, in calamitose circostanze, vendette tutto ciò che possedeva, ed anche i vasi sacri della sua chiesa, per alleviare la pubblica miseria.

Filippo-Augusto fu il primo re che somministrò soccorsi a quest'ospedale; e dopo di lui S. Luigi lo ebbe sotto la sua protezione, e lo ajutò con prodigalità. Nel 1248 gli assegnò una porzione di quello ch'egli ritraeva dai dazj sulle derrate de' pubblici mercati, unitamente a molti altri doni. Dietro l'esempio di questo pio monarca, molti re di Francia, come anche buon numero di principali signori, ricchi particolari, ed uomini filantropi, contribuirono alla grandezza, ed al benessere di questo stabilimento.

L'*Hôtel-Dieu* è formato da alcuni vasti edificj separati da un canale del fiume. Il peristilio all'ingresso è ornato da colonne doriche di stile severo, ma pesante. Entrando in questo luogo di dolore e di miseria, si resta maravigliati dell'ordine mirabile e della nettezza che vi regna. I diversi locali destinati ai due sessi contengono più di 800 letti collocati in 23 sale immense, perfettamente ariose, ed affidate all'assistenza delle sorelle dell'ordine di S. Agostino.

Si ricevono all'*Hôtel-Dieu* malati e feriti, esclusi i fanciulli, donne partorienti, incurabili, pazzi, affetti da lue venerea, e malattie croniche, per i quali esistono altri appositi ospedali. Una tal divisione, nella cura delle malattie, è al certo il più saggio espediente che si sia potuto adottare onde ottenere un più sicuro e sollecito rimedio ai mali che opprimono l'umanità.

Con un permesso dell'agente di sorveglianza, nei giorni di giovedì, e domenica, può ottenersene l'ingresso dall'una alle tre ore pomeridiane.

Chiesa di SAINT-LOUIS-EN-L'ILE,
strada ed Isola di *Saint-Louis*.

La costruzione di questa chiesa, incominciata nel 1674, non fu portata a compimento che nel 1725. Occupa il terreno di un'antica cappella del tredicesimo secolo. Di piccola dimensione, ma di graziosa architettura, ha nella facciata quattro colonne doriche con cornice e frontone. Le principali pitture nell'interno sono: un S. Luigi di Vauthier, ed una Madonna di Mignard: nelle cappelle; i discepoli d'Emmaus di Antonio Coypel; l'Ascensione di Perron; l'Adorazione de' Magi di Perrin; S. Luigi che riceve il viatico di Simone Vouet; l'Assunta di Lemoine; e S. Francesco di Sales di D. Hallé. Dobbiamo anche nominar le statue di S. Genovieffa, della Vergine, S. Gio: Battista, S. Pietro, S. Paolo, ed un bel Cristo in marmo.

Le sculture ornamentali si eseguirono sotto la direzione di J. B. de Champagne.

Il campanile in pietra da taglio, foracchiato a giorno, di forma originale e bizzarra, molto somigliante ad un obelisco, vi si aggiunse nel 1765.

In questa chiesa riposano le ossa del poeta Quinault.

Chiesa di SAINT-PAUL, e SAINT-LOUIS,
via *Saint-Antoine*, n° 120.

Il cardinal di Borbone possedeva in questo luogo un *hôtel*, che donò ai gesuiti nel 1580 per fondarvi la loro casa professa. I padri si misero tosto all'opera, e vi costruirono una piccola cappella dedicata a S. Luigi; ma nel 1627 Luigi XIII alla piccola cappella sostituì questa chiesa, posandone egli la prima pietra, e supplendo a tutte le spese, per cui i reverendi fecero battere una medaglia con la iscrizione: *Vicit ut David, ædificat ut Salomon!* L'architetto fu il p. Derrand gesuita; ed altro gesuita Marcel Ange fece la facciata nel 1641, pagandone il costo il cardinal de Richelieu. Tre ordini d'architettura, uno sopra l'altro, corintii i due primi, e composito il terzo, formano questa facciata alta 48 metri. L'intero edificio manca di semplicità, di correzione, e di logica, ma è ricco e seducente; in somma, è il cattivo gusto che trionfa.

La chiesa di cui ci occupiamo conserva le ceneri di Bourdaloue; in altri tempi vi si vedevano ancora i sontuosi monumenti del gran Condé, di suo padre, e di Enrico di Borbone. Il cuore di Luigi XIII vi stava deposto in un ricco sarcofago scolpito da Sarrazin. Questi monumenti disparvero, nel modo stesso che il tabernacolo di argento e di *vermeil* che adornava l'altar maggiore: la sola opera d'arte che merita oggidì l'attenzione è un quadro moderno di Delacroix, rappresentante Gesù al giardino degli olivi.

Chiesa di SAINT-GERVAIS,
via di *Monceau-Saint-Gervais*, dietro la caserma *Napoléon*.

La chiesa di S. Gervasio, una delle più antiche di Parigi, è nel tempo stesso una delle più importanti in riguardo all'architettura. La facciata alta 52 metri, e larga 32, vi si aggiunse nel 1616, facendosene grandi elogj, abbenchè abbia il torto di adattarsi malissimo ad un edificio di stile ogivale. Otto colonne doriche sostengono un frontone triangolare, sormontato da altr'ordine jonico, e coronato da quattro colonne corintie. Le statue dei SS. Gervasio e Protasio son collocate in due nicchie, che non sembrano troppo adattate.

L'origine di questa chiesa è di data molto antica: rifabbricata più volte, l'ultima sua costruzione è del 1420; ma ingrandita però nel 1581 dall'architetto Desbrosses. L'interno è di stile gotico, rimarchevole per l'altezza sorprendente delle sue vôlte. Belle sono le vetrate del coro, e di parecchie cappelle, lavoro di Pinaigrier, e di Giovanni Cousin; bruttissima però quella tinta gialliccia moderna che ha difformato gli eleganti rilievi della vôlta: sistema barbaro adottato da qualche anno in molte chiese di gotica architettura. Nella cappella della Vergine v' è un Cristo scolpito da Cortot, ed in altra contigua la Deposizione di croce, che serve di *pendant* alla tomba del cancelliere Letellier. Parecchi altri personaggi stanno sepolti in questa chiesa, tra quali il pittore Filippo di Champagne, il poeta Scarron, il dotto Ducange, ecc.

Due brutte pitture di non armonico colore, e di un disegno secco ed ignorante, senza ombra di ragione, si ha l'audacia di attribuirle a Pietro Perugino, ed Alberto Duro !

Caserma NAPOLÉON.

La direzione del genio militare innalzò questa caserma, ultimata da poco tempo, la quale è la più ricca, e monumentale che possegga la Francia. Ha un perimetro di 360^m 11 di sviluppo, dei quali 102^m 42 sulla via di *Rivoli;* 85^m 04 sulla via *Loban;* 65^m 83 sulla piazza *Saint-Jean;* 62^m 22 sulla via *du Parvis;* e 44^m 60 sulla via *Pourtour-Saint-Gervais.* Il monumento ha dunque cinque faccie. Dal di sopra del basamento, che ha in media 4^m 50 di altezza, fino alla parte superiore della cornice che lo corona, l'edificio è alto 14^m 92. La profondità totale è di 15 metri. All'interno gira una galleria coperta. La corte ha 72 metri di lunghezza, e 54 di larghezza. Otto scale doppie vi si costruirono, ed ai piedi di ciascuna si pose un *lavabo*.

Ha due piani, senza contar le mansarde, i di cui appartamenti sono della medesima altezza. Il pianterreno ha 5 metri, ed i piani 4^m 50 di elevazione; può alloggiare 2,400 soldati.

È decorata da pilastri jonici di 7^m 60 di altezza, e di tre frontoni : quello della via di *Rivoli* è del sig.

Falconnier; l'altro della piazza *Saint-Jean* del sig. Flandrin; e quello della via *Lobau*, il primo che si vede, che rappresenta un' aquila ad ali spiegate, è del sig. Hayon. I fratelli Lechesne scolpirono quello dell' interno (dal lato della via *Lobau*), ed il sig. Leprêtre il frontone interno della via di *Rivoli*, il quale è sormontato da un oriuolo.

Una balaustra alta 1^m 50 corona l'edificio. La copertura è in lastre di zinco e piombo di forma romboidale, di grazioso aspetto, secondo il sistema del sig. Rabatel di Lione.

Per visitar questa caserma si vada al *bureau* del Genio, via *Bellechasse*.

Palazzo Municipale chiamato HOTEL-DE-VILLE.
Piazza di *Grève*.

L'istoria non ci fa conoscere ove si riunivano i notabili di questa città nel tempo delle due prime razze dei re di Francia: soltanto al principiar della terza impariamo a conoscere che adunavansi in una casa della *Vallée de Misère* (oggi *quai de la Mégisserie*), chiamata *Maison de la Marchandise*. Si trasferirono in seguito vicino al *Grand-Châtelet*, in un *Parloir aux Bourgeois*; quindi in altro situato in una torre del recinto delle mura, presso i domenicani della via *Saint-Jacques*. Nel 1274, sotto il regno di Filippo l'Ardito, i membri di questo corpo, che godeva già di molti privilegj, furono nominati preposti e scabini dei negozianti della città di Parigi. Nel 1357, acquistarono per una somma di 2880 lire, la casa di *Grève*, chiamata anche *Maison aux Piliers*, perchè era effettivamente sul davanti retta da una fila di pilastri. Questa casa era appar-

HÔTEL DE VILLE.

tenuta a Carlo V, che vi aveva dimorato quando era Delfino, e quindi l'aveva data in dono a Giovanni d'Auxerre ricevitor delle gabelle, in vista de' buoni servigj che ne aveva ricevuto. Sulle rovine di questa casa e di qualche altra vicina s'incominciò nel 1533 a fabbricar l'*Hôtel-de-Ville*. I lavori, dopo lunga interruzione, furono ripresi nel 1549 coi disegni di Domenico Boccadoro detto il Cortona, ma compiti solo nel 1605, sotto Enrico IV. Questo edificio non mancava di merito; ma dal 1837 in poi subì cangiamenti tali, si ampliò, ed abbellì in maniera che non è più riconoscibile. Dell'antico non si conservò che la facciata sulla piazza, e la parte che circonda il cortile di mezzo. Presentemente ha la forma di un regolare parallelogrammo, ai cui angoli sorgono quattro padiglioni. Le quattro facciate guardano, sulla piazza di *Grève* quella all'ouest, sulla via *Lobau* l'altra all'est, al sud sul *quai de la Grève*, ed al nord sulla prolungata strada di *Rivoli*. Lo stile dell'intero edificio è quello del risorgimento.

Al di sopra dell'antica porta d'ingresso sulla piazza si vede una statua equestre in bronzo di Enrico IV ripostavi da Luigi XVIII, essendo stata l'altra distrutta nella prima rivoluzione: l'edificio è sormontato da un campanile con l'oriuolo del Comune, illuminato la notte da un riflettore parabolico. Gli appartamenti del prefetto sono al pianterreno dell'ala dritta dalla parte del *quai*; al primo piano del medesimo lato sono quelli di ricevimento, decorati con lusso straordinario, il piano superiore è occupato dagli archivj della prefettura. Innanzi a quest'ala si formò un giardino circolare, chiuso da cancello di ferro.

La parte orientale ha un'immensa sala per le feste pubbliche della città, altre grandi sale per le adunanze del consiglio generale, e dell'altro di prefettura, non che altre riservate alle società scientifiche e letterarie.

Quella sulla via di *Rivoli* è intieramente consacrata al servizio amministrativo. La grande scala che conduce agli appartamenti di ricevimento è di molta ricchezza; le sculture che vi si vedono, e le altre del portico e della corte, sono del celebre Giovanni Goujon: il vestibolo è vasto, e ben distribuito. Nella sala detta del Trono v'è una piccola statua equestre di Enrico IV, nella corte ve n'è un'altra di Luigi XIV; nelle nicchie delle facciate stanno quelle degli uomini celebri ne'fasti della città di Parigi; tutto l'*Hôtel* è circondato da marciapiedi e cancellata di ferro.

Gl'immensi lavori architettonici che vi sono stati eseguiti, sotto la direzione dei sigg. Godde e Lesueur, hanno dato a questo palazzo una grande estensione, e per il suo lusso ed eleganza lo hanno reso uno de'principali monumenti di Parigi.

Le somme immense che han dovuto costare tali abbellimenti, il lusso veramente orientale spiegato negli appartamenti, ci fanno conoscere la ricchezza di questa città, e le immense rendite di cui essa gode, le quali superano difatti quelle di più di un potentato di Europa.

Noi non tesseremo l'istoria di tutti gli avvenimenti importanti che hanno avuto luogo in questo *Hôtel-de-Ville*; ma volendo ammollire un poco l'aridità di tutta la fatta descrizione, narreremo un'antica usanza, che durò fino alla rivoluzione del 1789: vale a dire, la festa di S. Giovanni Battista, che aveva luogo, da tempo immemorabile, sulla piazza di *Grève*. Drizzavasi nel mezzo della piazza una gran catasta di legne, vi si appiccava il fuoco, e vi gittavano dentro parecchi gatti chiusi in un paniero; dopo ciò, si danzava pazzamente attorno al rogo fino all'intera consumazione di questo burlesco sacrificio. Un tal costume lo fanno rimontare all'epoca dei romani, i quali effettivamente avevano istituito, a modo de'greci, pubbliche allegrie in memoria d'importanti avvenimenti, o di vittorie riportate sopra i loro nemici; queste feste erano accompagnate da sacrificj, ne' quali accendevansi grandi fuochi per bruciare le vittime.

L'*Hôtel de Ville*, fino a questi ultimi tempi, era, specialmente alla parte del nord, coperto da immenso numero di vecchie abitazioni, che furono demolite; per cui ora, isolato da ogni parte, fa bella mostra di sé.

Biblioteca dell' ARSENAL,
via di *Sully, boulevard Bourdon*.

La fabbrica dell'Arsenale, e locali che ne dipendono, serviva anticamente per deposito di artiglieria, e munizioni da guerra. Enrico IV nè prolungò la estensione, aggiungendovi un magnifico giardino; e creò nello stesso tempo la carica di gran maestro di artiglieria per gratificarne il gran Sully. Sotto Luigi XIV i lavori dell'Arsenale restarono sospesi; ma nel 1718 questo grande edificio fu destinato a contenere una biblioteca, che prese il nome di *Bibliothèque de l'Arsenal,* che tuttora conserva.

Fra le tante che esistono in Parigi è questa una delle più ricche ed interessanti, frequentata giornalmente da un gran numero di dotti e letterati, che si occupano incessantemente nelle ricerche scientifiche e letterarie. Fra le altre cose possiede questa biblioteca la collezione più completa di romanzi antichi e moderni; una raccolta di opere teatrali dall' epoca dei misteri e drammi morali fino al 1789; poesie di ogni genere antiche e moderne; una quantità di manoscritti esteri e nazionali; ed un numero considerevole di rare edizioni italiane e spagnuole.

In principio appartenne questa biblioteca al marchese di Paulmy, che la cedette nel 1784 al conte d'Artois, fratello del re, il quale la collocò nell'Arsenale, e l'arricchì de' libri del duca de la Vallière da lui acquistati. Oggi si compone di 180,000 volumi almeno, e di cinque in seimila manoscritti. Sotto la Restaurazione si affidò alle cure di Carlo Nodier, uno de' più graziosi romanzieri francesi, che la conservò fino alla morte.

Vi si può andar tutti i giorni dalle 10 ore alle 3 pomeridiane, meno l'epoca delle vacanze che incominciano al 15 settembre, ed hanno fine il 3 di novembre.

Ponte AU CHANGE.

Il *Pont au Change*, conosciuto nella storia col nome di *Grand-Pont*, situato fra la piazza di *Châtelet*, ed il *Palais-de-Justice*, è il più antico ponte di Parigi, il primo almeno che si costruisse per istabilire le comunicazioni fra la città, ed il di fuori. Rimonta per conseguenza ad un'epoca molto antica; ma nel lasso di tempo trascorso dalla sua origine fino ai giorni nostri ebbe a subire molte metamorfosi: spesso distrutto od incendiato, fu rifatto più di una volta. Finalmente nel 1629 si ricostruì tutto in pietra da taglio di una solidità a tutta pruova. Trae il suo nome dai cambiatori di monete, che, fin dal 1141, occupavano quasi tutte le botteghe delle case di cui era carico, le quali furono interamente demolite nel 1788. Tali case vennero rimpiazzate dai spaziosi marciapiedi; che fanno esser questo ponte il più largo di tutti gli altri che esistono a Parigi. Ha sette archi, 223 metri di lunghezza, e 32 di larghezza.

Gl'istorici contemporanei raccontano che quando Isabella di Baviera fece il suo ingresso in questa capitale, un battelliere genovese fece tendere una corda dall'alto delle torri di *Notre-Dame* fino ad una delle case che stavano su questo ponte; ballando poi vi discese avente un lume per ogni mano: passò in seguito fra le cortine di taffetà turchino con fiordalisi d'oro che guarnivano il ponte, e dopo aver posato una corona sulla testa della regina Isabella, ritornò da dove era partito. Aggiungono, che essendo il fatto accaduto di notte, quest'uomo singolare fu veduto da tutta la città.

Pretendesi che in tempo dell'impero il famoso acrobata Furioso proponesse di fare altrettanto nella Sacra di Napoleone, ma non gli si volle accordare la permissione.

Ponte d'ARCOLE.

Fu questo ponte fabbricato nel 1828, e si chiamò *Pont de la Grève*, perchè effettivamente conduce da questa piazza al *quai* della *Cité* (Città Vecchia). È un ponte sospeso, il cui passaggio è riservato ai soli pedoni, che, per traversarlo, pagavano un pedaggio di cinque centesimi. Riposa su due coscie di pietra, e sopra un gran pilone in mezzo del fiume, su cui è appoggiato il pavimento di legno.

Il nome d'Arcole gli fu dato nel 1830, in memoria di un giovine che così chiamavasi, il quale nelle giornate di Luglio, volendo imitare la bravura di Napoleone al passaggio del ponte d'Arcole in Italia, s'avanzò intrepidamente alla testa di un drappello di cittadini armati per piantar la sua bandiera nel mezzo del ponte della Grève; ma meno fortunato dell'invincibile capitano, vi rimase estinto.

Ponte NOTRE-DAME.

La prima costruzione di questo ponte rimonta al 1412. Crollato nel 1499, si ricostruì nel 1507 coperto di case, come era il costume di quel tempo, abbattute però il 1787 nel modo stesso delle altre che esistevano sopra il *Pont au Change*, e *Pont Saint-Michel*. Si conservò solo presso il ponte *Notre-Dame* la macchina idraulica che fornisce acqua a più quartieri della città. In meno di due anni è stato questo ponte rifabbricato da cima a fondo, considerevolmente abbassandolo alle rive, via *Saint-Martin*, *quais de Gèvres*, e *Pelletier*, via *de la Cité* e *quai aux Fleurs*: Quest'ultimo *quai* in ispecie fu interamente rinnuovato.

Ci narra Saint-Foy, che sul detto ponte, nel giugno 1590, l'infanteria ecclesiastica della Lega fu passata in rivista innanzi il legato del papa. Questa truppa, sì bizzarramente organizzata, componevasi di cappuccini, francescani, minimi, domenicani, carmelitani, insomma di tutta la monacaglia immaginabile, che, colle tonache alzate, i cappucci pendenti, l'elmo in testa, la corazza sul dorso, e la spada al fianco, somigliava piuttosto a tante maschere, di quello che ad una truppa disciplinata. Tale ridicola accozzaglia marciava in rango quattro per quattro. Il furioso Rose vescovo di Senlis la comandava; i parrochi di *Saint-Jacques de la Boucherie*, e di *Saint-Côme* funzionavano come sergenti maggiori. Alcuni di questi miliziotti improvvisati e fanatici, senza pensare che i loro fucili erano carichi a palla, vollero salutare il legato con una scarica della loro moschetteria, ma disgraziatamente gli uccisero uno degli elemosinieri che stava al suo fianco, il quale non si aspettava certamente un complimento sì brutto. Sua Eminenza temendo allora per sè stesso gli effetti di un tale entusiasmo, si sbrigò a benedire i militi cocollati, e partì, senza prolungar di più la sua ispezione.

Ponte SAINT-MICHEL,
andando dal *quai* degli *Orfèvres* a quello degli *Augustins*.

Questo ponte, che ha origine nel XIII secolo, è stato rifatto più volte. L'attuale fu ricostruito nel 1616 da una compagnia d'intraprendenti, alla quale s'impose la condizione d'innalzarvi sopra 32 case, sussistite fino al 1808, non ostante l'ordine di abbatterle, dato nel 1787, tanto per queste come pel *pont au Change*, ecc.; marciapiedi e parapetti vi si sostituirono. Mette in comunicazione l'isola della *Cité* (città vecchia) colla via *de la Harpe*, ed è composto di quattro archi a tutto sesto; ha 59 metri di lunghezza, e 21 di larghezza.

Oltre ai ponti di cui abbiamo fatto parola, ve ne sono altri di minore importanza, che indicheremo sommariamente, solo per constatare la loro esistenza.

Piccolo Ponte di ferro, o Ponte SAINT-CHARLES.

I lavori d'incanalamento della Senna dovevano arrecare importanti modificazioni al ponte *Saint-Michel*, e per necessità la soppressione di quello di *Saint-Charles*, esclusivamente destinato un tempo al servizio dell' *Hôtel-Dieu*. Aveva avuto origine nel 1606.

PETIT-PONT.

Riunisce questo ponte il quartiere di *Saint-Jacques* colla *Cité* dalla parte dell' *Hôtel-Dieu*. È uno dei più antichi di Parigi, e formava nella sua origine, unitamente al *Pont-au-Change*, le due sole entrate che esistevano nella vecchia *Lutetia* del tempo dei Romani, come dicemmo alla pagina 1. Distrutto spesso dagli incendj o dalle inondazioni, fu rifatto in pietra nel 1719, e riedificato nuovamente nel 1853.

Ponte de la TOURNELLE.

Così chiamato da una antica torre che vi sussisteva del tempo di Filippo-Augusto. La sua prima costruzione è del 1614; la seconda del 1656. Comunica coll' isola di *Saint-Louis*, ed il *quai Saint-Bernard*, e mette capo al ponte *Marie*. È fiancheggiato da marciapiedi, largo 15 metri, e lungo 120. Fu oggetto d'importanti lavori nel 1845.

Ponte MARIE.

La costruzione di questo ponte è del 1614. Restò coperto di case fino al 1788. Mette in comunicazione il *quai des Ormes* coll' isola di *Saint-Louis*: ha cinque archi, ed una lunghezza di 34 metri, contro 14. Fu parimenti restaurato nel 1849, con lavori analoghi a quelli del *Pont-Royal*.

Ponte della CITÉ, o Ponte ROUGE.

Fabbricato nel 1804 in luogo dell' antico, posto più basso, e portato via da una escrescenza del fiume; comunica colla *Cité* e l'isola di *Saint-Louis*. È un ponte sospeso per uso de' soli pedoni.

Ponte della RÉFORME,
in passato Ponte *Louis-Philippe*.

Questo ponte, costruito nel 1834, è sospeso con corde di fil di ferro. Ha un pilone nel mezzo. Traversa i due bracci del fiume, ed unisce il *quai de la Cité* col *quai de la Grève*. Possono passarvi anche le vetture. Non ha nulla di elegante o di grazioso. Il passaggio che stabilisce fra le due isole ha reso inutile il ponte della *Cité*.

Quasi in faccia a questo ponte esisteva anticamente la casa di Eloisa, dove l'amante Abelardo restò vittima della vendetta di Fulberto di lei zio.

Ponte AU DOUBLE.

È addossato questo ponte ad un de' muri dell' *Hôtel-Dieu*. Ebbe origine nel 1634, e fu due volte rifabbricato. L'importante incanalamento del piccolo braccio della Senna necessitò la demolizione dell' antico ponte, ricostruito poi con nuovo sistema nel 1847. Unisce a *Nôtre-Dame* la via della *Boucherie*.

Ponte dell' ARCHEVÊCHÉ.

Si fabbricò nel 1827 a spese di una compagnia che ne esiggeva un pedaggio. Va dalla *Cité* al *quai de la Tournelle*, ed al prossimo ponte di Luigi Filippo.

Ponti di COSTANTINA e DAMIETTA.

Sono due ponticelli solidi ed eleganti destinati ai pedoni, che prima del 1848 pagar dovevano il pedaggio di cinque centesimi. L'uno è continuazione dell' altro, mettendo in comunicazione il *quai Saint-*

Bernard, l'isola di *Saint-Louis*, ed il *quai des Célestins*.

Mercato dei fiori,
quai Desaix.

La disposizione di questo locale colle due modeste ma graziose fontane, rendevano il presente mercato uno de' più belli e meglio forniti in tal genere, prima che un nuovo livellamento obbligasse ad abbatter le acacie che l'ombreggiavano. Oggi però vi sono state fatte nuove piantagioni, e regolarizzate le tende dei venditori.—Il mercato ha luogo il mercoledì, ed il sabato.

Mercato dei jambons (prosciutti).

In vista della sua specialità, questo mercato in ogni anno non ha che tre soli giorni di esistenza, nella Settimana Santa.

DECIMO CIRCONDARIO.

QUARTIERI :

INVALIDES, MONNAIES, MINISTÈRES, BABYLONE.

HOTEL DES MONNAIES (Zecca),
quai de Conti, n° 8.

Questo immenso palazzo, costruito nel 1771 ove esisteva l'antico *hôtel de Conti*, è per la sua importanza, estensione, e località, non che per la sua eleganza, belle proporzioni architettoniche, e ricchezza di ornati, uno de' stabilimenti più rimarchevoli di questa capitale.

La facciata principale sul *quai* è lunga 120 metri, e ne ha 29 di altezza. Si compone di due ali, e di un avancorpo a tre piani, ognun de' quali ha 17 finestre di fronte. Il pianterreno dell'avancorpo ha cinque arcate, con sopra sei colonne joniche scanalate, le quali sorreggono un cornicione con mensole, ed un attico ornato di festoni e statue allegoriche. La porta di mezzo, che serve d'ingresso principale, è riccamente decorata di scolture e dorature. Nel vestibolo stanno altre 24 colonne d'ordine dorico, parimenti scanalate : a dritta una magnifica scala, ricca pure di un gran numero di colonne doriche.

L'altra facciata sulla via *Guénégaud* è meno splendida di ornamenti, ma corrisponde ciò non ostante alla regolarità dell'insieme.

La pubblica nettezza apprezzata nel suo immenso valore dal governo e dagli abitanti di Parigi, fra le altre cose prescrive di ripulire, imbiancare, e riporre in conveniente stato entro assegnati periodi le facciate delle case in qualunque via della città, e per conseguenza togliere a quelle costruite di pietra la tinta bruna e cenerognola che il tempo v'impresse. È cosa certo benfatta che ciò si eseguisca sopra tutti quegli edificj che in arte non hanno importanza di sorta; ma raschiare (per farlo bianco) un magnifico monumento che ha molti intagli, cornici, colonne scanalate, e capitelli, e togliergli quella bella tinta pittorica datagli dal tempo, che lo fa essere più imponente e maestoso, è un fatto a cui non posso uniformarmi. Il palazzo di cui parliamo, ricco di tutte le suddette cose, fu ne' decorsi giorni raschiato e fatto bianco (io direi invece maltrattato). Il monumento più grande dei *quais* della riva sinistra della Senna non si riconosce più da quel che era in passato, resta invece confuso nell'immenso numero delle altre fabbriche che hanno subìto una eguale operazione.

La pianta di questo edificio presenta otto spaziose corti, circondate da locali aventi ognuno la sua particolare destinazione. Il cortile principale, di fronte al vestibolo d'ingresso, è lungo 40 metri e largo 31, viene circondato da un portico, il di cui peristilio, che ha quattro colonne doriche, conduce alla sala de' torchi, lunga 20 metri e larga 13, con colonne d'ordine toscano. Al di sopra v'è altra sala della medesima estensione, destinata agli aggiustatori: altre sale, non meno vaste, hanno parimenti la loro specialità.

Montando la grande scala si arriva al gabinetto di mineralogia, che occupa al primo piano il padiglione sulla gran facciata del *quai*. La decorazione di questo gabinetto è formata da 20 colonne corintie di stucco giallo antico, che reggono una vasta tribuna. Il gabinetto e gli annessi locali contengono pezzi di una immensa quantità di minerali, riuniti colla più gran cura dal celebre naturalista Lesage, fondatore di questo gabinetto, che lo destinava al museo del Giardino delle piante.

Il salone delle medaglie nella parte del palazzo in via *Guénégaud* conserva la più completa collezione delle medaglie battute da Francesco I fino ai nostri giorni. Benchè esistino molti stabilimenti ad uso di zecca in Francia, il dritto di coniar medaglie è riserbato a questa sola di Parigi. La collezione delle monete e medaglie qui riunita, è forse la più completa, ricca, e curiosa delle altre tutte che esistono in Europa.

Questo grande stabilimento è aperto al pubblico tutti i giorni dalle 10 alle 2 ore per il gabinetto di mineralogia, e per quello delle medaglie il martedì e venerdì solamente. Non si può entrare nei laboratoj senza un permesso del direttore, o di uno degli amministratori.

Palazzo dell' INSTITUT,
quai Conti.

Il luogo che occupa questo edificio è quello ove anticamente esisteva l'*Hôtel de Nesle*, sulla piazza del quale il cardinal Mazzarino fece costruire il collegio delle *Quatre-Nations* da lui fondato in principio per l'istruzione di sessanta gentiluomini appartenenti effettivamente a quattro differenti nazioni. Un tal collegio, che più tardi molto si estese, ha sussistito fino all'epoca della prima rivoluzione.

Il fabbricato, che sta di faccia al palazzo del *Louvre*, è di molto grandioso aspetto; la regolarità semplice e pittoresca del suo insieme gli dà un non so che d'imponente, che lo assomiglia ad un antico monumento. La sua facciata si compone di un avancorpo sormontato da una cupola collocata in mezzo a due ali che hanno termine con due grandi padiglioni. Al di sopra del peristilio dell'avancorpo è situato un oriuolo, illuminato la notte come quelli dell'*Hôtel-de-Ville*, e della Borsa. Le due ali presentano un portico con pilastri d'ordine corintio: una conduce alle sale particolari delle diverse accademie, ed alla biblioteca Mazzarina; l'altra all'antica chiesa delle quattro nazioni, oggi convertita in sala di pubbliche adunanze. I busti e le statue dei scienziati e celebri scrittori della Francia adornano la sala suddetta.

L'Istituto fu fondato dalla Convenzione Nazionale nel 1795, onde rimpiazzare l'Accademia francese, e quella delle Iscrizioni e Belle Arti, soppresse nel 1793. La dotta corporazione incominciò al *Louvre* a tener le sue sedute, e perciò venne quello chiamato palazzo delle Belle Arti, nome che conservò fino al 1806, epoca in cui Napoleone fece dono all'Istituto del palazzo Mazzarino di cui parliamo, e che tuttora possiede.

Con ordinanza reale del 1816, Luigi XVIII sostituì alle quattro classi dell'Istituto altrettante accademie distinte, sotto la denominazione: 1° Accademia francese; 2° Accademia reale d'Iscrizioni e Belle-Lettere; 3° Accademia reale delle Scienze; 4° Accademia reale delle Belle Arti. Luigi-Filippo, nel 1832, aggiunse all'Istituto una quinta accademia col titolo di Accademia delle Scienze Morali e Politiche.

La pubblica annuale seduta di tutte le classi riunite ha luogo il 1° di maggio di ogni anno; quella dell'Accademia delle Scienze, il primo lunedì del mese di novembre; delle Iscrizioni e Belle Lettere, nel mese di luglio; dell'Accademia Francese, il 9 agosto; e dell'Accademia delle Belle Arti, il primo sabato di ottobre. Per assistervi bisogna procurarsi il biglietto d'ingresso.

Il gabinetto di Architettura, fondato nel 1800, fa parte dell'Istituto; in esso si vede la riproduzione de' monumenti più interessanti dell' antichità greca, romana, egiziana, ecc. È aperto ogni dì da dieci ore alle tre.

Possono visitarsi i diversi locali in certe ore del giorno, diriggendosi al custode.

Biblioteca MAZZARINA,
al palazzo dell' Istituto.

Questa Biblioteca collocata ne' locali dell' Istituto, padiglion dell' est, ebbe origine nel 1648 per opera del cardinal Mazzarino; ed in qualche modo fu la prima che venisse aperta al pubblico, poichè in effetto la Biblioteca imperiale non lo fu innanzi del 1737. Il cardinale con suo testamento la legò al collegio delle *Quatre Nations* da lui istituito; ma non prima del 1688 si fece da Luigi XIV trasportare al locale destinatole, che occupa ancora oggi giorno.

Riunita con ogni cura dal dotto Naudé, a cui il cardinale ne aveva affidata la direzione, questa biblioteca si compone de' libri i più rari e curiosi; possiede inoltre una preziosa e considerevole collezione di modelli in bassorilievo degli antichi monumenti di Grecia e d'Italia.

Il numero de' volumi stampati, che in origine era di 40,000, oggi supera i 150,000, ed i manoscritti sono circa 4,000.

Può vedersi ogni giorno dalle ore 10 alle 4, eccetto il giovedì.

Palazzo delle BEAUX-ARTS,
via dei *Petits-Augustins*.

Nel modo stesso che tutti gli altri ordini religiosi esistenti in tal' epoca, il convento dei *Petits-Augustins* fu soppresso nel 1791. Ed allora i diversi locali di questo edificio servirono al deposito dei differenti oggetti d'arte tolti alle chiese ed ai castelli proscritti e devastati. Ma, dopo la Restaurazione, Luigi XVIII fece restituire alle chiese i diversi oggetti d'arte che loro appartenevano; di più, ordinò, nel 1819, che sul terreno dell'antico convento dei *Petits-Augustins* si eriggesse il monumento, che esiste tuttora, consacrato allo studio delle Belle Arti, per l'insegnamento della pittura, scultura, ed architettura, onde rimpiazzar così le antiche accademie di pittura e scultura fondate da Luigi XIV. La prima pietra di questo nuovo edificio fu posata il 3 maggio 1820, ma non fu interamente compito che nel 1839.

Un cancello di ferro dà ingresso ad una prima corte, ove è collocata una colonna di marmo rosso d'ordine corintio; ma bisogna passare nel secondo cortile onde vedere la facciata del palazzo, larga 80 metri, ed alta 20. Il pianterreno è di ordine toscano, ed il primo piano d'ordine jonico, sormontato da un attico. Il vestibolo è fatto ad arcate con colonne di marmo. La doppia scala che vi si trova, e che conduce al primo piano, è riccamente ornata ed incro-

ÉCOLE DES BEAUX ARTS.

stata di marmi. Le sale del primo piano sono ben decorate, ed in ogni anno vi ha luogo l'esposizione delle opere mandate dai pensionati di Roma. Le gallerie dal lato del nord sono destinate ai quadri, e quelle del sud all'architettura.

Nel secondo piano si conservano tutte le composizioni che hanno riportato il gran premio dell'Accademia.

Sette professori di pittura, e cinque di scultura presiedono ai studj degli allievi di queste due scuole; ed altri cinque sono parimenti incaricati per l'architettura. Inoltre, corsi speciali si fanno da parecchi altri professori. Nel mese di ottobre di ciascun anno si distribuiscono i premj ai giovani delle diverse scuole.

La bellezza dell'edificio, e le sue sale ricche di tanti oggetti d'arte, rendono quest'Accademia uno de' più segnalati stabilimenti della città.

Le gallerie sono aperte al pubblico il martedì, giovedì, e domenica, da mezzogiorno alle quattro.

Chiesa di SAINTE-CLOTILDE,
piazza *Bellechasse*.

La chiesa di S. Clotilde s'incominciò a fabbricare nel 1846, ed oggi (giugno 1855) è presso che condotta a termine.

L'architettura è di quel gotico stile che era in uso nel XIV secolo.

La pianta è a croce latina: l'abside è poligona: le due sagrestie stanno alle estremità della nave traversa, una per parte. Il coro è circondato da cinque cappelle, dedicata alla Vergine quella più spaziosa delle altre, che sta nel mezzo.

Si entra nella chiesa, alta otto gradini sopra il

piano esteriore, col mezzo di un atrio con tre grandi porte. Ai lati di questo portico s'innalzano due grandi torri, e nel mezzo di esso la tribuna dell'organo illuminata da un gran rosone.

Due altri rosoni stanno sull'alto del muro alle estremità della nave traversa, che verranno guerniti di vetri colorati nel modo stesso di tutte le altre finestre della chiesa.

La lunghezza di questo edificio è di 92 metri, la sua larghezza 38; le vòlte sono alte 26 metri, ed i campanili o torri 66.

Hôtel degl' INVALIDES.

È questa la più grande istituzione, il più bello e nobil pensiero che abbia mai potuto concepire un monarca. In effetto, è cosa degna di una gran nazione assicurare un ritiro dolce ed onorevole a que' bravi soldati, che i lunghi servigj, o le mutilazioni della guerra resero inabili all'esercizio di una professione, i quali, dopo aver versato il sangue per la loro patria, potrebbero trovarsi, senza un tal benefico asilo, ridotti alle privazioni, ed alla più orribile miseria.

Questo edificio, che forma l'universale ammirazione, si fondò da Luigi XIV nel 1670, ed è situato sulla sinistra riva della Senna, non lungi dalla Scuola Militare, in una località piacevole e salubre. Vi si arriva da una magnifica pianura circondata da verdure simmetricamente disposte, e tagliata da viali con folti alberi, che si prolungano in ogni lato dalla riva della Senna fin quasi alla porta d'ingresso del militare ospizio. L'esterna corte è circondata da una griglia, da fossi vestiti di muro, e da un terrapieno, sul quale si collocarono mostruosi cannoni prove-

HÔTEL DES INVALIDES.

nienti dalle diverse conquiste, il cui attuale ufficio è quello di annunciare alla capitale le pubbliche solennità. I piccoli giardini degl' invalidi, che occupano una parte della corte d'ingresso, e delle altre laterali, sono benissimo tenuti, e presentano un grazioso colpo d'occhio.

La fronte dell' *hotel*, dalla parte della spianata, ha una estensione di 204 metri, con tre piani illuminati da 133 finestre, due padiglioni, ed un avancorpo con alta porta nel mezzo, coronata da un frontone semicircolare, sul quale sta in basso rilievo scolpito a cavallo il benefico suo fondatore. I gruppi di bronzo, collocati innanzi ai padiglioni, che rappresentano prigionieri incatenati, provengono dal monumento che s'innalzò a Luigi XIV sulla piazza delle Vittorie. Dall' avancorpo si penetra nella corte reale che ha la superficie di circa 6,650 metri quadrati, circondata da due portici uno sull'altro. Dalle gallerie, che stanno sotto queste arcate, si va alle cucine, ai refettorj, e dormitorj de' soldati invalidi. I curiosi visitano di preferenza le cucine per veder le due famose marmitte, entro le quali si posson cuocere 600 chilogrammi di carne, il cui nome è per così dire divenuto proverbiale. Osservando i refettorj ed i dormitorj, si acquista una giusta idea dell' ordine, regolarità, e minuziosa nettezza che osservasi in questo immenso stabilimento.

Traversando direttamente il cortile reale si giunge alla porta della grande cappella, dove si conservano tutte le bandiere conquistate su i nemici della Francia: le vòlte della cappella ne sono ricoperte in tutta la loro estensione.

Vedesi quindi l'altare col suo ricco baldacchino, sormontato da un globo sopra sei colonne contorte, ornate da pampani e foglie dorate. Nella cappella di

S. Girolamo, che fa parte della cappella grande, si deposero provvisoriamente le spoglie mortali di Napoleone dopo il loro arrivo dall'isola di Sant' Elena, e li stanno aspettando che sia portata a compimento la tomba, di cui parleremo fra poco.

La facciata principale dell'edificio, che è quella della chiesa, guarda i viali che metton capo a diverse barriere della città. Il portico è di una gran magnificenza, composto di due ordini sovrapposti, cioè dorico e jonico, l'ultimo coronato da un frontone triangolare di bell'effetto. La cupola degl'invalidi, che scorgesi tanto da lungi, e che, fra tutti gli edificj di Parigi, è quello che ferma sempre gli occhi dello straniero, è uno dei capi d'opera di Mansard, il quale v'impiegò quasi trent'anni per costruirla: è coperta di piombo dorato riccamente scolpito; ma le sue dorature hanno oggi perduto il loro splendore. L'ardita disposizione delle due cupole, una sovrapposta all'altra, e sostenute da otto arcate, è certamente degna di ammirazione. Le pitture che accrescono la bellezza di questo tempio sono di Jouvenet, Boullogne, Lafosse, e Coypel. Le tombe di Vauban e di Turenne, una rimpetto all'altra, sono lavori dei fratelli Etex, Micchele Corneille, e Girardon.

Pagando una piccola retribuzione all'invalido che ha la cura di condurvi, si sale sulla cupola fino alla lanterna, per vedere il più bel panorama di Parigi e delle circostanti città e campagne.

Possono egualmente visitarsi, sull'alto degli edificj a destra, parecchie sale che contengono la preziosa ed interessantissima collezione delle piante in rilievo e molto esatte delle principali città forti della Francia: bisogna però munirsi di un permesso del governatore.

L'*Hôtel des Invalides* è posto sotto la sorveglianza speciale del ministro della guerra. Il più antico maresciallo di Francia n'è ordinariamente il governatore. Il suo consiglio di amministrazione è composto di militari del più alto grado, e di altri personaggi eminenti. I più distinti medici dell'armata vi curano i malati, assistiti dalle Sorelle della Carità. Questo onorato asilo mantiene dai 4 ai 5000 vecchi soldati di ogni grado.

Una biblioteca fa parte dello stabilimento: la fondò Napoleone, e possiede circa 17 a 18,000 volumi, che trattano di teologia, giurisprudenza, strategica, e letteratura. Vi sono anche dei manoscritti di Sully e di Colbert, ed altri non meno importanti a consultarsi. È collocata al primo piano del padiglione centrale della facciata del nord.

L'ingresso nell'*Hôtel* ha luogo tutti i giorni dalle 10 alle 4 ore.

SEPOLCRO DI NAPOLEONE.

Ponendoti sotto la cupola dell'*Hôtel des Invalides* vedi l'altare di S. Luigi interamente rinnuovato. Le colonne a spira, e la balaustra sono di marmo antico. Il corpo dell'altare è di marmo verde delle Alpi frammischiato a marmo nero di Dinan. La sommità del baldacchino, e le contorte colonne sono di legno scolpito e dorato.

A dritta ed a manca della cripta si osservano i sepolcri di Turenna, e di Vauban.

Dietro l'altare di S. Luigi una scala di marmo bianco venato conduce alla cripta, la di cui porta par custodita dalle due tombe di Duroc e di Bertrand.

Due cariatidi in marmo fiorentino, opera di Duret, fiancheggiano la porta che conduce al sito ove sarà deposto il corpo; una tiene la corona di Carlomagno, l'altra quella d'Italia: un'aquila in ismalto colle ali spiegate ne compie l'ornamento. La forma della cripta è circolare; nel mezzo sta collocato il sarcofago di porfido di Russia, il di cui coperchio ha l'enorme peso di 75 mila libbre.

Sul marmo nero che circonda il mausoleo si leggono i nomi delle principali battaglie vinte dall'imperatore. Una immensa corona di alloro in ismalto con raggi formati da marmi di colori diversi, fra quali domina il giallo antico, ne forma cerchio.

Una galleria circolare sostenuta da dodici cariatidi alte dodici piedi, nella quale son collocati dodici bassi rilievi in marmo di Carrrara, scolpiti da Simart, ed altri distinti artisti, circonda la cripta. I suddetti bassirilievi ricordano le glorie amministrative, che hanno fatto immortale Napoleone forse più delle sue strepitose vittorie: e sono; l'*Istruzione pubblica*; il *Concordato*; il *Consiglio di Stato*; il *Codice Napoleone*; l'*Amministrazione francese*; la *Pacificazione universale*; la *Creazione della Corte dei Conti*, ecc. Il bassorilievo che rappresenta il *Codice Napoleone* è lavoro di Simart; quello della *Creazione della Corte de' Conti* è di Petit. Nel mezzo di questo bassorilievo vedesi Napoleone che allontana l'Ignoranza, la Fraude, e l'Ipocrisia, innalzando la Giustizia, la Verità, e la Contabilità.

I lavori sono stati diretti dal nostro connazionale Visconti, mancato ai vivi nel decorso anno.

La tomba di Napoleone può visitarsi nel giovedì, da mezzogiorno alle ore tre.

SCUOLA MILITARE,
di rimpetto al *Champ-de-Mars*.

Il vasto stabilimento della Scuola Militare fu costruito nel 1451, per ordine di Luigi XV, ad oggetto di stabilirvi una scuola marziale per 500 fanciulli di

nobili famiglie povere, o che i loro padri fossero restati estinti su i campi di battaglia. La costruzione dell'edificio è bene ordinata, regolare, e ricca di molti ornati. Completamente isolato, e posto in luogo pittoresco, appare di molto ridente aspetto, specialmente osservandolo dal ponte di Iena, o da Campo di Marte, la cui mirabile estensione ne fa meglio apprezzar la bellezza.

L'avancorpo della facciata che guarda il Campo Marzio è decorato da sei colonne corintie, che occupano l'altezza dei due piani, e sostengono un attico ornato di bassirilievi, dietro il quale s'innalza una cupola che corona l'edificio, in cui fu stabilito un osservatorio fin dal 1788.

Il vestibolo del pianterreno di questo corpo principale di fabbrica è ornato da colonne doriche, e conduce alla corte, ove un tempo vedevasi la statua di Luigi XV. A dritta del vestibolo sta una bella scala che mena ai grandi appartamenti; a sinistra la cappella. La sala del consiglio al primo piano è ornata di pitture allegoriche, e tutte le parti dell'edificio, separate da molti cortili, erano destinate in origine ad alloggio degli allievi, e de' professori, alle sale di studio, ed ai diversi servizj della Scuola. In una delle corti esiste una macchina idraulica d'ingegnosa invenzione dei sigg. Laurent e Gilleron, la quale collocata sopra quattro pozzi coperti, fornisce acqua in abbondanza, mediante tubi di piombo, a tutte le parti dello stabilimento.

Il grande ingresso dalla parte della campagna è chiuso da un cancello con fosso, innanzi al quale è piantato un bel viale, che conduce fino alla via di *Sèvres*.

Sotto il tempo della prima rivoluzione la Scuola Militare servì da caserma e magazzino di farine; in tempo dell'impero vi stette la guardia imperiale; nella Restaurazione l'occupò la guardia reale; dopo il 1830 servì di caserma a parecchi reggimenti; ed oggi vi è di nuovo ritornata la guardia imperiale.

Il pubblico non si ammette a visitar questo stabilimento senza il permesso del comandante della prima divisione militare, il di cui *hôtel* sta sulla piazza *Vendôme*.

Il CAMPO DI MARTE.

È un immenso quadrilungo della estensione di 900 metri contro 350. Dalla Scuola Militare prolungasi fino alla riva della Senna, ed al ponte di Iena; è circondato da un fosso, da viali spaziosi a doppia fila di alberi, e da un terrapieno a scarpa.

Il Campo di Marte rammenta, pel suo nome, le antiche adunanze militari dei primi franchi. Innanzi la rivoluzione del 1789 serviva agli esercizj degli allievi della Scuola Militare, ed alle manovre di diversi reggimenti d'infanteria. Dopo quell'epoca è divenuto celebre per le cerimonie politiche, e le feste rivoluzionarie di cui n'è stato il teatro. La più memorabile delle altre fu la Federazione del 14 luglio 1790, alla quale tutta Parigi, nel suo entusiasmo, volle assistere, per esser testimone del giuramento che Luigi XVI andava a prestare alla nuova costituzione. In tutta l'epoca rivoluzionaria vi si celebrarono successivamente gli anniversarj del gran giorno della Federazione, del 10 agosto, le feste della Ragione, dell'Essere Supremo, ecc. Presentemente il Campo di Marte è consacrato alle manovre, ed alle grandi riviste militari, come alle corse di cavalli, che hanno luogo in primavera ed autunno.

CHAMBRE DES DÉPUTÉS.

Palazzo del CORPO LEGISLATIVO,
via dell' *Université*, n° 116.

Con disegno di Girardini si fece dalla duchessa di Borbone costruire questo edificio nel 1722, che divenne poi proprietà del principe di Condé, il quale vi fece eseguire grandi miglioramenti. Restato senza padrone nella rivoluzione del 1789, fu nel 1795 assegnato al Consiglio dei Cinquecento, surrogato sotto l'impero dal Corpo Legislativo: nel 1814 fu il palazzo restituito al principe di Condé, che lo affittò alla Camera dei deputati per 124,000 franchi annui. Ai 23 di luglio 1827 lo acquistò lo Stato mediante la somma di 5,500,000 franchi. Nel 1848 vi siedette l'Assemblea nazionale; ed oggi è tornato nuovamente ad occuparlo il Corpo Legislativo.

Il peristilio di faccia al ponte della *Concorde* e della *Madeleine* si costruì nel 1804.

La facciata principale sulla via dell' *Université*, disegno di Girardini, è senza dubbio la più bella. La porta, felicemente collocata nel centro di un colonnato d'ordine corintio, mette capo a due belli padiglioni; la vasta corte, circondata da costruzioni di bell'effetto, finisce con un portico a colonne scanalate, che conduce alla sala delle sedute. L'assieme di questa facciata è degna, in una parola, dell' intero monumento, e della sua importante destinazione.

La facciata dalla parte del *quai* è parimenti assai rimarchevole pel suo maestoso portico di dodici colonne corintie basate sopra una larga ed alta scalinata di trenta gradini, coronate da un frontone triangolare con sculture allegoriche. Sullo stilobate del grand'ordine vi si collocarono due statue rappresentanti Temi e Minerva, che dettero motivo ad un bello spirito di dire, che la Camera dei Deputati avea creduto suo dovere di metter fuori della porta la Saggezza, e la Giustizia. Le statue colossali che si trovano nel basso ed innanzi al portico sono quelle di Sully, Colbert, l'Hôpital, e d'Aguesseau, che meglio si sarebbe fatto, continuando la critica, di situarle nell'interno della Camera, onde i ministri e gli oratori, avendo costantemente innanzi agl'occhi i simulacri di questi illustri uomini di stato, si sentissero spinti ad imitarne i buoni esempj.

Nell'interno la sala delle sedute è a livello colla piattaforma del peristilio: illuminata nel giorno dalla luce che viene dall'alto, la sera è rischiarata da una magnifica lumiera. Questa sala si distende in forma di semicerchio con sedili a spalliera pe' deputati, posti attorno in anfiteatro; ha un colonnato e tribune destinate ai diversi corpi dello stato, ed a personaggi distinti; come anche altre pe' giornalisti e pel pubblico: pitture e bassirilievi ne compiscono l'ornamento; nel centro v'è la famosa tribuna degli aringatori.

La sala delle Conferenze, quella delle Guardie, l'altre dei *Pas-Perdus*, e delle Distribuzioni, la Biblioteca, e le stanze ove stanno gli uffici, sono tutte osservabili per la eleganza dei loro ornamenti, e per le pitture che le decorano.

Il presidente del Corpo Legislativo occupa l'antico palazzo Bourbon, che vi è annesso, aumentato recentemente da altre costruzioni magnifiche.

L'interno del palazzo può esser visitato tutti i giorni dai forastieri, diriggendosi ai questori, ed anche al *concierge*.

La biblioteca dell'Assemblea Nazionale si compone di circa 50,000 volumi, e vi si trova la collezione di tutte le leggi e processi verbali delle Assemblee Legislative, e molte altre opere importanti.

Se si brama entrare in questa biblioteca bisogna diriggersi ai questori, ovvero al bibliotecario con dimanda in iscritto.

Nuovo Hôtel del ministero degli affari esteri,
via dell' *Université*.

Questo *Hôtel* s'incominciò circa dodici anni indietro, ed ora vi si è trasportata l'amministrazione dell' importante ministero, che occupò per lungo tempo l'*Hôtel des Capucines*. Non ne daremo alcuna particolare descrizione, contentandoci solo di dire, che gli *amenagements* sono vasti e ben distribuiti, che splendida è la parte occupata dal ministro, e belli gli appartamenti.

Palazzo della LÉGION-D'HONNEUR,
via di *Lille*, n° 10.

Il bell' edificio di cui ci occupiamo, costruito nel 1786, fu destinato nella sua origine ad abitazione del principe di Salm-Salm, che fu una delle vittime della prima rivoluzione. Acquistato da Napoleone nel 1804, fu da lui donato all' Ordine della Legion d'Onore, che aveva istituito nel 1802. Dopo tal' epoca vi si stabilirono gli uffici della cancelleria.

L' edificio è di bene ordinata architettura. La porta d' ingresso ha la forma di un arco trionfale, decorato da colonne joniche, bassirilievi, e statue. Gallerie dell'ordine medesimo, a dritta e sinistra, conducono a due padiglioni ove stanno gli uffici. Un peristilio d' ordine jonico, ornato di busti, circonda la corte, e finisce in una facciata con colonne corintie. Dal lato del *quai d'Orsay* vedesi nel centro un padiglione circolare con colonne dell' ordine medesimo, che sostengono una balaustra ricca di sei statue. Gli appartamenti sono decorati con gusto ed eleganza. Il salone principale è in forma di rotonda, innanzi a cui trovasi un giardino con terrazza sporgente sul *quai*.

Gli uffici della Cancelleria sono aperti al pubblico dalle 2 alle 4 ore.

Non vi è bisogno, se si vuol visitar l'edificio, che diriggersi al *concierge*.

PALAZZO DEL QUAI D'ORSAY.

Fu incominciato questo palazzo negli ultimi anni dell'Impero, continuato sotto la Restaurazione, e condotto a termine nel regno di Luigi-Filippo. Destinato in principio al ministero degli affari esteri o a quello dell'interno, si destinò in fine all'esposizione dei prodotti dell'industria; ma nè l'uno nè l'altro di questi progetti si effettuò. Alla fine vi si stabilì il Consiglio di Stato, e la Corte dei conti.

L'insieme di questo monumento è del più grazioso aspetto, e la sua architettura è di un gusto eccellente. Le interne disposizioni sono parimenti ben distribuite. L'ingresso principale è sulla via di *Lille*, gli altri due stanno nella strada di *Poitiers*, ed in quella di *Belle-Chasse*. La corte, sulla via di *Lille*, è circondata da quattro edifici. La facciata dal lato del fiume presenta una fronte con gran numero di finestre, separate da diecinnove archi con colonne d'ordine toscano, al di sopra delle quali stanno altre colonne joniche, e la parte superiore è di ordine corintio. L'edificio è separato dal giardino con un cancello che si estende in tutta la sua lunghezza.

All'interno bisogna osservare la sala del Trono, quelle del Comitato del commercio, del Comitato dell'interno, e delle adunanze amministrative, tutte decorate con gran ricchezza.

L'erezione di questo monumento costò più di 12 milioni di franchi.

Corte dei Conti.

Le attribuzioni di questa Corte consiste nell'esame e verifica dei conti dei diversi agenti contabili della Francia. La Corte si compone di un presidente, tre vice-presidenti, e dodici referendarj; più settanta consiglieri referendarj incaricati di fare alla Corte i loro rapporti su i diversi conti di tutti gli agenti contabili.

Consiglio di Stato.

Il Consiglio di Stato ebbe origine sotto l'impero, e dopo la rivoluzione del 1848 fu riorganizzato con una legge del marzo 1849. È il supremo tribunale della pubblica amministrazione. Si compone di un presidente, 40 consiglieri, 25 referendarj, e 24 uditori, un segretario generale, ed un segretario del contenzioso. È diviso in tre sezioni, che sono: legislativa, amministrativa, e finalmente la contenziosa amministrativa.

Cassa d'ammortizzazione, depositi e consegne,
via di *Lille*.

Quest'amministrazione, che ha per principali funzionarj un direttor generale, un sotto-direttore, ed un tesoriere, è diretta da una commissione di sorveglianza nominata dal governo ogni tre anni, di cui fa necessariamente parte il presidente della Corte dei conti, il governator della Banca, ed il presidente delle Camera di commercio.

La Cassa di ammortizzazione è specialmente destinata per tutte quelle operazioni, che hanno per oggetto la riduzione del debito pubblico.

La Cassa dei depositi e consegne riceve tutte le somme che devono servire di saldo ai conti in controversia, sotto forma di offerte reali, cauzioni, o a semplice titolo di deposito, sia dai particolari, sia dagli agenti contabili. L'interesse di queste somme è pagato in ragione del tre per cento all'anno, a contare da due mesi dopo effettuato il deposito.

Le fabbriche destinate a questa amministrazione, via dell' *Oratoire*, essendo state demolite per il prolungamento della strada di *Rivoli*, si dovette trasportarla in via di *Lille*.

Fabbrica de' Tabacchi,
quai d'Orsay, n° 57.

Questo stabilimento di molta importanza, merita di essere osservato per i suoi interni dettagli. Per rapporto all'architettura non ha alcun merito.

Museo di Artiglieria,
piazza di *Saint-Thomas-d'Aquin*.

Il presente museo si compone di una vasta e ricca collezione di armi, armature, e macchine di guerra, dai più remoti tempi fino ai nostri giorni. Vi sono anche in rilievo le piante delle più importanti fortezze della Francia.

Queste diverse collezioni stanno divise e classificate in cinque grandi gallerie, una delle quali contiene le antiche armi difensive, cioè armature, elmi, scudi, cotte di maglia, ecc.; e le altre quattro, le armi offensive, i modelli di tutti i sistemi di artiglieria, e di tutti gl'istrumenti ad essa inerenti. Il più prezioso circa le armi da fuoco, sia per la bellezza del lavoro, la ricchezza degli ornamenti, o la singolarità delle forme ed importanza del lavoro, sta chiuso in tre grandi armadj con cristalli nelle medesime gallerie : quindi i modelli di tutti gli affusti, bocche da fuoco, macchine e carri usati nell'artiglieria in tutti i tempi.

Il museo è aperto al pubblico il giovedì da mezzogiorno alle quattro, previo però un permesso del direttore.

Una singolarissima biblioteca fa parte di questo stabilimento.

Chiesa di SAINT-THOMAS-D'AQUIN,
piazza dello stesso nome.

In origine non era che una cappella, sulla quale si costruì, nel 1683, la chiesa attuale, compita nel 1740. Apparteneva ai domenicani riformati. La facciata ha colonne doriche e joniche sovrapposte, ma di proporzione gracile e meschina; grandi pilastri corintii l'adornano nell'interno, e sostengono una cornice ricca di modanature; le sculture in legno del coro sono di buon lavoro; le pitture a fresco del soffitto eseguite da Lemoine, rappresentano la Trasfigurazione; sull'altar maggiore vi è un bel quadro di Guillemot, che figura una Gloria circondata da nuvole, e cherubini. In una cappella a dritta v'è la statua della Vergine, e in un'altra a sinistra quella di S. Vincenzo de' Paoli.

Chiesa di SAINT-FRANÇOIS-XAVIER,
o delle Missioni straniere,
via *du Bac*, n° 120.

Il presente edificio, fondato nel 1603, apparteneva al convento delle Missioni straniere, istituite per la propagazione della fede cristiana presso gl'infedeli. Si ricostruì nel 1683, e venne molto abbellito; l'altar maggiore ha un bassorilievo che rappresenta la Fede, la Speranza, e la Carità. Appartiene ai Missionarj Lazzaristi.

Chiesa di SAINT-PIERRE-DU-GROS-CAILLOU,
via di *Saint-Dominique.*

Questa chiesa, di grandissima semplicità, fu costruita nel 1822. La sua facciata ha colonne toscane; quelle che esistono nell'interno sono del medesimo ordine; il rimanente ha poca importanza.

Chiesa dell' ABBAYE-AUX-BOIS,
via di *Sèvres*, n° 16.

L'abbazia *aux-Bois* era un antico monastero di monache cisterciensi, soppresse nel 1790. Il suo nome gli venne dal 1207, epoca della sua prima fondazione, nella quale il convento eretto nella diocesi di Noyon, trovavasi fabbricato in mezzo ai boschi. La chiesa in via di *Sèvres* non rimonta che al 1718. Non ha alcuna particolarità se si eccettua un Cristo di Lebrun.

Chiesa di SAINTE-VALÈRE,
via di *Grenelle-Saint-Germain*, n° 142.

È una piccolissima chiesa senza alcun ornamento fondata per le figlie penitenti nel 1704.

Prigione Militare,
via del *Cherche-Midi.*

Si fabbricò recentemente per surrogar l'altra dell' *Abbaye,* demolita a cagione di livellamento.

Di nuda architettura, non offre per conseguenza materia a descrivere. Tanto per i materiali adoperativi, quanto per la sua posizione in un arioso quartiere, la prigione è sana.

Ospizio delle Ménages,
via della *Chaise*, n° 28.

È questo l'antico ospitale delle *Petites-Maisons*. Presentemente è di rifugio alle povere serve, o ad individui celibatarj o vedovi di avanzata età e di limitate risorse, i quali, mediante una piccola pensione, possono finirvi tranquillamente i loro giorni. Per esservi ammessi, gli uomini devono avere almeno 70 anni, e le donne 60. Il prezzo, da pagarsi una sola volta, è di 1,000 franchi per essere alloggiato ne' dormitorj, e di 1,600 per abitare una camera particolare. Ogni pensionario riceve una libbra ed un quarto di pane tutti i giorni; ogni dieci giorni una libbra di carne cruda, e 3 franchi in danaro; ed in ogni anno una certa quantità di legna e carbone.

Lo stabilimento ha 6 in 700 letti, 220 de' quali ripartiti in 14 dormitorj, ed il resto in camere separate. L'assistenza viene prestata dalle Sorelle della Carità.

Il forastiero vi può entrar tutti i giorni.

Ospedale dei fanciulli malati,
via di *Sèvres*.

Era stata questa casa destinata agli orfanelli; ma dopo il 1802, si convertì in ospitale per i fanciulli al di sotto di 15 anni. Più di 600 vi si ne possono ricevere e curare.

Ospedal militare del GROS-CAILLOU,
via di *Saint-Dominique*, n° 212.

Quest'ospedale è assai circoscritto, potendo contenere appena 100 a 150 malati; vi regna però grande ordine e molta nettezza. Le cure ed i trattamenti sono migliori di tutti gli altri stabilimenti in tal genere.

Oltre agli ospedali di sopra indicati, esistono in questo decimo Circondario altri stabilimenti di pubblica beneficenza, cioè

Ospedale della CHARITÉ,
via *Jacob*, n° 48.

Si fondò nel 1613 dai Fratelli della Carità, ordine religioso che non esiste più. Contiene quest'ospedale circa 400 letti destinati a persone affette da malattie più o meno rare.

Ospedale NECKER,
via di *Sèvres*, presso la barriera.

Contiene 140 letti.

Ospizio d'ENGHIEN,
via di *Babylone*, n° 12.

Fondato nel 1817 dalla duchessa vedova di Bourbon, contiene 100 letti, 60 per gli uomini, e 40 per le donne.

Scuola dell'ETAT-MAJOR,
via di *Grenelle-Saint-Germain*, n° 138.

Qui vengono educati i giovani per lo stato-maggiore dell'armata. Il termine de' loro studj è di due anni. Quando hanno soddisfatto al loro esame sono creati sottotenenti, ed attaccati ad un reggimento d'infanteria o di cavalleria per completarvi l'istruzione pratica.

Istituzione dei giovani ciechi,
boulevart degl' Invalides.

Il sig. Haüy, nel 1791, fondò questa istituzione, in cui si ammettono i giovani dai 10 ai 14 anni di età, dando loro una accurata istruzione. Gli s'insegnano le lingue viventi, la matematica, la musica, ecc., nonchè alcune professioni manuali esercibili senza il soccorso della vista.

Ne' pubblici esercizj eseguiscono a perfezione dei pezzi di musica diretti da professori eccellenti.

Al presente contiene questo stabilimento circa 250 alunni. Per visitarlo, ed assistere ai di loro esercizj, bisogna diriggersi al direttore.

Fontana EGYPTIENNE,
via di Sèvres.

È di una grande semplicità architettonica questa fontana. Si compone unicamente di una porta di tempio egiziano, sormontata da un'aquila. Nel mezzo v'è una statua egizia, che versa l'acqua da un vaso nel bacino semicircolare.

Fontana di GROS-CAILLOU,
via di Saint-Dominique, di faccia all' ospital militare.

Questa fontana, costruita nel 1813, rappresenta la dea Igia, che soccorre i soldati feriti. I delfini gettano acqua ne' vasi sormontati dal serpente di Esculapio. Ingegnosa allegoria.

Fontana di LEDA,
via del *Regard*.

Eretta questa fontana nel 1806, si decorò con un bassorilievo rappresentante Leda e Giove in forma di cigno. Scultura bene eseguita dal Sig. Valois.

Fontana di GRENELLE,
via di *Grenelle-Saint-Germain*, n° 57.

È questa senza dubbio una delle più belle fonti di Parigi. Cominciata nel 1739, si compì nel 1745.
In effetto è il capo d'opera di Bouchardon, il quale non solamente ne fece il disegno, ma scolpì tutte le figure, i bassirilievi, ed una parte degli ornamenti. La composizione è ricca ed ingegnosa, e l'effetto che produce è assai seducente. La sua facciata s'innalza sopra un piano semicircolare; nel mezzo sta un avancorpo di quattro colonne joniche accoppiate, e coronate da un frontone. La figura principale, assisa e coperta da un manto, rappresenta la città di Parigi, avente a dritta ed a manca, ma collocate più basse, due altre statue simboleggianti la Senna e la Marna, che le presentano i prodotti delle diverse stagioni, parimenti rappresentate con figure allegoriche. Analoghi bassirilievi son collocati nella parte inferiore.
Restò per lungo tempo inattiva questa fontana, ma quando la pompa a fuoco di *Gros-Caillou* potè dargli alimento, funziona senza interruzione, e somministra acqua abbondante a tutto il quartiere.

Macello di GRENELLE,
alla barriera di *Sèvres*.

Questo ammazzatojo, che, per la sua costruzione

ed interne disposizioni, poco differisce da quelli da noi descritti, fu dall'architetto Gisors costruito nel 1802.

Pozzo artesiano,
presso l'ammazzatojo di *Grenelle*.

Incominciato nel 1833 dai sigg. Mulot padre e figlio, non fu compìto che nel 1851, dopo aver perforato una profondità di 560 metri. Una tale operazione che presentava delle gravissime difficoltà, ebbe finalmente il risultato che se ne sperava; e difatti, la quantità di acqua somministrata da questo pozzo zampillante è di circa 4,320 metri cubi per giorno, e serve ad alimentare il serbatojo de l'*Estrapade*, ove si versano parimenti le acque d'*Arcueil*.

L'orificio del condotto, che ha un tubo di latta galvanizzata, è di 55 centimetri di diametro, e l'opposta estremità 18 soltanto.

PALAIS DE JUSTICE.

UNDECIMO CIRCONDARIO.

QUARTIERI:

LUXEMBOURG, PALAIS-DE-JUSTICE, ECOLE-DE-MÉDECINE, SORBONNE.

PALAIS-DE-JUSTICE.

Il Palazzo di Giustizia, situato nella *Cité*, è, per l'antichità di alcune delle sue parti, e per i fatti storici che ricorda, uno de' più importanti monumenti di questa capitale.

Ugo Capeto, primo re della terza dinastia, vi stabilì la sua dimora, continuata da' suoi successori fino a Carlo V, che lo abbandonò per abitare *l'Hôtel Saint-Pol* da lui costruito. Il Palazzo di Giustizia, così chiamato perchè gli antichi re rendevano giustizia nell' interno del loro proprio palazzo, non era in origine che un ammasso di grosse torri, messe con gallerie in comunicazione una coll' altra. Questa dimora reale fu da S. Luigi e da' suoi successori restaurata, e considerabilmente ingrandita. Le due torri, il cui tetto a cono scorgesi dalla parte del *quai*, che formano attualmente l'ingresso principale alla prigione chiamata *de la Conciergerie*, datano dal regno di Filippo-Augusto. La torre quadrata, conosciuta col nome di *Tour de l'Horloge*, che s'innalza sulla linea medesima all'angolo del palazzo, appartiene all'antica architettura; e nel basso di questa ha esistito per tanto tempo il magazzino dell'ingegnere Chevalier, il di cui termometro esterno serviva di norma a tutti i passaggieri. La torre conserva tuttora quel famoso oriuolo fabbricato nel 1370 da un tedesco, fatto venire espressamente da Carlo V, oggi tanto riccamente restaurato, che fu il primo di una tal dimensione che si vedesse a Parigi. La lanterna di questa torre conteneva un tempo la famosa campana d'allarme, chiamata *tocsin*, la quale non mettevasi in movimento che quando moriva il re, o nasceva l'erede del trono; ciò non ostante venne derogato a quest'unico uso in deplorabilissima circostanza. Il 24 agosto 1572 il suono di questa fatale campana era stabilito per segnale del massacro della *Saint-Barthélemy*. Unitamente a molte altre cose, fu questa disfatta nella rivoluzione del 1789.

Un tempo, nella gran sala di questo palazzo, distrutta da un incendio nel 1618, i re vi ricevevano gli ambasciatori, vi davano delle pompose feste, e vi celebravano le nozze dei principi e principesse di regio sangue. Era ornata dalle statue dei loro avi che avevano regnato in Francia dall'origine della monarchia. Ad una delle estremità di questa sala magnifica vi era un'immensa tavola di marmo, divenuta famosa; gl'imperatori, i re, i principi del sangue, i pari del regno, e le loro spose, per lungo tempo ebbero essi soli il privilegio di assidervisi. Più tardi, servì di teatro, o a meglio dire, di cavalletto, alle rappresentazioni dei *Mystères et Sotties*, della *Mère folle*, e del *Prince des Sots*, come anche a delle farse, e satiriche buffonate dei *clercs de la basoche* (1).

La nuova gran sala del Palazzo, che oggi chiamasi la sala dei *Pas-Perdus*, fu immediatamente ricostruita dopo l'incendio della prima, e compiuta nel 1622.

Fino al 1787, l'ingresso del Palazzo consisteva in due piccole porte, molto simili ai sportelli d'una prigione, che aprivansi sulla oscura e tortuosa via della *Barillerie*, ricettacolo di lordure e di miseria.

« Nel marzo del 1599, dice Saint-Foix, il Parlamento fece fare un montatojo di pietra nel cortile di *Mai*, onde gli antichi presidenti e consiglieri potessero più agevolmente montare su i loro muli o cavalli nell' uscire dall' udienza. Un consigliere offriva allora al confratello la groppa del suo cavallo, oggi invece gli dà un posto nella sua carrozza. » Quindi soggiunge « Presentemente ci sembrerebbe cosa singolarissima veder due magistrati in robone e collare sopra lo stesso ronzino, come i figli d'Aimone. Al certo non era questo un fastoso treno; ma abbiamo nello stesso tempo una prova ben grande della coraggiosa fermezza adoperata nelle deliberazioni, quando si trattò di difendere i diritti di sangue dei nostri sovrani. Mettiamoci innanzi agl' occhi la città, abbandonata al fanatismo ed ai Sedici, che non respiravano altro che massacri, e nuovi assassinj; non dimentichiamo che allora il Parlamento era senza ajuto e senza difesa, circondato da questi uomini sitibonti di sangue: ebbene, egli sfida il loro furore, nulla lo avvilisce, il

---

(1) Nome di un tribunale stabilito altre volte in Parigi per giudicare i litigj che insorgevano fra i curiali.

18 giugno 1593 pronuncia il decreto per l'osservanza della legge Salica, salva lo Stato, e ci restituisce il migliore dei re. Scorriamo tutte le nostre storie, e non vi troveremo certamente dei fatti che più di questo ci appalesi una divozione senza limiti al bene della patria, ed alle leggi della giustizia e dell'onore.»

L'ingresso attuale del Palazzo di Giustizia è magnifico: sparirono le case che ingombravano la via e la piazza *de la Barillerie*, e d'innanzi la facciata, di gusto moderno, v'è una spaziosa corte chiusa da un bel cancello. Colonne doriche, e figure rappresentanti la Giustizia, la Prudenza, e la Forza, adornano la facciata suddetta. Una spaziosa scala conduce alla gran sala dei *Pas-Perdus*, la più grande che esista in Francia. Se questa sala non offre più quell'interesse che gli dava il suo antico splendore, e la sua tavola di marmo, è però sempre un luogo importante per la sua estensione, ed è rimarchevole per la presente sua destinazione. Ha 222 piedi di lunghezza sopra 84 di larghezza; si divide in due navate col mezzo di una fila di colonne ed archi, che sostengono le vòlte fatte in pietra da taglio; riceve luce da grandi finestre alle estremità delle navate, ed occhi di bue della vòlta stessa; e finalmente è adornata dalla statua di Malesherbes maestosamente scolpita. È questa sala il *rendez-vous* obbligato dei procuratori, avvocati, e curiali in toga, i quali vi passeggiano in compagnia dei disgraziati litiganti che seguono i loro passi, e della folla de' curiosi condottivi dalla disoccupazione. Sulle diverse porte che conducono ai differenti tribunali vi stanno scritti i loro nomi respettivi. La più importante di queste Corti di Giustizia è la Corte di Cassazione, che si tiene nell' antica sala di S. Luigi. Questa era una sala di cerimonie al tempo di Luigi XII, che la fece restaurare, abbellire, e riccamente dorare in occasione delle pubbliche feste che vi furon date quando si sposò colla bella duchessa di Suffolk, sorella di Enrico VIII. La medesima sala ebbe nuovi restauri sotto Luigi XIV, e fu arricchita di bassirilievi che rappresentano questo principe in mezzo alla Giustizia ed alla Virtù, divinità ch'egli non consultava certamente tutti i giorni.

Le sale d'inchieste, il tribunale di polizia correzionale, le corti di *assises*, e di giustizia criminale, non hanno nulla che le distingua dagli altri tribunali.

Dopo aver visitato le diverse Corti di Giustizia, non bisogna dimenticar di osservare il deposito degli Archivj Giudiziarj.

L'immenso edificio destinato a quest'uso si compone di tre lunghe gallerie immediatamente poste fra il tetto, ed il di sopra della gran sala. Vi si perviene col mezzo di una scala a chiocciola difficile a montarsi. L'aspetto del luogo tristo ed oscuro; l'aria densa e quasi mefitica che vi si respira, in una parola, il misterioso silenzio che regna in questo vasto deposito di delitti e di sciagure le più deplorabili, le di cui moltiplici pruove si trovano ammassate ne' scaffali in tanti viluppi di pergamena; insomma tutta questa faraggine d'iniquità d'ogni genere v'ispira prontamente una certa ripugnanza e terrore, assai maggior del sentimento di curiosità.

Qui si trova deposta una gran parte dei segreti della storia, accumulati di anno in anno, quasi tutti ignorati dalla posterità. Fra questi preziosi documenti esiste la sentenza di Giovanni Châtel, primo assassino di Enrico IV, quindi i processi di Ravaillac e di Damiens autori del delitto medesimo, e che subirono la stessa pena. Vicino ai documenti del processo di Damiens si trova una vecchia scatola contenente l'abito che portava questo regicida quando fu condotto al patibolo; poi vi si chiuse la scala di corda, tanto ingegnosamente fabbricata dal conte di Latude, onde evadere dalla Bastiglia.

Il processo dell'innocente e sfortunato Calas, non che della sua famiglia, di queste vittime infelici d'un implacabile fanatismo, fa egualmente parte di questo archivio. Una quantità di altri processi non meno curiosi, e che occupano un posto importante fra le cause celebri, vi si trovano deposti con tutte le loro pezze di appoggio.

Uscendo da questi archivj del delitto si prova un certo malessere, che vi farà sentire il bisogno di respirare aria diversa: il meglio allora è di salir subito alla sommità, e godervi il bel panorama di Parigi.

Non manchiamo di ricordare, che i scrivani stabiliti nella sala dei *Pas-Perdus*, servono volentieri da *ciceroni*; e che il palazzo è aperto al pubblico tutti i giorni.

Chiesa della SAINTE-CHAPELLE.

Il presente monumento istorico è uno de' più curiosi avanzi dell'arte del tredicesimo secolo. Fu il re S. Luigi che, nel 1242, in forza della devota sua munificenza, fece costruire nel mezzo del proprio Palazzo la Santa Cappella, per custodirvi, come in una cassa preziosa, una gran quantità di sacre reliquie che con immenso dispendio aveva comperato dall'imperatore Baldovino. L'edificio si compì in meno di tre anni, coi disegni di Pietro da Montereau, famoso architetto di que' tempi. Quello che ammirasi nella Santa Cappella, è la leggerezza quasi aerea della sua costruzione, la magnificenza delle vetrate, i cui disegni e colori, perfettamente conservati, sono quasi una maraviglia in tal genere : le medesime sono interrotte di distanza in distanza da gruppi di colonne che s'innalzano a sorregger la vòlta, e dare origine ai rilievi.

La elegante guglia che sormonta la Santa Cappella, essendo stata distrutta da un incendio nel 1630, si tentò allora inutilmente di ristabilirla. Era riserbato alla nostra epoca di vedervela ricomparire ricca e svelta come S. Luigi ve l'avea fatta innalzare.

Il grazioso vaso della cappella ricomparve nuovamente colle sue vòlte di azzurro, seminato di stelle d'oro, fra le nervature riccamente dipinte e ricadenti sulle colonne ricoperte di pallide dorature, la cui calma contribuirà, come un tempo, al radiante effetto delle vetrate. Ciò è certamente maggiore di quello che si osava sperare ; ma dispiacerà sempre di non vedervi più quel piccolo ordine di zoccoli sfavillanti di dorature ed incrostazioni di vetri, la cui ricchezza confondevasi collo splendore dell' altar principale scintillante di pietre. Tutto ciò che l'arte e la natura ha prodotto di più prezioso e più raro, trovavasi in effetto racchiuso altre volte nel tesoro della Santa Cappella. Vi si vedeva ancora un modello della cappella in *vermeil*, ricco di pietre preziose, contenente le reliquie acquistate da S. Luigi; più, un' immensa croce dello stesso metallo, nella quale era incrostato un pezzo della vera croce, donata da Enrico III; quindi quel preziosissimo prodotto dell' arte e della scienza, il famoso cammeo di agata od onice, a quanto dicesi, il più grande che esista, rappresentante l'imperatore Augusto, oggetto di un prezzo inestimabile. In mancanza di tutte queste maraviglie, che al presente sarà impossibile di poter riunire, l'attenzione del visitatore di questo prezioso monumento può sempre abbandonarsi col più vivo interesse sugli esterni dettagli della sua architettura, ed ammirare la scala superba, dall'alto della quale gli antichi re di Francia gridavano al popolo *liesse* (1).

In origine gli ecclesiastici votatisi al servigio della Santa Cappella erano tutti di alto rango, e ricchi di rendite ecclesiastiche; più tardi il cappellano maggiore ebbe il titolo di arcicappellano, con mitra, anello, e potenza vescovile. Una pietra, sulla quale è scolpita la croce, indica ancora il luogo del famoso leggìo, che fu il tema più originale, ed il più avventurato poema di Boileau. Questo stesso leggìo fu trasportato a *Saint-Denis*.

PONTE NUOVO, e Statua di ENRICO IV.

Il Ponte Nuovo, che potrebbesi a più buon diritto chiamarsi ponte vecchio, poichè la sua costruzione rimonta al regno di Enrico III, è incontestabilmente il più frequentato ponte di Parigi. A tal proposito esiste un vecchio proverbio parigino, il quale dice, che, in qualunque ora del giorno si è certi d'incontrare sopra questo ponte, traversandolo, un cavallo bianco, un soldato, ed un abbate, tanta è la folla che va e viene delle persone di tutte le condizioni. Il fatto è, che un tempo il Ponte Nuovo era l'ordinario rauno dei ciarlatani, merciajuoli, oziosi, e tagliaborse. Al giorno d'oggi, che la popolazione è considerevolmente aumentata, il proverbio, meno l'abbate, è anche più vero.

Riunisce questo ponte le due rive della Senna, e forma la più attiva comunicazione fra i popolati

---

(1) Vivere in festa e in gioja.

quartieri di Parigi che lo avvicinano. Incominciato nel 1578, non si compì che nel 1604, a cagione dei torbidi della Lega. Sta piantato sopra i due rami del fiume, e si compone di dodici archi; la sua totale lunghezza è di circa 330 metri, e la sua larghezza di 33. Il lavoro di completa restaurazione, ultimamente eseguitovi, ha avuto per iscopo di mettere la strada del ponte in armonìa con quella dei *quais*, di rifar di nuovo tutti gli archi, e risuscitare, per così dire, le sculture in tanti mascheroni che adornano esteriormente questo ponte al di sotto della cornice. Le ultime botteghe, che erano sopravvissute sopra ciascun pilone, disparvero, ed in vece vi si stabilirono panche di pietra disposte a mezza luna, ad ognuna delle quali stanno innanzi due lanterne a gaz. Il terrapieno che si trova nel mezzo del ponte era in altro tempo una isoletta chiamata *Ile aux Vaches*, e fu quì che ebbe luogo, nel 1304, il supplizio di Giacomo Molay, gran maestro dei Templari.

La statua di Enrico IV, stabilita su questo terrapieno, s'innalzò nel 1818 per rimpiazzar quella che vi aveva fatto eriggere la vedova del principe Maria de' Medici, che vi sussistette fino al 1793, epoca in cui venne abbattuta unitamente a tante altre. Luigi XVIII fece fondere la nuova statua con il bronzo di quella imperiale di Napoleone rovesciata dalle armi alleate nel 1815 dal di sopra della colonna della piazza *Vendôme*. Quattro scatole di piombo, contenenti la Enriade di *Voltaire*, la storia di Enrico IV di *Péréfixe*, e le memorie di *Sully*, furono chiuse e sigillate entro il corpo del cavallo. Si pretese quindi che una statuina in bronzo di Napoleone, di antica forma, pure vi si chiudesse, destramente ed all'insaputa delle autorità di quel tempo. Questo fatto però è più che dubbio. I bassirilievi in bronzo, che sono nel piedistallo, rappresentano Enrico IV che fa passare i viveri agli abitanti di Parigi nel tempo stesso che faceva l'assedio della città; vi si vedono anche i notabili della capitale presentargli le chiavi dopo la resa. Questo monumento è dovuto allo scultore Lemot.

Esisteva pure in passato sopra il Ponte Nuovo una pompa chiamata la Samaritana, a cagione della peccatrice di Samaria scolpita in un bassorilievo applicato a questa costruzione: era stata eseguita nel 1607, rifabbricata nel 1712, fu distrutta nel 1813.

Il Ponte Nuovo, interamente fatto in pietra da taglio, è della più gran solidità, e di assai bella esecuzione. Da ciascun lato si gode la vista pittoresca dei *quais*, che si prolungano a perdita d'occhio; dell' aspetto di tutti quei ponti che si disegnano graziosamente innanzi lo spettatore; e di un variato numero di ricche abitazioni, monumenti, e palazzi che si scorgono da ogni parte.

Mercato SAINT-GERMAIN,
Faubourg Saint-Germain.

Questo mercato fu costruito nel 1818 con disegno dell'architetto Blondel. Era un de' più vasti, comodi, ed eleganti di Parigi prima dello stabilimento delle *halles* centrali. La divisione delle *halles*, per ogni genere di derrate o comestibili, vi è meglio intesa, e presenta un ordine, e perfetta simmetria. Le quattro faccie del mercato, che danno su quattro differenti strade, sono illuminate de 28 fenestre, e porte chiuse con cancelli. La sua lunghezza è di 92 metri, e la larghezza 75. Più di 400 mercanti vi tengono in mostra le loro mercanzie. Nel mezzo della corte interna si trova la fontana che un tempo esisteva sulla piazza di S. Sulpizio. Un'altra fontana è collocata presso i beccaj, unitamente ad un vasto pozzo. Una bella statua allegorica, scolpita da Milhomme, e rappresentante l'Abbondanza, completa la bella disposizione di questo mercato.

Mercato degli AUGUSTINS,
Quai des Augustins.

Chiamasi questo mercato anche *de la Vallée*, ed è interamente destinato alla vendita dei volatili e cacciagione nei giorni di mercoledì, venerdì, e sabato.

Fu costruito nel 1810 ove era l'antica chiesa degli agostiniani, demolita nel corso della prima rivoluzione. Ha una lunghezza di 64 metri sopra 48 di larghezza.

Chiesa di SAINT-SULPICE,
piazza dello stesso nome.

Grande e rimarchevole per la ricchezza degli ornamenti è questa chiesa. Fu Anna d'Austria, la madre di Luigi XIV, che pose la prima pietra, nel 1646, ove era stata un'antica cappella del tredicesimo secolo. I lavori restarono sospesi per lungo tempo; il coro, e le parti laterali non si compirono che nel 1672; interrotti di nuovo per mancanza di danaro, non si poterono riprendere che nel 1718; epoca in cui il curato Languet, a forza di questue ed insistenze presso tutti i suoi parrocchiani, giunse a riunire fondi sufficienti per portare a compimento l'edificio. La facciata s'incominciò nel 1733, e si compì nel 1745, avendone somministrato il disegno l'abile architetto Servandoni. Si compone di due ordini di architettura, dorico e jonico, perfettamente accomodati; e di mirabile accordo. Alle estremità stanno due corpi quadrati di fabbrica, che servono di base a due torri che sormontano l'edificio, ammirato generalmente da tutti. La lunghezza di questo bel monumento è di 112 metri, e la maggiore elevatezza delle torri, di 70.

Le medesime torri non hanno la stessa altezza; quella al nord è del 1749, e l'altra al sud del 1777. La prima è meno alta, e di forma diversa, cioè a dire, che metà è ottagona, e metà circolare, difetto da non rimproverarsi agli architetti Maclaurin e Chalgrin che le costruirono, ma bensì all'arcivescovo di Parigi di quel tempo, che non volle possedesse niuna chiesa, all'in fuori della metropolitana, due identiche torri (1).

Gl'interni ornamenti di *Saint-Sulpice* sono magnifici, e rispondono perfettamente alla esterna bellezza. Il coro è circondato da sette archi ornati di pilastri corintii; inoltre è ricco di dodici statue in bronzo di Bouchardon, che rappresentan gli apostoli. L'altar maggiore, fra la navata ed il coro, è di marmo bianco; resta chiuso da una magnifica balaustra di marmo e bronzo. Il pulpito è graziosamente innalzato da una doppia scala fra due pilastri.

La cappella della Vergine, tutta di marmo, è opera di Pigale; l'Assunta dipinta nella cupola è un fresco di Lemoine. Parecchie altre cappelle meritano di essere osservate per le loro pitture. Una di queste, a dritta della porta d'ingresso, ha la Deposizione di Croce, stimato lavoro di Abele de Pujol; due altri quadri a fresco adornano la cappella di S. Maurizio.

---

(1) Che occhi aveva la gran testa di questo arcivescovo! Sono forse identiche le due torri di *Notre-Dame de Paris*?

FONTAINE ST SULPICE.

In un'altra è collocato il mausoleo del primo parroco di questa chiesa, Languet de Cergy. Pradier scolpì le due statue di S. Pietro, e S. Giovanni evangelista presso la sacristia. Mignard eseguì la copia del quadro di Raffaello, il S. Micchele arcangelo, che vedesi in altra cappella. Indicheremo ancora il fresco di Guillemot in quella di S. Vincenzo de' Paoli.

All'ingresso della nave stanno due vasi di acquasanta, formati da due enormi conchiglie, dalla Repubblica di Venezia donate a Francesco I, rette da due scogli. La tribuna dove è situato l'organo di Cliquot, è sostenuta da colonne composite, opera grandiosa di Servandoni.

Una lastra di bronzo, incrostata nel pavimento, con i dodici segni del zodiaco, lunga 58 metri, e 60 cent., indica una meridiana. Ve la pose Enrico Sully, nel 1743, onde fissare l'equinozio di primavera, e per conseguenza il giorno di Pasqua.

In tempo della prima rivoluzione, gli si dette il nome di Tempio della Vittoria. Divenne in seguito il tempio principale dei teofilantropi. Il 15 brumale anno VIII (novembre 1799) vi fu dato un banchetto in onore del general Bonaparte.

Ha un sotterraneo di rimarchevole estensione, in cui si vedono tuttora gli antichi pilastri della cappella primitiva, la quale ci prova nello stesso tempo quanto il suolo tenda sempre ad alzarsi. La medesima osservazione può farsi sulla chiesa di *Notre-Dame de Paris*, che in origine, per giungervi, si salivano 12 a 15 scalini, ora sepolti nella terra.

Il seminario di *Saint-Sulpice* è vicino alla chiesa, e si stende verso la piazza *du Parvis*. Si compone di un corpo principale fra due padiglioni. La lunghezza della facciata è di 60 metri. Nel centro sta un portico di tre archi, sormontato da una terrazza. L'insieme dell' edificio è un parallelogrammo; ha nel mezzo un gran cortile circondato da galleria coperta; nell' interno vi sono 260 camere. Contiene 200 giovani che studiano teologia.

Chiesa di SAINT-GERMAIN-DES-PRÉS,
piazza dello stesso nome.

È l'antica chiesa dell' abazia di questo nome, fondata nel 558 de Childeberto figlio di Clodoveo. Non ha di rimarchevole che la sua antichità, e le vicende di una lunga esistenza.

Benchè difesa, in origine, da molte torri che la fiancheggiavano, e da fossati pieni di acqua che la circondavano, cose, che la facevano essere più una cittadella, che un edificio religioso, pur non ostante venne saccheggiata, ed incendiata a più ripresa dai feroci Normanni. Ricostruita e restaurata parecchie volte, fu di nuovo degradata nella rivoluzione del 1789, e convertita in fabbrica di salnitro, che vi sussistette fino al 1824, in cui Carlo X la fece riparare per esser restituita al culto cattolico.

Ha una lunghezza di 99 metri, contro 23. L'interno presenta una navata, divisa da' suoi fianchi da cinque piloni, ognun de' quali ha quattro colonne di diversa dimensione. L'altare è all' ingresso del coro, ed è circondato da colonne isolate, che sostengono le vôlte a tutto sesto. Le fenestre son di forma ogivala. Una torre piramidale s'innalza all' ingresso della chiesa.

Fra i sepolcri che racchiude si distinguono quelli di Descartes, Boileau, e Casimiro re di Polonia (1).

---

(1) Casimiro V, predecessore di Giovanni Sobieski, abbandonò lo scettro e la corona per prendere il pastorale, e la mitra d'abate di *Saint-Germain-des-Prés*. Questo principe prima

Anticamente esisteva a *Saint-Germain-des-Prés*, nel modo stesso che a *Notre-Dame*, ed alla *Sainte-Chapelle-du-Palais*, una cappella riservata alle distinte persone, ed un' altra destinata solo alle genti del popolo. Non vi sarebbe bisogno di dire che questa ridicola usanza finì di vivere.

Chiesa di SAINT-SEVERIN,
via dello stesso nome.

In origine era questa chiesa un piccolo oratorio sotto l'invocazione di S. Clemente. Distrutta in gran parte dai normanni nel nono secolo, fu ricostruita e creata parrocchia nel 1347. È un edificio gotico di rimarchevole architettura. L'interno ha un' arditezza e leggerezza mirabile; irregolare n'è la facciata. L'altar maggiore resta coperto da un baldacchino che ha otto colonne di marmo ornate di bronzo.

Palazzo del LUXEMBOURG, o del SENATO,
via di *Vaugirard*, di rimpetto alla via di *Tournon*.

Ecco un altro monumento istorico di grande importanza, che deve fissare l'attenzione del forastiero in modo particolare, tanto per la sua bellezza architettonica, estensione, ricchezza de' suoi ornamenti, preziosi oggetti d'arte che racchiude, quanto per la moltitudine delle istoriche rimembranze a cui resta legato; poichè, nel modo stesso di altri palazzi già nominati, ha parimenti assai di frequente cambiato

---

di esserre fu gesuita e cardinale, dopo esserlo stato volle divenire Padre Abate. Bisogna però aggiungere che l'Abate esercitava autorità sovrana sul territorio dell' Abazia, avendo i suoi ministri di giustizia, ecc.

padrone, e fu teatro di non pochi politici avvenimenti.

In origine era l'*Hôtel-Luxembourg*, che Maria de' Medici, reggente di Francia e madre di Luigi XIII, acquistò nel 1612, unitamente ad altri circostanti terreni, e vi fece costruire l'attuale palazzo dall'architetto Giacomo Desbrosses. Dalla regina venne assegnato poi al suo secondo figlio Gastone di Francia, il quale gli dette il nome di palazzo d'Orleans. Nel 1672 passò in dominio della duchessa d'Alençon, che ne fece dono al re nel 1674. Sotto la reggenza del duca d'Orleans appartenne alla duchessa di Berri, figlia di questo principe, che ne aveva fatto il teatro delle sue amorose galanterie. Passò quindi alla duchessa di Brunswick, poi alla regina vedova di Spagna, e alla morte di questa ritornò sotto il dominio della corona. Più tardi Luigi XVI lo donò al conte di Provence suo fratello, (Luigi XVIII), il quale vi abitò fino all'epoca della sua emigrazione. Sotto il regime del terrore, questa sontuosa dimora venne convertita in prigione di stato (1). Nel 1795 vi s'istallò il Direttorio; dopo il 18 brumale il *Luxembourg* lo ebbe successivamente il Consolato, ed il Senato conservatore. In tempo della Restaurazione prese il nome di Palazzo della Camera dei Pari, con-

---

(1) Vi stettero rinchiusi Hébert, Camillo Desmoulins, Bazire, Danton, Tommaso Payne, Chabot, Héraut de Séchelles, Fabre d'Eglantine, e Giuseppina de Beauharnais, poi imperatrice. Robespierre chiuso stette per un istante nella prigione che aveva occupato Danton, poichè gli riuscì di fuggire per andar a dirigere il movimento insurrezionale all'*Hôtel-de-Ville*. Il pittore David, prigioniero al *Luxembourg* dopo il 9 termidoro, vi schizzò il suo quadro delle Sabine.

servato fino al febbrajo 1848. Il nuovo impero lo destinò alle adunanze del senato.

La pianta di questo palazzo è un quadrato di maestosa regolarità. Si è spesso ripetuto che il palazzo del *Luxembourg* non è che una imitazione del palazzo Pitti di Firenze. Maria de' Medici, ordinando a Desbrosses di costruirglielo, gli avrà al certo raccomandato di aver quello innanzi agl'occhi, onde conservar la memoria del luogo in cui aveva passato la sua giovinezza; ma l'opera dell'architetto francese non ne è, nè una copia, nè una imitazione. La corte dell'ingresso principale sulla via di *Tournon* (1) è lunga 120 metri contro 70 di larghezza. La facciata da questa parte forma una terrazza, in mezzo alla quale s'innalza un padiglione d'ordine toscano e composito, sormontato da una cupola, ornata di statue. Alle due estremità della terrazza stanno due altri padiglioni uniti con due ale al corpo principale dell'edificio. La facciata sul giardino differisce poco da questa: soltanto i tre corpi di fabbrica sono legati fra loro da due gallerie a due piani; il padiglione di mezzo o dell'oriuolo ha la parte superiore ornata da due figure allegoriche. Dopo il 1837, nuove costruzioni hanno considerabilmente ingrandito l'interno di questo palazzo, specialmente dal lato del giardino. Nell'ala dritta della corte d'ingresso è collocata la grande scala, rimarchevole per la sua magnificenza. Ha un rango di colonne joniche, fra le quali trofei e statue di parecchi illustri generali. Al basso di questa scala si vede il gruppo di Delaistre rappresentante Amore e Psiche. Al primo piano si

---

(1) La caserma della guardia municipale in questa strada era l'*Hôtel*, in cui abitava l'infelice maresciallo d'Ancre.

trova la sala delle guardie, quella d'Ercole, poi l'altra dei messaggieri di stato, e delle conferenze, tutte ornate di pitture e statue dei primi artisti francesi. Viene in seguito la galleria degli archivj, la sala del trono, una vasta biblioteca, gli uffici della camera, e finalmente l'antica sala dell'assemblea posta nell'avancorpo di mezzo. Questa sala semicircolare è circondata da colonne corintie che sostengono la vôlta dipinta a chiaroscuro: fra le colonne han luogo busti e statue dei grandi oratori ed uomini d'armi antichi e moderni. Dietro questo colonnato esistono le pubbliche tribune. I senatori sono seduti in anfiteatro. Nel mezzo, dalla parte opposta all'emiciclo, in un piccolo sfondo semicircolare, han luogo le seggiole del presidente e de' segretarj; d'innanzi a queste è collocata la tribuna degli oratori. La tinta della sala è in velluto *bleu*, le pareti scolpite in legno di quercia. Le tribune, riccamente ornate, son perfettamente in armonia col resto. Nella notte questa sala viene illuminata da una magnifica lumiera che discende come in un teatro. Nulla in somma è stato risparmiato nell'abbellimento della nuova sala, che, unita agli altri lavori d'ingradimento del palazzo e sue dipendenze, hanno dato motivo ad una spesa di circa tre milioni di franchi.

Nel mezzo della corte del palazzo sta l'ingresso degli appartamenti occupati dal gran referendario: vi si penetra da un vasto peristilio, a dritta del quale si trovano le camere di ricevimento, ed a sinistra la cappella del palazzo, non che gli appartamenti di Maria de' Medici, perfettamente conservati, come le loro belle pitture di Rubens, Poussin, e Filippo di Champagne.

Nell'ala orientale della corte è collocata la galleria de' quadri, ove in passato esistevano quelli di

Rubens rappresentanti la storia allegorica di questa regina, i quali presentemente fan parte della grande galleria del *Louvre*. I quadri che vi esistono attualmente sono quelli acquistati dal governo, appartenenti tutti a pennello francese.

Il giardino del *Luxembourg* non aveva nel suo principio l'estensione che ricevette in seguito dall'acquisto fatto de' terreni appartenenti all'antico convento dei certosini, che hanno permesso di dargli il bello sviluppo che possiede oggidì, e che ne fanno una passeggiata magnifica. Nel centro del *parterre*, in faccia al palazzo, sta una gran vasca ottagona. A sinistra una terrazza ombreggiata che si prolunga fino alla via d'*Enfer*; a dritta vedi una vasta passeggiata, guarnita da folti alberi, che conduce alla via *Madame*, ed a quella dell'*Ouest*; un largo e lungo viale, doppiamente alberato, parte dal bacino e conduce all'Osservatorio. Tal viale ha termine con un cancello di ferro, che da questo lato serve d'ingresso al giardino. Un gran numero di statue stanno sparse quà e là, e ne completano l'ornamento. Alla dritta del viale, partendo dal bacino, è il vivajo del *Luxembourg*, che comprende un assai vasto terreno; a sinistra il giardino botanico della scuola di medicina : vi esiste parimenti un'aranciera collocata presso il *Petit-Luxembourg*.

Preso in complesso, è questo giardino uno dei migliori a vedersi : senza avere il merito di quello delle *Tuileries*, non è meno ammirabile, e forse piace di più per la varietà delle sue disposizioni locali. Di fatti, qui vi si gode una perfetta calma, ed un dolce riposo che guida alla meditazione : in una parola, il suo isolamento dal tumulto della città gli fa avere un carattere tutto suo proprio. Nelle belle giornate i vecchi *rentiers* (1) vi vengono a riposarsi all'ombra, godere dell'aria pura e balsamica che vi si respira, cicalando fra loro intorno alla politica del giorno, e del tempo che fu. Le *bonne* o aje, vi si conducono per trastullarvi i bambini. Vedi il poeta in luogo solitario farneticando intorno a qualche strofa d'una sua composizione, o impastando un idillio alla diletta sua Clori; vi scorgi l'artista drammatico che studia la sua parte; e non vi trovi mai penuria di giovani donne, che non v'abbiano appuntamento col loro amato studente.

Il palazzo del *Luxembourg* è aperto tutti i giorni ai forastieri, i quali, col solo mostrare il loro passaporto, sono ammessi a visitare gli appartamenti, e la galleria de' quadri, dalle ore 10 alle 4, eccetto il lunedì. La galleria è aperta al pubblico nella domenica alle ore medesime.

Fontana della grotta de' Medici,
al nuovo ingresso del giardino.

Merita essere osservato questo piccolo monumento. È composto di due avancorpi d'ordine toscano, le di cui colonne son cariche di stalattiti e congelazioni come tutte le altre parti. Nel mezzo v'è una nicchia nella quale si pose una Ninfa, o piuttosto Venere che esce dal bagno. Ne' due lati si formarono altre nicchie più piccole ornate di maschere satirine delicatamente scolpite. Al di sopra della cornice nel mezzo sta un attico coronato da un frontone con cartoccio, in cui si vedono le armi di Francia, e della famiglia Medici.

---

(1) *Rentier*. Colui che ha una rendita costituita sul debito dello Stato.

Ai lati di quest'attico vi sono le colossali statue di due fiumi, l'Arno e la Senna. Nel 1802 fu questa fontana ristaurata da Chalgrin: ora vi si fanno nuove riparazioni.

Statua del maresciallo NEY,
nell'*avenue de l'Observatoire*.

Questa statua espiatoria, se è lecito qualificarla così, fu inaugurata il 7 dicembre 1853 sul posto medesimo ove il valoroso ed infelice maresciallo *Ney* ebbe morte, in forza di sentenza della corte dei Pari, il 7 dicembre 1815. L'apoteosi dunque ebbe luogo 38 anni giusti dopo l'ignominia.

Tutti i ministri e grandi dignitarj dello Stato presenti in Parigi, non che una deputazione della città di Sarrelouis, luogo di nascita del maresciallo, assistettero alla cerimonia.

La statua fu modellata dal sig. Rude. Il maresciallo è rappresentato in costume con spada nuda in mano, ed al di sopra della testa. L'atteggiamento è ignobile, e non conveniente forse a colui che ebbe la qualifica di *Prode dei prodi*.

Giardino BULLIER,
Closerie des Lilas.

Questo giardino, situato dietro a quello del *Luxembourg*, a sinistra del viale dell'Osservatorio, è destinato ai balli pubblici.

Teatro Imperiale dell' ODÉON, o secondo Théâtre-Français,
piazza dell' *Odéon.*

In origine si chiamò questo teatro *Théâtre-Français*, durante la rivoluzione ebbe il nome di *Théâ-*

tre de la République; quindi *Théâtre de l'Impératrice* sotto l'impero, poi *Théâtre Italien*, finalmente *Théâtre de l'Odéon*, ovvero *second Théâtre-Français*. Costruito la prima volta nel 1779, bruciò nel 1799; rifabbricato nel 1807, arse nuovamente nel 1818: nel 1820 si riedificò quale lo vediamo oggidì. La sala attuale non è certo inferiore alle altre. Interamente isolato, sta con magnifico aspetto nel mezzo di una piazza. La facciata principale ha un peristilio con otto colonne doriche; tre gallerie pubbliche formate da 46 arcate lo circondano. Dalla parte del *Luxembourg* è guernito di botteghe. Dal vestibolo, di breve estensione, partono due scale che conducono all'interno della sala, la quale è vasta, comoda, e decorata con gusto. Può contenere circa 1600 persone. Il *foyer* è del pari elegante.

Presentemente l'*Odéon* è una succursale del *Théâtre-Français*, e vi si rappresenta alternativamente la tragedia, il dramma, e la commedia. Resta chiuso per una parte dell'anno.

Teatro del LUXEMBOURG,
via di *Fleurus*, presso il giardino del *Luxembourg*.

In questa sala, di piccola dimensione, si rappresenta alternativamente il dramma, il *vaudeville*, ed i componimenti di genere presi dai vecchi repertorj degli altri teatri. Nella domenica vi si danno due rappresentazioni.

Hôtel CLUNY,
via dei *Mathurins-Saint-Jacques*.

L'*Hôtel Cluny* è un edificio gotico, la di cui costruzione rimonta non più in là del 1485. Era l'ordinaria residenza degli antichi abati di Cluny, avendone gittato i fondamenti l'abate Giovanni, bastardo del duca Giovanni di Borbone. Un tal monumento, rimarchevole per la sua architettura, è perfettamente conservato. Divenuto proprietà nazionale nell'epoca della prima rivoluzione, fu venduto, e successivamente passò in dominio di diversi padroni; l'ultimo di questi fu il sig. Dusommerard, distinto scienziato e grande amatore di antichità, il quale aveva speso somme grandi per formar la più rara e preziosa collezione di oggetti d'arte, mobili, utensili, e curiosità de' tempi passati, che riunì ne' diversi appartamenti di questo *hôtel*, ove, finchè visse, ammetteva ogni giorno il pubblico a visitarla, trattando tutti nel mode più amabile e squisito. Cessato di vivere il signor Dusommerard nel 1842, la di lui vedova preferì vendere il monumento e la collezione allo Stato, quantunque offerte assai maggiori gli fossero state fatte da diversi particolari. È certamente questo gabinetto uno de' più curiosi che in tal genere siano in Europa.

Il mercoledì, giovedì, e venerdì vi sono ammesse quelle persone munite di biglietto; i forastieri vi si ricevono col solo mostrare il proprio passaporto.

Palazzo delle TERME,
via *de la Harpe*, n° 63.

Quel che chiamasi Palazzo delle Terme, presenta oggi alcuni avanzi di un antico romano edificio, non potendo avere altro merito fuori di quello che gli proviene dal suo antico splendore. Il palazzo delle terme, seguendo i storici, fu fatto costruire da Costanzo Cloro padre di Costantino. Quel che vi ha di certo si è, che il di lui nipote Giuliano vi abitò, dicendolo egli stesso nel suo *Misopogon;* e di più, che vi venisse proclamato imperatore. I re di Francia fino alla terza dinastia vi abitarono parimenti. Dopo quest'epoca, i giardini, e gli abbandonati appartamenti non servivano più, lo dice Sainte-Foix, che di misterioso asilo ai piaceri di alcune donne galanti, che non osavano dare appuntamenti nella propria casa.

Gli edificj ed i cortili erano d'una immensa estensione. Occupavano tutto lo spazio che vi è fra la via *de la Harpe*, e la via *Saint-Jacques*, quindi dalla strada *du Foin* alla piazza della *Sorbonne*; il parco ed i giardini si estendevano, da un lato, fino alla *Montagne-Sainte-Geneviève*, e dall'altro all' *Abbaye-Saint-Germain-des-Prés*.

Chi ha desiderio osservare gli avanzi di questo palazzo può diriggersi al custode.

La SORBONNE, o l'Università,
via e piazza della *Sorbonne*.

Nel posto dell'antico collegio, fondato nel 1250 da Roberto Sorbon consigliere ed elemosiniere di San Luigi, per sedici poveri studenti di teologia, ed un professore, il cardinal di Richelieu vi fece costruire nel 1629 l'edificio attuale, la di cui chiesa racchiude il sepolcro di questo famoso porporato.

Le facoltà di teologia, scienze, e lettere che seggono alla Sorbona, vi tengono i loro corsi, rilasciando diplomi di baccelliere e di dottore a quei giovani che hanno soddisfatto alle condizioni volute dai regolamenti dell'Università.

Professori del più gran merito appartengono a queste diverse facoltà; gran numero di forastieri e curiosi v'intervengono continuamente per ascoltarne le lezioni.

Scuola di MEDICINA,
via dello stesso nome.

Si compì quest'edificio nel 1786, incominciato 16 anni innanzi. Si compone di quattro corpi di fabbrica, che circondano una spaziosa corte. Il peristilio è formato da quattro ranghi di colonne joniche; un altro peristilio di sei colonne corintie è sormontato da un frontone triangolare, sul quale sono scolpite figure allegoriche. L'anfiteatro, decorato di pitture a fresco, e dei busti di Lamartinière, e Lapeyronie, può contenere più di 1,000 persone. Un bel quadro di Girodet, rappresentante Ippocrate che rifiuta i doni del re di Persia, arricchisce la sala delle assemblee, la quale ha inoltre i busti degli anatomici e chirurgi più celebri.

Una biblioteca di circa 30,000 volumi è situata nell'ala sinistra dell'edificio, ed è aperta al pubblico tutte le settimane nei giorni di lunedì, mercoledì, e venerdì, dalle ore 10 alle 2.

Possiede questa scuola anche un bel gabinetto di anatomia comparata, degno di fissar l'attenzione de' forastieri.

Un gabinetto di fisica, sale incisorie, e di clinica dipendono dal bello stabilimento, dove 23 professori istruiscono i giovani in tutti i rami dell'arte medica.

Fino al 1427, Parigi non ebbe casa per scuola di medicina. Gli esami aveano luogo nelle abitazioni de' maestri, e questi si sceglievano in ogni anno nel primo sabato di novembre. Allora la città possedeva 31 medici.

Prima di quel tempo i figli di Esculapio erano quasi tutti ecclesiastici, molti de' quali giunsero ad afferrare anche il triregno, come per esempio, Gerberto, Pietro di Spagna, Silvestro II, e Giovanni XXI.

Sotto Carlo VII, Giacomo Depars, canonico della cattedrale, donò 300 scudi d'oro per fabbricare una scuola in via *de la Bûcherie*.

Il più ricco giojello che possedeva questa scuola nel 1465 era un manoscritto: *Totum continens Rhazès*. Fu dato in prestito a Luigi XI sotto buona garanzia, cioè mediante un pegno di tanto vasellame di argento del peso di 12 marchi, e di un biglietto di 1,000 scudi d'oro, che un ricco cittadino chiamato Malingre sottoscrisse, come fidejussore del re in tale circostanza!

Fontana di SAINT-SULPICE.

Questa fontana si costruì nel 1847 a spese del municipio parigino. Sorge nel mezzo della piazza di *Saint-Sulpice*, ed è una delle diverse ideate dal valente architetto Visconti.

È di pietra, ed ha la forma di un padiglione quadrato con cupola sormontata da una croce di ferro. Attorno stanno tre bacini sovrapposti, fiancheggiati da lioni. L'acqua che esce da quattro vasi va a cadere nell'ultimo di forma ottagona.

Nelle nicchie scavate agli angoli figurano le statue di Bossuet, Fénélon, Massillon, e Fléchier, i più grandi oratori della chiesa francese (1).

Fontana DESAIX,
piazza *Dauphine*.

La costruzione di questa fontana è del 1802. S'in-

---

(1) In luogo di Fléchier, non vi avrebbe più giustamente occupato il posto quella di Bourdaloue?

nalzò su i disegni degli architetti Fontaine e Percier, in onore del general Desaix, ucciso alla battaglia di Marengo nel momento che ne usciva vittorioso.

Il busto dell'eroe, collocato nel mezzo di un bacino circolare, è coronato dal Genio della guerra.

L'insieme del monumento è della più gran semplicità.

Fontana PALATINE,
via *Garanclère*.

Fu costruita nel 1715, a spese e per ordine della principessa Palatina, madre del reggente Filippo d'Orleans.

CONCIERGERIE.

Questa prigione sta collocata sotto le vòlte del *Palais-de-Justice*. Era in altro tempo la prigione del parlamento, e dello *Châtelet*. Serve attualmente per gl'incolpati che devono giudicarsi dalla *Cour d'assises*. Vi si osserva ancora la segreta, poi convertita in una cappella espiatoria, ove fu detenuta l'infelice regina di Francia Maria-Antonietta, e vi subì, nella sua lunga agonia, gl'indegni trattamenti dei custodi divenuti suoi carnefici. Nelle segrete della *Conciergerie* si ritengono i condannati a morte, e vi si sommettono al fatale apparecchio che precede il loro viaggio al patibolo.

Deposito della prefettura di Polizia,
via di *Jérusalem*.

Questa prigione preventiva, costruita nel 1828, è destinata all'incarcerazione momentanea delle persone arrestate per misure di polizia, e di quelle che devono essere trasferite in altri locali. È divisa in tre piani: il primo è per le prostitute; il secondo per i prevenuti di un qualche delitto; ed il terzo per gli altri accusati di più lievi mancanze.

La MORGUE,
mercato nuovo presso il ponte *Saint-Michel*.

Piccolo edificio di forma quadrata, ove son collocati su tavole di pietra i cadaveri di quelle persone perite per una qualche disgrazia, o di morte violenta, fino a tanto che non vengano i parenti a riconoscerle e reclamarle (1).

Piazza DAUPHINE.

Situata fra il palazzo di giustizia, ed il ponte nuovo. Le impose un tal nome Enrico IV nella circostanza della nascita del suo primogenito Luigi XIII.

Nel mezzo di questa piazza si trova la fontana Desaix, nominata di sopra.

Piazza del PALAIS-DE-JUSTICE,
via della *Barillerie*.

I condannati alle pene infamanti, avvinti al palo sopra di un palco, restavano per un dato tempo esposti su questa piazza.

Piazza di SAINT-SULPICE.

Dopo l'erezione della fontana, descritta a p. 218, questa piazza fu fatta più bella: vi si piantaron degli

---

(1) Sarà demolito fra non molto per ricostruirlo in luogo più adatto.

alberi, e due volte la settimana vi si tiene un mercato di fiori.

Il PRADO,
piazza del *Palais-de-Justice*.

È un luogo di divertimento, nel quale vi si danno balli in tutto l'inverno, nei giorni di lunedì, giovedì, domenica, ed altri giorni di festa, incominciando dal mese di settembre fino a quello di aprile.

PANTHÉON.

DUODECIMO CIRCONDARIO.

QUARTIERI:

OBSERVATOIRE, PIAZZA MAUBERT, JARDIN-DES-PLANTES, SAINT-MARCEL.

Chiesa di SAINTE-GENEVIÈVE, o Panthéon,
via *Saint-Jacques*, piazza del *Panthéon*.

La costruzione della chiesa attuale di *Sainte-Geneviève* ebbe principio nel 1757, sul luogo stesso di quella appartenente all'antica abazia di un tal nome. Luigi XV ne ordinò la erezione dopo avere approvato i disegni di Soufflot, e ne pose la prima pietra l'anno 1764. Tale edificio è senza dubbio uno dei più belli monumenti de' tempi moderni. Destinato, in forza di decreto dell'Assemblea Costituente del 4 aprile 1791, a ricever le ceneri dei grandi domini della Francia, questa chiesa prese il nome di *Panthéon*. All'eloquente Ricchetti conte di Mirabeau, morto in quest'anno medesimo, furono accordati i primi onori di una tal sepoltura; quindi colla più gran pompa vi si trasportarono le spoglie mortali di Voltaire, e di Gio: Giacomo Rousseau. Sotto l'impero fu restituito al culto cattolico, conservando il nome di *Panthéon*, e la sua destinazione, che l'imperatore estese ai grandi dignitarii da lui creati: così bastava allora essere grande officiale dell'impero, ovvero senatore, per ottener gli onori di un sepolcro che in origine non erano riservati che al vero merito. Bisogna però convenire, che fra quelli che ottennero l'onore di esservi sepolti, molti ne eran degni certamente, come, per esempio, il maresciallo Lannes, il celebre navigatore Bougainville, ed il gran geometra italiano Lagrangia.

La pianta della chiesa di *Sainte-Geneviève* è a croce greca, formante quattro navate, che si riuniscono al centro comune dove s'alza la cupola, ed è lunga, compreso il peristilio, 113 metri, larga 85. La sua facciata si compone di una scalinata, e d'un portico fatto a somiglianza di quello del *Panthéon* di Roma. Presenta sei colonne di fronte avendone 22 nell'insieme, 18 delle quali isolate, e quattro incastrate nel muro. Tutte queste colonne sono d'ordine corintio e scanalate, alte 20 metri, compresa la base ed il capitello: il loro diametro è di circa 2 metri: sostengono un frontone, in mezzo al quale è situata una figura allegorica colla fronte cinta da corona di stelle: è il Genio della Patria che distribuisce le corone a coloro che l'hanno onorata e servita co' loro talenti, coraggio, e virtù. A' suoi piedi seggono la Storia, e la Libertà; una scrivendo i nomi degli uomini illustri, l'altra intrecciando corone: a dritta han luogo le celebrità civili, a sinistra le glorie militari; da un lato Malesherbes, Fénelon, Mirabeau, Cuvier, Laplace, Monge, Carnot, Manuel, David; dall'altro Bonaparte, un vecchio granatiere, ed il tamburino d'Arcole; finalmente negli angoli alcuni giovani, fra quali si distinguono gli allievi della scuola Politecnica. Tale lavoro è dovuto allo scalpello di David d'Angers. In origine questo frontone rappresentava in basso rilievo una croce circondata da raggi divergenti, ed angeli in adorazione, scolpita da Coustou; ma il tempio cangiando destinazione, si credette dover sostituire ai diversi emblemi che caratterizzano una basilica cristiana, i simboli della Libertà: per tal ragione la facciata della chiesa ebbe a soffrire parecchi notabili cangiamenti. Con grandi caratteri di bronzo dorato si scrisse sul fregio:

AUX GRANDS HOMMES
LA PATRIE RECONNAISSANTE.

Ma nel 1822 si fece sparire questa iscrizione, e vi si pose la seguente:

D. O. M. SUB. INVOC. S. GENOVEFÆ.
LUD. XV. DICAVIT. LUD. XVIII. RESTITUIT.

Il governo di Luglio ridonò al *Panthéon* il nome, l'iscrizione, e l'uso assegnatogli dalla Costituente. Finalmente una recente ordinanza restituisce il tempio, per la seconda volta, al culto cattolico.

Come dicemmo, l'interno del *Panthéon* è composto di quattro navate confinanti colla cupola, separate da una fila di colonne corintie scanalate di 13 metri circa di altezza: queste sono in numero di 130, e sostengono un cornicione, il cui fregio è ornato di festoni; al di sopra si vede una balaustra. Il soffitto delle navi è della più gran semplicità.

La cupola interna s'innalza nel centro delle quattro navate; il suo diametro, preso all'estremità del fregio, è di 21 metri circa; al di sopra del cornicione sorge un peristilio di sedici colonne corintie, fra le quali sono aperte sedici finestre: al basso di queste si formarono delle tribune, a cui si giunge da una galleria circolare. Trina è la cupola; la prima ha origine al di sopra della colonnata, ed ha la decorazione di cassettoni ottagoni, e rosoni; nel mezzo v'è un'apertura circolare di 10 metri di diametro, che lascia vedere la seconda cupola, assai bene illuminata, sulla volta della quale il pittore *de Gros* dipinse a fresco, in tempo della Restaurazione, l'apoteosi di S. Genovieffa (1). La cupola esterna presenta alla sua sommità un vasto basamento quadrato, a cui metton capo quattro archi, ne' quali si pratticarono le scale scoperte per ascendervi. Sul basamento circolare, la di cui parte superiore ha un'elevazione di 34 metri sopra il verone del portico, v'è una seconda base circolare di quattro metri di altezza, e su questa sorge una colonnata egualmente circolare composta di 32 colonne corintie di 12 metri di altezza, che sostengono la cornice coronata da una galleria scoperta. Il peristilio è diviso in quattro parti, corrispondenti ai quattro piloni della cupola, su i quali si costruì una scala a spira. Dietro questo peristilio nel muro della cupola si aprirono dodici fenestroni che corrispondono fra l'intercolunnio dell'interno. Sopra al medesimo peristilio v'è un attico formato dall'elevazione del muro circolare della cupola, di sei metri di altezza, forato da sedici fenestre arcuate, e guernite da vetrate di ferro. Sul zoccolo della cornice di quest'attico appoggia la gran volta formante la terza cupola, che ha un balcone circolare ed una lanterna, parimenti circolare, ornata di otto colonne e sei fenestre, alta circa nove metri. So-

---

(1) Alle primitive colonne si sostituirono i piloni per maggior solidità, per cui se si vuole osservare il bel fresco di *de Gros* bisogna salire alla galleria della prima cupola, non potendosi più vedere dal pavimento del tempio.

pra la lanterna dovea collocarsi la statua dell' Immortalità per rimpiazzarvi la croce. L'altezza della prima cupola, dal pavimento all' orlo della sua apertura, è di 59 metri. Dallo stesso punto alla sommità della seconda cupola è di 70 metri : la terza cupola, dal di sopra dell'attico ha 24 metri : in maniera che, l'altezza totale dell' edificio, dalla scalinata dell' ingresso principale fino alla cima della lanterna, è di 94 metri.

I sotterranei abbracciano tutta la estensione dell' edificio; il suolo è a sei metri al di sotto della navata superiore; sull' un de' lati sta una cappella : venti piloni servono di sostegno. Il taglio delle pietre, il carattere maschio ed armonico delle parti di questa grande costruzione sotterranea nulla lascia a desiderare circa la loro solidità. Contengono i medesimi sotterranei una quarantina di tombe; vi si scende da due scale situate all' ingresso d'uno stretto portico, chiuso da cancello, che trovasi nella parte posteriore del monumento.

Tali sono le disposizioni, e l'ordinamento di questo tempio, la di cui cupola, dominando la città di Parigi da una gran distanza, dimostra in certo modo la sua importanza, ed il suo splendore.

L'interno dell' edificio, per la moltitudine degli ornamenti, merita pure l'attenzione dello straniero. Per meglio godere dell' insieme di questo importante monumento, bisogna ascendere al balcone dell' orlo della prima cupola; e se si volesse salire fino alla sommità della terza cupola, si goderebbe la veduta dell' intera città di Parigi, non che di quelle circostanti, non essendovi punto più elevato di questo.

BIBLIOTECA SAINTE-GENEVIÈVE,
piazza del *Panthéon*.

Prende nome questa biblioteca da una celebre abazia, i di cui locali sono oggi occupati dal Licèo Napoleone. Deve la sua origine al cardinal de la Rochefoucault, il quale essendo stato fatto abate commendatario di *Sainte-Geneviève* nel 1624, vi fece trasportare cinque in seicento volumi della sua biblioteca particolare. Due cancellieri dell'Università, i fratelli Chanteau, e Lallemant, aumentarono questo primo deposito in modo tale, che nel 1675 bisognò fabbricare un apposito locale. La sala di lettura è la più magnifica che desiderar si possa.

La suddetta biblioteca si arricchì in seguito dei libri dell'abate di Flécelles, e di un legato di sedici mila scelti volumi, che il cardinal C. Maurizio Le Tellier, arcivescovo di Reims, le fece nel 1709. La biblioteca dell'abazia divenne, in tal'epoca, la più importante di Parigi dopo quella del re, e si aprì ad uso publico dalle 2 alle 5 ore.

L'abazia di *Sainte-Geneviève* fu soppressa nel 1790, e la biblioteca divenne proprietà dello Stato.

I libri più preziosi che vi esistono furono dal sig. Daunou acquistati in Italia per ordine del Direttorio.

Nel 1843, si collocarono provvisoriamente nel collegio Montaigu, fino al compimento dell'edificio che dovea contenerli, e questo fu inaugurato sul principio del 1850. I muri all'esterno sono ricoperti dei nomi degli scrittori di tutte le nazioni, e di tutte le epoche.

Possiede attualmente questa biblioteca più di 100,000 volumi stampati, dei quali circa 40,000 di opere teologiche, e 3,000 manoscritti. Vi si trova una bella collezione di libri impressi nei primordj della stampa, Aldini, Elzeviri, ecc. Al pianterreno vi esiste anche un gabinetto di stampe.

La sala di lettura ha più di 400 posti, ed occupa tutto il primo piano dell'edificio. È aperta tutti i giorni non festivi dalle 10 del mattino alle ore 3, e la sera dalle ore 6 alle 10. Il sig. di Salvandy fu che stabilì la lettura di sera, con ordinanza del 1 gennajo 1838.

Le vacanze han luogo dal 1 settembre al 15 ottobre.

Chiesa di SAINT-ETIENNE-DU-MONT,
via della *Montagne-Sainte-Geneviève*.

Di molto antica origine è la chiesa attuale, volendosi farla rimontare al regno di Clodoveo. Sotto quello di Francesco I, nel 1537, si ricostruì quasi interamente, poscia fu restaurata ed ingrandita parecchie volte. È un edificio crociforme; la sua architettura è quella detta in Francia della *renaissance*, ed è rimarchevole per la sua arditezza e singolarità. La parte del fondo sopra tutto, è degna di fissar l'attenzione; le vôlte sono elevatissime, e sostenute da pilastri di magra apparenza, privi di capitello, ma divisi nel mezzo della loro altezza da una galleria. Alle due estremità stanno due torricelle traforate, di eleganti e delicate forme, alte circa dieci metri, le quali racchiudono le due curiosissime scale che conducono alla galleria. La estremità orientale della chiesa è ottagona; le cappelle corrispondono alle arcate dell'interno. Il pulpito è un gran lavoro di scultura in legno; l'altar maggiore, tutto di marmo, è decorato con ricchezza: dietro questo altare, quattro colonne d'ordine toscano sostengono una cassa avente la forma di chiesa gotica, ove stavano rinchiuse, dicono, le ossa di S. Genoveffa innanzi che si restituissero alla chiesa di questo nome. In una cappella a sinistra del coro esiste l'antico sepolcro della Santa protettrice di Parigi. Vi si trovano parimenti de' buoni quadri; e le vetrate del sedicesimo secolo, di Niccola Pinaigrier, meritano vedersi per la vivacità de' loro colori, e perfetta conservazione.

Le tombe di molti uomini illustri chiudeva un tempo questa chiesa, fra le quali distinguevansi quelle di Biagio Pascal, Giovanni Racine, Rollin, Lesueur pittore, Lemaître de Sacy, ed il celebre botanico Tournefort.

Nella prima rivoluzione vi tennero le loro adunanze i teofilantropi; e ne' quintidì e decadi vi si riunivano i studenti per leggere il bullettino decadario, e cantare inni patriottici.

Chiesa di SAINT-NICOLAS-DU-CHARDONNET,
via di Saint-Victor.

Sopra una vecchia cappella del 1230 si costruì questa chiesa nel 1656. E priva di facciata, non ostante che i lavori continuassero fino al 1709. L'interno è di ordine composito, il coro lastricato in marmo. Sull'altar maggiore v'è una bella gloria, e nelle cappelle alcuni quadri assai stimati. Il sepolcro della madre del pittore Lebrun sta situato nella cappella di S. Carlo; le spoglie mortali del poeta Santeuil vi furono trasportate nel 1848, unitamente al suo epitaffio.

Chiesa di SAINT-MEDARD,
via Mouffetard.

Fabbricato questo edificio nel 1163, ebbe ristauri ed ingrandimenti in parecchie diverse epoche;

e recentemente da Petit-Radel. Mostra più generi di architettura, i quali, in fondo, non meritano alcuna osservazione. La singolarità di questa chiesa è di conservare il sepolcro del famoso diacono Pâris; il quale si distinse in vita ed in morte nelle religiose querele del XVII secolo. Le scene rappresentate dai convulsionarj sulla tomba del suddetto personaggio, che riguardavano come un profeta, furon tali, che si dovette chiudere il cimitero ove era sepolto. Allora un bello spirito attaccò sulla porta chiusa questa iscrizione :

De par le roi, défense à Dieu,
De faire miracle en ce lieu.

Saint-Médard avea acquistata una specie di celebrità nelle dissensioni religiose. Nel 21 decembre 1561, più di duemila protestanti l'assediarono.

Il P. Niccola, ed il giure-consulto Patru, parimenti vi ebbero tomba.

Chiesa di SAINT-JACQUES-DU-HAUT-PAS,
via *Saint-Jacques.*

Dove esisteva un' antica cappella di Ospitalieri si eresse questa chiesa nel 1630. Sotto il punto di vista architettonico ci è sembrato non meritare alcuna attenzione.

Nella cappella di S. Pietro vi sono quattro quadri attribuiti a Lesueur, la Fede, la Speranza, la Carità, e la Religione, un S. Pietro di Restout, ed un Cristo al limbo di Gerard.

Cochin fondatore dell' ospedale di questo nome, e l'italiano famosissimo astronomo Cassini, qui stanno sepolti.

Religiose della VISITATION.

Le monache della Visitazione hanno tre conventi, via di *Vaugirard* nº 112, via *des Postes* nº 20, e via *Neuve-Saint-Etienne* nº 6; i quali son destinati a pensioni di donzelle, e scuole gratuite per i fanciulli poveri del quartiere.

Convento delle Dame della congregazione del Sacro Cuore di Gesù,
via di *Sèvres*, nº 16, all' *Abbaye-aux-Bois*.

Serve di pensionato alle giovani damigelle, e di luogo di ritiro alle vedove, e donne di avanzata età. Vi è parimenti una scuola gratuita.

Convento delle Carmelitane,
via di *Vaugirard*, nº 78.

È il locale e la chiesa che occupavano un tempo le carmelitane scalze, in cui ebbe luogo nel 1792 gli orribili massacri del 2 e 3 settembre, dove perì sì gran numero di vittime.

Oltre di questo, le carmelitane ne posseggono due altri, via *d'Enfer* nº 67, e via *Cassini* nº 2, destinati alla educazione delle donzelle.

Vengono in seguito gli altri conventi:

Delle *dames de la Congrégation de Notre-Dame*, via di *Sèvres*, presso il *Boulevart*;

Delle *dames du Calvaire*, via del *Petit-Vaugirard*;

Delle *dames de la Congrégation de la Mère de Dieu*, via *Barbette* nᵢ 2 e 4, servendo all' educazione delle figlie dei cavalieri della Legion d'Onore;

Delle *dames de la Miséricorde*, via *Neuve-Sainte-Geneviève* n° 25;

Delle *Chanoinesses de Saint-Augustin*, via *Picpus*;

Delle *dames Bernardines de l'ancien Port-Royal*, via di *Vaugirard* n° 57;

Dell' *Immaculée Conception*, via delle *Postes* n° 40;

Delle *dames de Saint-Thomas de Villeneuve*, via delle *Postes*, alla strada cieca delle vigne;

Delle *dames de Saint-Michel*, via *Saint-Jacques* n° 193.

Tutti questi conventi sono destinati per educazione delle giovinette, case di ritiro, e scuole gratuite.

Seminarj.

Seminario di *Saint-Esprit*, via delle *Postes*.
Petit-Séminaire, via di *Pontoise* n° 18 *bis*, ed a *Gentilly*.

Ambidue consacrati alla educazione della gioventù desiderosa di abbracciar la carriera ecclesiastica.

JARDIN-DES-PLANTES,

quai Saint-Bernard, di faccia al ponte di *Austerlitz*.

Questo veramente magnifico stabilimento ebbe origine da Luigi XIII, che lo pose sotto la direzione del suo medico ordinario Guy de la Brosse. In origine non era che un orto botanico, al quale si aggiunse successivamente diverse diramazioni della storia naturale. Ingrandito da Luigi XIV, divenne, sul principio del regno di Luigi XV, e sotto la intendenza di Dufay, di assai grande importanza. Buffon, scelto da questo a succedergli, fu nominato nel 1739; d'allora in poi il Giardino del Re acquistò in breve tempo l'incremento e sviluppo che gode al presente. Adoperò Buffon ogni cura imaginabile ad estendere ed arricchire un tanto nobile ed utile stabilimento. Da tutte le contrade dell'universo questo dottissimo naturalista adunò le più variate produzioni della natura: da lui furono creati i diversi musei, e le gallerie, non che le grandiose stufe, dove le diverse temperature convenienti alla natura di ogni pianta sono tanto ingegnosamente combinate; quelle disposizioni in fine, e quell'ordine mirabile che ne fa l'oggetto della generale ammirazione, tutto è a lui dovuto. Le molte diramazioni della storia naturale, le grandi ricchezze dei tre regni della natura vi si veggono adunati con ordine perfetto, ed i corsi di lezioni che vi si danno da illustri scienziati, formano di questo stabilimento il vero santuario della scienza, la quale si arricchisce ogni giorno più dai nuovi tesori acquistati dal governo, spediti dagli agenti ch'egli fa viaggiare in tutte le parti del mondo, o donati da generosi amatori. Così, la maggior parte dei vegetabili, dall'umile issopo fino al cedro del Libano, vi si trovano rappresentati da uno o più individui di ogni specie, piantati in terreni convenienti alla loro natura. Indicazioni latine con i nomi delle famiglie, generi, e specie di ogni pianta, ne facilitano al naturalista lo studio, al curioso il diletto.

Contiene inoltre lo stabilimento una superba sala d'anatomia comparata, ed un ricco serraglio de' più variati animali viventi, gli uni collocati in grandi gabbie, gli altri in tante capanne bastantemente spaziose, altri finalmente in vasti recinti disposti con arte e gusto squisito (1). Collezioni immense di mi-

---

(1) L'importante acquisto dell'ippopotamo che aveva fatto

nerali, ed animali impagliati, son distribuite in parecchi edificj, in cui stanno i laboratorj, un magnifico anfiteatro, ed una superba biblioteca scientifica. Vi si vedono parimenti gli oggetti rappresentanti la paleontologia, di questa scienza creata dal celebre Cuvier, che ha tanto dottamente analizzato e documentato l'esistenza degli animali antidiluviani coi frammenti delle ossa fossili rinvenute nelle viscere della terra.

Il Giardino delle Piante, considerato solo come passeggiata, è, per la sua estensione, distribuzione, e ricchezza di piantagioni, uno de' più ameni che possa mai rinvenirsi.

Non entreremo affatto in dettagli relativi alla costruzione degli edificj, i quali non presentando niente di rimarchevole sotto il rapporto dell'architettura, non hanno altra importanza reale fuori di quella che gli dà la loro destinazione.

Il giardino resta aperto tutti i giorni da mattina a sera; gli animali sono visibili soltanto da 11 ore alle 3. Il pubblico non viene ammesso al gabinetto di storia naturale che il martedì e venerdì, da 3 ore fino a notte; i forastieri possono visitarlo tutti i giorni, o coll'esibizione de' loro passaporti, o con biglietto di uno degli amministratori o professori.

Halle aux vins,
quai Saint-Bernard, presso il Giardino delle Piante.

Giace il presente stabilimento sull'area dell'antica abazia di *Saint-Victor*, ed occupa una superficie

---

il museo, e parecchi altri non comuni animali, perirono ne' decorsi mesi, ed hanno lasciato un vuoto nella preziosa collezione.

di 134,040 metri quadrati; è destinato a ricevere e tenere in magazzino circa 200,000 botti di vino. La sua costruzione data dal 1807; la facciata ha 360 metri di lunghezza, la profondità 88 metri. Due padiglioni collocati alle estremità della fronte servono per l'amministrazione, ed uffici di sorveglianza .per ingresso ed uscita. L'interno si compone di cinque grandi masse di fabbriche, ad uso di *halles*, di dispense o magazzini; quest'ultimi sono in numero di 50. È questo il deposito generale del commercio de' vini in Parigi.

Halle dei vitelli,
presso il *quai de la Tournelle*.

Fu costruita sul luogo ove esisteva l'antico collegio de' Bernardini, circa l'anno 1775.

Scuola di farmacia,
via dell' *Arbalète*, n° 17.

Questa scuola è collocata nel vecchio convento di *Lourcine*; il giardino botanico si deve al dotto Tournefort. Vi si trova anche una bella collezione di mineralogia.

I professori, nel numero di dieci, v'insegnano la teoria e la prattica delle operazioni farmaceutiche, la storia naturale, la botanica, e la farmacologia.

Vi si entra tutti i giorni, fuori le domeniche, dalle ore 10 alle 4.

Scuola delle Mine,
via *d'Enfer*, n° 34.

La scuola delle Mine è diretta da un consiglio incaricato di tutte le operazioni relative al suo servizio.

Oltre ad una biblioteca estremamente ricca in opere relative alle scienze insegnate nella scuola, vi è la galleria mineralogica; quella che racchiude la collezione statistica dei minerali utili della Francia, classificati per dipartimento; il museo geologico de' paesi stranieri; la collezione geologica in appoggio alla descrizione geologica della Francia dei sigg. Dufresnoy ed Elia di Beaumont; le diverse collezioni dei prodotti delle arti e dell'industria tanto francesi che esteri; finalmente il museo di paleontologia.

La scuola è destinata a formare degl'ingegneri per lo Stato, incaricati della sorveglianza e direzione delle usine, e scavamento di mine, non chè far le sperienze sulle nuove macchine a vapore per uso delle grandi industrie, dar de' consigli agl'industriali, ecc.

SCUOLA NORMALE,
via *Saint-Jacques*, nº 15.

Per essere ammesso in questa scuola bisogna di già aver fatto dei studj gravi, aver ottenuto il baccellierato nelle scienze, o nelle belle lettere, e sottoporsi ad un rigoroso esame. L'età di ammissione è dai 19 ai 23 anni, la durata dei studj di tre anni. Gli allievi di questa scuola vengono per la maggior parte destinati al professorato.

Collegio di FRANCE,
Piazza di *Cambrai*, nº 1.

L'origine del presente collegio è dell'epoca di Francesco I, che lo istituì per l'insegnamento delle scienze superiori; però le guerre civili della fine di que ˋgno fecero sospendere gl'incominciati lavori, i quali non furono potuti continuare che sotto il regno di Enrico IV, e si compirono in tempo di Luigi XIII. Finalmente nuove costruzioni ebbero luogo nel 1774, che lo fecero esser ciò che noi lo vediamo presentemente. È un monumento di grandissima semplicità, che si compone di tre corpi di fabbrica, e di una spaziosa corte : l'ingresso consiste di una sola arcata con frontone adorno di sculture. La sua importanza reale è tutta nella destinazione dello stabilimento. Numerosi professori vi tengono tutti i giorni corsi pubblici e gratuiti sulla maggior parte delle umane cognizioni, astronomia, cioè, fisica, chimica, medicina, filosofia, linguistica, ecc., ecc.

Licèo di LOUIS-LE-GRAND,
via *Saint-Jacques*, n° 123.

Fondato dai gesuiti nel 1563, ricostruito da essi nel 1682, quindi riorganizzato nel 1792 dopo la di loro espulsione. Ebbe successivamente i nomi di *Collége Egalité*, *Pritanée français*, *Lycée impérial*, ed in fine, sotto la Restaurazione, quello di *Collége Louis-le-Grand*. Nella rivoluzione del 1848 gli si era dato il nome di *Lycée Descartes*.

Licèo NAPOLÉON,
anticamente Collegio di Enrico IV,
via di *Clovis*, n° 1.

Su i terreni dell'abazia di *Sainte-Geneviève* fu anticamente costruito questo Collegio. Nel 1804 prese il nome di *Lycée Napoleon;* nel 1815 quello di *Collége Henri IV;* nel 1848 si nominò *Lycée Corneille*.

I figli di Luigi Filippo fecero i loro primi studj in questo rinomatissimo licèo.

Licèo SAINT-LOUIS,
via *de la Harpe*, n° 94.

Istituito nel 1280 da Raoul d'Harcourt, canonico di *Notre-Dame*. Si rifabbricò nel 1814 dandogli il nome di collegio *Saint-Louis;* nel 1848 si chiamò *Lycée Monge;* e nel 1852 riprese l'antico suo nome.

Oltre i collegj di sopra nominati, esistono anche i seguenti;

Collége Stanislas, via *Notre-Dame-des-Champs*, n° 16. — Stabilimento particolare acquistato, nel maggio 1854, dalla città, per farci un collegio comunale.

Collége Rollin, via delle *Postes*, n° 34.

Collége des Irlandais, via degl'*Irlandais*, n° 5. — Antico collegio, distrutto nella rivoluzione del 1791, e quindi ristabilito. Vi s'insegna la teologia, la filosofia, la medicina, e le belle lettere.

Collége des Anglais, via delle *Postes*, n° 22. — Antico Collegio, ristabilito dopo la Restaurazione.

Collége des Ecossais, via dei *Fossés-Saint-Victor*, n° 25.

Scuola POLYTECNIQUE,
via *Descartes, Montagne-Sainte-Geneviève*, n° 71.

L'attuale scuola si fondò nel 1795. È destinata a formar buoni allievi per servizio dell'artiglieria di terra e di mare, pel genio militare, per gl'ingegneri di ponti e strade, della marina imperiale, mine, polveri, ecc. Trecento sono i giovani, i quali guidati da abili professori, fanno eccellente riuscita. La durata del corso completo è di due anni; gli allievi pagano 1000 franchi di pensionato, e vestono un uniforme.

Collocata è la scuola sotto l'autorità del ministro della guerra; ed ha dodici professori.

Per visitar l'interno dello stabilimento bisogna avere il permesso del sotto-governatore.

Ospedale della SALPÉTRIERE,
boulevart de l'Hôpital.

L'origine di quest'ospedale è del 1632. In principio si destinò per casa di detenzione dei mendicanti e vagabondi; quindi venne riservato specialmente alle femine indigenti, inferme, e di avanzata età, non che agli epilettici ed alienati di mente. È questo il più grande ospedale di Parigi: immensi sono gli edificj, i quali colle corti e giardino occupano una superficie di circa 110,000 metri quadrati. Vi si giunge da due strade piantate d'alberi, una che incomincia da quella che conduce a Fontainebleau, l'altra che si stende dalla via di *Poliveau* fino alla Senna. L'interno ha l'aspetto di un intero paese, avendo le sue strade, le sue piazze, la sua passeggiata, e la chiesa, con una popolazione di 6 à 7000 abitanti. La facciata è composta di due grandi fabbricati con padiglione in ciascun lato, presentando una superficie di 200 metri. La chiesa consiste in una cupola ottagona che mette capo ad otto navate, quattro delle quali finiscono con le cappelle. L'altar maggiore, collocato nel mezzo, si scorge dai differenti punti della chiesa.

Il più grand'ordine, e la più grande nettezza osservasi in quest'ospizio, che merita certamente l'attenzione dello straniero. Resta aperto al pubblico il giovedì e la domenica, da un'ora alle 4, e tutti i giorni nelle ore medesime ai forastieri.

Ospedal militare di VAL-DE-GRACE, e sua chiesa,
via *Saint-Jacques*, n° 277.

Val-de-Grace è un'antica abazia di monache, fondata nel 1621 da Anna d'Austria. Parecchi architetti, dopo Mansard, ne compirono la costruzione; e questo ha senza dubbio contribuito molto alla mancanza della regolarità, che osservasi nell'insieme di questo monumento. Ciò non ostante, è una delle più belle chiese di Parigi, e la sua cupola una delle più importanti, ed elevate. La grande facciata, che poggia sopra una scala di sedici gradini, si compone di otto colonne isolate d'ordine corintio con nicchie e frontone. L'interno presenta una nave divisa dai fianchi con arcate e pilastri scanalati d'ordine corintio. La vòlta è carica di bassi rilievi rimarchevoli per la loro esecuzione. L'altar maggiore è sormontato da un magnifico baldacchino sostenuto da sei colonne spirali di marmo nero, e di ordine composito, con ornati in bronzo dorato. Fra gli altri ornamenti della chiesa, il più importante è il fresco della cupola dipinto da Mignard, ritenuto per uno dei capi d'opera di questo celebre artista; la composizione rappresenta la gloria de' beati, dove figurano più di 200 personaggi, una gran parte de' quali, cioè quelli posti nel primo piano, non han meno di 7 piedi e mezzo di altezza. Molière, in un suo poemetto, fece un grande elogio di questo dipinto; ma il celebre autore del *Tartufe* non aveva certamente grandi cognizioni in pittura. Io non voglio dire con questo, che l'opera di Mignard sia priva di merito, poichè si richiede ingegno non ordinario per condurre a fine un lavoro di questa dimensione; e non potrebbe negarsi la prattica abilità spiegatavi dall'autore. Ma quel suo disegno languido e gonfio, quel suo falso colore, e quella grazia manierata sarà sempre un grand-ostacolo perchè dagl'intelligenti conoscitori sia cole locato Mignard nel rango dei veri maestri.

L'ospedal militare è collocato nell'interno dell'antico convento in tante vaste e comode sale, che possono contenere circa 1500 malati: è perfettamente tenuto, ed assistito dai primi medici di Parigi.

Bisogna avere il permesso del comandante la prima divisione militare se si ha il desiderio di visitarlo.

Ospedale du MIDI,
via de' *Capucins*, n° 39.

Fondato nel 1784 sull'antico convento dei cappuccini; contiene circa 600 letti. I stranieri possono osservarlo, permettendolo il direttore.

Ospedale delle filles inscrites,
via di *Lourcine*, n° 95.

Può ricoverare circa 300 malati. Diriggersi al *bureau* per visitarlo.

Ospedale COCHIN,
via del *Faubourg-Saint-Jacques*, n° 45.

Quest'ospedale porta il nome del suo fondatore, antico parroco di *Saint-Jacques du-Haut-Pas*, che lo stabilì nel 1780.

Contiene 100 letti.

Il pubblico può entrarvi la domenica ed il lunedì; i forastieri tutti i giorni con permesso del direttore.

Ospizio dei Trovatelli,
via d'*Enfer*, n° 74.

S. Vincenzo de' Paoli fondò l'Ospizio dei Trovatelli nel luogo ove era la casa dei preti dell'Oratorio. Vi esisteva in passato una ruota che serviva al deposito de' bambini; ma ora è stata questa soppressa perché i medesimi non si ricevono che presentandoli al *bureau*. Le balie sono in numero di 150.

Si può entrar nello stabilimento con permesso del direttore.

Ospizio di LAROCHEFOUCAULT,
via d'*Orléans*, n° 15, presso la barriera d'*Enfer*.

Creato nel 1702 dai fratelli della Carità per riceverzi gli ecclesiastici di età avanzata, e gli antichi ufficiali senza fortuna. Vecchi impiegati parimenti vi si ammettono, mediante un'annua pensione di 250 franchi. Vi si contano 213 letti.

Può visitarsi diriggendosi al *concierge*.

Infermeria di MARIA TERESA,
via d'*Enfer*, n° 86.

La presente casa ebbe origine nel 1819 da Mll.° di Chateaubriand per dar ricovero ai preti vecchi ed indigenti, come anche alle donne vittime dei rovesci della fortuna. Il numero dei letti è soltanto di 32.

Ospedale della PIETÀ,
via *Copeau* presso il *Jardin-des-Plantes*.

Contiene quest'opedale 600 letti pe' malati e feriti poveri.

Ospedale della MATERNITÀ,
via Port-Royal, n° 3.

Stabilito negli edificj dell' antica abazia di *Port-Royal*, contiene 150 letti per le donne gravide; 160 per le partorienti; 25 per i bambini neonati ; 8 per le nutrici sedentarie, e 150 per le allieve-levatrici, molte delle quali pagano 600 franchi di pensionato. Non vi si ricevono le donne incinte che nell' ottavo mese della loro gravidanza, e vi restano nove giorni soltanto dopo di essersi sgravate, salvo un qualche imprevisto accidente.

Manifattura di Arazzi dei GOBELINS,
via Mouffetard, n° 270.

L'origine del presente stabilimento rimonta al 1450. Giovanni Gobelin ne fu il fondatore, e gli dette il suo nome. Sotto Luigi XIV ricevette un grande impulso, avendone il gran Colbert affidata la direzione al celebre pittore Lebrun, per cui la manifattura raggiunse il suo più alto grado di perfezione. Di fatti, è difficile persuadersi, come si possa giungere, mediante un semplice tessuto, a riprodurre con tanta precisione gli effetti della pittura con tutta la sua purità, e delicatezza di colorito. Per queste particolarità, la riputazione dello stabilimento, unico nel suo genere, è divenuta europea, eccitando in modo straordinario la pubblica curiosità.

Gli opificj e le sale di esposizione delle tapezzerie dei *Gobelins* sono aperte al pubblico il mercoledì ed Isabato, da due ore fino a sera. Non è molto tempo, che si riunì ai *Gobelins* la manifattura de' tappeti della *Savonnerie*, tanto rinomata per la ricchezza e varietà dei suoi prodotti.

Istituzione dei Sordo-muti,
via *Saint-Jacques*, n° 254.

Ognuno conosce che all' abate de l'Épée la Francia è debitrice di questa istituzione. Gl' infelici sordo-muti vi ricevono la prima istruzione, mediante il suo metodo, il quale consiste principalmente nella mimica, e nella parola formata con dei segni. Parecchie professioni manuali parimenti vi s'insegnano. Quest' uomo generoso incominciò con 40 giovani che istruì a proprie spese. Il governo, a cui egli si diresse, per estendere il suo metodo ad un più gran numero di allievi, riconobbe tutta l'importanza di una tale istituzione, e gli accordò dei fondi onde avesse avuto campo di attuare il filantropico suo desiderio. In tal' epoca ebbe luogo la fondazione dell' istituto de' sordo-muti, sotto la direzione di questo rispettabile abate, al quale succedette un altr' uomo non meno stimabile, l'abate Sicard, a cui il sudetto stabilimento è debitore di non pochi miglioramenti.

Cento allievi dai 10 ai 15 anni di età vi vengono tenuti gratuitamente per soli sei anni. Vi si ammettono anche quelli che sono in istato di poter pagare un' annua pensione, stabilita a 900 franchi per i maschi, e ad 800 per le femine.

Alla fine di ogni mese vi sono degli esercizj, ai quali possono assistere i forastieri muniti di autorizzazione del sig. direttore.

L'OSSERVATORIO,
via *Cassini*, n° 1, di faccia al palazzo del *Luxembourg*.

Venne eretto questo monumento nel 1667 per ordine di Luigi XIV dietro un disegno presentato da Claudio Perrault. Nessun pezzo di legno o di ferro entra in tale costruzione, perchè è tutta in pietra da taglio. L'edificio è di buona disposizione architettonica, ed ogni parte perfettamente appropriata alla sua destinazione. La massa principale presenta un quadrato, a cui si aggiunsero delle torri ottagone. Le due faccie laterali di tal quadrato sono parallele, e le altre due perpendicolari al meridiano tracciato sul pavimento di una gran sala posta nel centro dell'edificio, la quale è sormontata da una piattoforma alta 27 metri dal suolo, per uso delle quotidiane osservazioni astronomiche. Dalla parte del nord sta un avancorpo colla porta d'ingresso. Nel centro si fecero, a traverso di tutte le volte, aperture che si prolungano fino ai sotterranei, di profondità eguali all'altezza dell'edificio, discendendovisi mediante 360 gradini; servendo queste per misurare i diversi gradi d'acceleramento della caduta de' corpi, come alla verificazione dei grandi barometri. Servono anche ai fisici esperimenti, in ispecie a quelli relativi alla temperatura atmosferica del globo.

Colbert avea chiamato dall'Italia il celebre astronomo Giovan Domenico Cassini per dirigere i lavori dell'Osservatorio; ma non essendo potuto arrivare a Parigi che quando i lavori erano molto avanzati, Cassini trovò le disposizioni dell'edificio poco adattate alle astronomiche osservazioni, per cui vi fece eseguire parecchi cambiamenti.

Il meridiano di quest'Osservatorio ha servito di punto di partenza alle numerose ed importanti triangolazioni, in seguito delle quali si formò la carta di Francia, conosciuta col nome di carta di Cassini, che occupa 182 fogli.

Il busto in marmo di questo celebre italiano esiste nella sala dell'Osservatorio in mezzo a quelli di Lalande, Pengré, Laplace, Descartes, Lacondamine, ecc.

Bureau delle Longitudini.

Il *bureau* delle Longitudini tiene le sue sedute nella sala del primo piano dell'Osservatorio, sotto a quella del Meridiano, e vi redigge l'*Annuaire*, e la *Connaissance des temps*, che vengono presentati all'imperatore, e quindi pubblicati.

Come presidente del *bureau* delle Longitudini, il sig. Arago fece per tanti anni all'Osservatorio, i celebri corsi di astronomia, che contribuirono assai a render questa scienza popolare.

Le CATACOMBE,
barriera d'*Enfer*.

Le Catacombe sono antiche ed immense cave, che, in origine, si aprivano unicamente sulla riva del fiume, di fianco al *faubourg Saint-Marcel*, le quali ingrandendosi ogni dì per secoli interi, finirono col distendersi sotto la pianura di Montrouge, e di una gran parte della città di Parigi. Per lungo tempo queste cave di pietra si scavavano senza alcuna sorveglianza, a sola discrezione dei minatori, essendo quasi tutti i monumenti di Parigi costruiti colle pietre fornite da questi scavi. E così tutte le case, e gli edificj dei *faubourgs Saint-Germain* e *Saint-Jacques* son piantati sopra queste escavazioni, e per così dire sospesi sopra un abisso. Avvenuto il divallamento di molte case nei suddetti quartieri, si risvegliò l'attenzione del governo, e nel 1776 fece far delle esplorazioni, nominando una commissione ad effetto di rimediare al pressante pericolo, e prevenire in futuro maggiori disastri. Questa occasione fornì l'idea al sig. Lenoir luogotenente di polizia in quel tempo, di convertire in catacombe queste immense caverne, ed adunarvi tutti gli ossami che da più secoli ingombravano le sepolture delle chiese ed i cimiteri di Parigi, contro l'insalubrità delle quali si era tante volte declamato. Un tal progetto venne eseguito, ed esteso non solo al cimitero degl'Innocenti, ma a tutti gli altri che esistevano nell'interno di Parigi, i quali tutti furono soppressi, ed i resti umani si trasportarono alle Catacombe. L'ordine il più perfetto si osservò nell'assettamento, e classificazione di tali spoglie singolari. Gli ossami si disposero simmetricamente fra i piloni che sostengono le vòlte delle gallerie. Iscrizioni collocate di distanza in distanza indicano da qual cimitero, o da quale chiesa sono state estratte le diverse masse. Di spazio in ispazio si legge sulle muraglie sentenze relative sul nulla delle cose umane, cavate, per la maggior parte, dai libri morali degli antichi e moderni autori, o improvvisate su i luoghi medesimi da qualche visitatore ispirato dal funereo aspetto del luogo.

Questi innumerevoli sotterranei occupano, sotto il suolo di Parigi, la immensa estensione almeno di 600,000 metri, che si suddividono, ed incatenano in tanti modi, che formano fra di loro un vero inestricabile labirinto, dal quale difficilmente si uscirebbe senza l'ajuto del guardiano incaricato di condurvi.

Le catacombe hanno tre ingressi principali: il primo al padiglione occidentale alla barriera d'*Enfer*; il secondo alla *Tombe-Issoire*; ed il terzo nel piano di *Montrouge*. Il primo è l'ingresso più frequentato.

Parecchi accidenti che hanno avuto luogo da qualche anno, ed ai quali non si è potuto ancora apprestare rimedio, ha obbligato l'autorità d'interdire provvisoriamente ai curiosi l'ingresso nelle catacombe.

Prigione di SAINTE-PÉLAGIE
via della Clef.

Era in altro tempo questa prigione il convento delle *nonnes* (1), soppresso nella prima rivoluzione.

È destinata ai condannati per delitti politici, a quelli che hanno da subire una limitatissima detenzione, ed a qualche prevenuto di furto.

Altre volte vi si rinchiudevano i condannati per debiti, che furono poi trasportati alla via di *Clichy* nella prigione costruita espressamente per loro.

I detenuti politici stanno separati dagli altri prigionieri, e possono occuparsi secondo la loro volontà. Un giardino è disposto per il loro passeggio, che ha luogo in alcune ore.

Il regime della prigione è severissimo.

Fontana CUVIER,
al canto via della Saint-Victor e della via Cuvier.

Fu eretta questa fontana in onore del celebre scienziato da Alfonso Vigoureux. È formata da un piedistallo semicircolare ornato da due colonne joniche e cornicione, oltre ad alcuni bassi rilievi, fra cui si distingue quello che rappresenta il Genio della Storia Naturale avente in mano una tavoletta con iscrizione latina. L'insieme è di grazioso aspetto.

Fontana del Satiro,
via Censier.

È di forma quadrata con frontone triangolare, su

---

(1) Nome che per ischerzo vien dato alle religiose.

cui sta un satiro che da un'otre versa acqua nel sottoposto bacino ornato di teste di lioni.

Serbatojo dell' ESTRAPADE,
piazza dello stesso nome.

Questo Serbatojo, alimentato dalle acque d'*Arcueil*, e del pozzo artesiano di *Grenelle*, è costruito con tavole intonacate di cemento idraulico.

Mercato de' cavalli,
boulevart de l'Hôpital.

Stabilito nel 1642: è posto sotto la sorveglianza della polizia, ed è aperto il mercoledì ed il sabato.

Il mercato dei cani, che ha luogo nella domenica, è collocato vicino a questo.

Mercato dei PATRIARCHES.

Vi si fa commercio di utensili domestici e mobilio ad uso delle classi operaje.

Mercato dei CARMES,
piazza *Maubert*.

Rimonta questo mercato, che ha luogo in tutti i giorni della settimana, ad un'epoca antichissima. Nulla presenta di rimarchevole, se non che la memoria di essere stato nel 1848 il teatro dell'insurrezione, contro cui fu necessità combattere per due giorni interi onde impossessarsene.

Piazza SAINT-JACQUES,
all'estremità del sobborgo di questo nome.

Piazza attualmente destinata all'esecuzione delle

sentenze capitali, che in passato avea luogo su quella di *Grève*.

Piazza VALHUBERT,
di faccia al ponte di *Austerlitz*.

È l'intervallo che separa questo ponte dal Giardino delle Piante.

Macello di Villejuif o d'Ivry,
boulevard de l'Hôpital,

Costruito nel 1810 su i disegni di Leloir; somiglia alle altre costruzioni di tal genere.

CIRCONDARIO RURALE DI S.-DENIS.

All'analisi di tutti i monumenti, edificj, e stabilimenti pubblici dell'interno di Parigi, abbiamo creduto aggiungere, onde render più completa quest'opera, una succinta descrizione di alcuni altri collocati ne' suoi dintorni.

Indipendentemente dai dodici circondarj che compongono la città di Parigi, due rurali ne esistono, spettanti al dipartimento della Senna, i di cui capiluoghi sono *Saint-Denis* e *Sceaux*. Descritti che avremo i luoghi più importanti dei circondarj suddetti, passeremo a far parola di Versailles, Saint-Germain, Saint-Cloud, e Meudon, i di cui palazzi furono o sono ancora residenze sovrane.

SAINT-DENIS.

La città di *Saint-Denis* per sè stessa non offre che pochissimo interesse, ma è ciò non ostante una delle più importanti per la sua antichità, per i fatti storici che rammenta, e specialmente per il suo tempio che racchiude le tombe di tutti i re di Francia delle tre dinastie, cioè da Clodoveo a Luigi XVIII.

Sul luogo ove sorge questa chiesa sussisteva, nel 240, una piccola cappella costruita in tal'epoca per ricevere i corpi di S. Dionisio, e dei suoi compagni Rustico ed Eleuterio, decapitati sul colle di Marte

(*Montmartre*) come propagatori della fede di Cristo. La suddetta cappella poi fu convertita in oratorio, e Chilperico, nel 580, vi fece seppellire uno de' suoi figli. Qualche tempo dopo, Dagoberto trasformò quest'oratorio in una chiesa magnifica, accrebbe ancora il monastero, e lo ricolmò di ricchezze. Cessato di vivere nel 638, vi fu tumulato. Da quell'epoca in poi la chiesa di *Saint-Denis* divenne la tomba privilegiata dei re di Francia, i quali gareggiarono ad arricchirla in un coll'annessa abazia.

Fu nel 1130, che il p. abate Suger innalzò l'attuale facciata, il vestibolo, e le torri della chiesa attuale, come anche i sotterranei dove stanno i sepolcri. La parte bassa della facciata medesima è ornata di sculture bizzarramente concepite. La bella navata, che S. Luigi ne ordinò la costruzione, ma non si compì che nel 1281, sotto il regno di Filippo l'Ardito, presenta forme leggiere ed eleganti, che distinguono in grado eminente le costruzioni di tal' epoca. La pianta è perfettamente ordinata, e le cappelle che ne circondano l'interno producono l'effetto il più bello. Le cancellate del coro sono di buon lavoro, e la chiesa è inoltre arricchita di quadri de' primi artisti, di ornati, e sculture bene eseguite.

Due scale laterali conducono ai sotterranei, che sono a piccole vôlte in una galleria circolare sostenuta da colonne con capitelli ornati di bassirilievi. Sotto queste vôlte stan collocati i cenotafj dei re, disposti per ordine cronologico, consistenti nella maggior parte in statue coricate sopra pietre sepolcrali.

Gli edificj dell'abazia di *Saint-Denis* sono rimarchevoli per la loro ampiezza e bella costruzione. La principal facciata ha un gran frontone, ricco di stimate sculture. Attualmente questi edificj sono occupati dall' *Istituto delle orfane della Legion d'Onore*, giovinette in numero di circa 400, tutte parenti, o figlie dei legionarj, che dall'età di 6 ai 18 anni vi rimangono in educazione a spese dello Stato.

SAINT-OUEN.

Il villaggio di *Saint-Ouen* è uno de' più belli luoghi dei dintorni di Parigi, e forse della Francia. Sta collocato nel mezzo di una ricca e ben coltivata pianura sulla destra riva della Senna, due leghe distante dalla capitale. Pare che il re Dagoberto vi stabilisse la sua dimora; almeno una pietra quadrata, scoperta in questi luoghi nel 1750, aveva in caratteri gotici questa iscrizione: *Ici était la maison de Dagobert*. Là s'innalzò dal re Giovanni quella *Noble Maison*, in cui stabilì nel 1351 il capitolo militare e cavalleresco della Stella, di quella schiera di 500 gentiluomini, che, con il titolo di cavalieri di Malta, fu il fiore della milizia di tutte le nazioni. La loro annuale adunanza avea luogo nella gran sala della *Noble Maison* il giorno 15 di agosto.

Il re Giovanni risiedeva spesso a *Saint-Ouen*, essendo parecchi suoi editti datati da questo nobile soggiorno. Nel 1374 il castello divenne proprietà del Delfino (Carlo VI) nipote del re Giovanni, che lo abbellì con gran dispendio, e ne formò la sua favorita residenza. Nel 1482, la *Noble Maison* fu da Luigi XI donata ai monaci di *Saint-Denis*, per ottenere, in forza delle costoro orazioni, la lunga vita che desiderava godere; ma il dono a nulla servì, poichè ebbero termine i suoi giorni nell'anno medesimo! Luigi XIII donò la signoria di *Saint-Ouen* al conte d'Evreux, e questi fece fabbricare un castello di faccia al padiglione, che ha il nome tuttora di *pavillon de la reine Blan-*

che. *Saint-Ouen* appartenne in seguito ad un cancelliere di *Monsieur*, fratello di Luigi XIV, che vi dette feste brillantissime da paragonarsi a quelle celebri di Gentilly. Più tardi, venne in possesso di madama di Pompadour, la quale vi spese in abbellimenti considerevoli somme, riducendolo ad incantevole soggiorno. Nel 1814, il 2 di maggio, vigilia del suo ingresso in Parigi, vi stette Luigi XVIII, e vi firmò la dichiarazione detta di Saint-Ouen. Qualche tempo dopo il castello fu venduto e demolito, e sulle sue ruine fu innalzato un altro magnifico edificio da rivalizzare colla sontuosa residenza di madama di Pompadour.

Nelle vicinanze esiste un altro castello non meno ricco ed elegante, e parimenti ben collocato, di proprietà del sig. Ternaux. Fu in origine la bella villa del principe di Rohan, poi residenza del signor de La Borde cameriere di Luigi XVI, dal quale lo acquistò il sig. Necker. Questa brillante dimora divenne allora il convegno de' begl'ingegni che vi chiamava madama Necker. Fu qui che il di lei marito preludiò al ministero col suo famoso *Compte-rendu*, e più tardi gioì del trionfo dovuto al suo congedo. Fu qui finalmente, che la loro figlia, divenuta poi madama di Staël, nella più tenera età, dava segni non equivoci di quel genio, che dovea più tardi collocarla nel numero dei primi letterati della Francia.

Questa bella residenza era difatti in passato assai importante per la costruzione, per i suoi punti di vista, e graziosi giardini bagnati dalla Senna. Quando il sig. Ternaux ne divenne proprietario, vi fondò stabilimenti industriali, come lavatoj ed apparecchi per le lane; vi collocò poi una mandra di capre del Thibet, che dovea fornir la materia onde fabbricare que' superbi scialli di alta commerciale importanza, che formano il più prezioso articolo dell'abbigliamento delle signore. Nel mezzo de' fioriti boschetti di quest'*oasis* si vedono ancora dei vasti *silos*, o gallerie sotterranee, destinate ad essere i granaj di abbondanza, avendo la esperienza dimostrato co' fatti, che seguendo questo nuovo sistema, il grano può esser tenuto molti anni in uno stato di perfetta conservazione.

NEUILLY.

Abbandonando *Saint-Ouen*, e proseguendo il cammino sul margine del fiume, rimontandolo dalla riva sinistra fino verso a *Neuilly*, può godersi il ridente spettacolo che presenta una moltitudine di case di delizia e di fiorite campagne che fiancheggiano questa strada, la di cui varietà, elegante distribuzione, e situazion pittoresca, producono un incantevole effetto. Quanto maggiormente avvicinasi al ponte di Neuilly, tanto più il bello spettacolo cresce, si sviluppa, e diviene maestoso. Da un lato la prospettiva delle belle case di Courbevoie, che si distendono nel piano e sulle alture; dall'altro il bel punto di vista del castello di *Neuilly*, ricca e vasta proprietà, dove nulla si risparmiò per farne il più delizioso soggiorno. All'altra estremità del ponte si distende a dritta ed a manca il bel villaggio di questo nome.

Il paese è di recente data, con eleganza e regolarità costruito, di circa 6000 anime di popolazione. Collocato in bellissima situazione, si stende molto innanzi al viale che conduce alla barriera dell'*Etoile:* da un lato ha una vasta pianura tempestata quà e là di graziose abitazioni; e dall'altra l'amenissimo bosco di Boulogne.

Il castello di *Neuilly* ebbe origine in tempo di Luigi XV, e ne fu il primo proprietario il sig. d'Argenson; passò dipoi in possesso del sig. di Saint-Foix, che lo cedette a madama de Montesson. Dopo la rivoluzione del 1789 cangiò spesso padrone, cioè il principe Talleyrand, il principe Murat, e la principessa Borghese; alla fine il re Luigi Filippo lo scelse per abituale residenza della sua famiglia durante la bella stagione.

Carteau ne fu l'architetto; e prima che alcuni forsennati nel febbrajo del 1848 lo manomettessero, era assai rimarchevole per la sua architettura, per la bellezza del parco e dei giardini, pel lusso e la ricchezza de' suoi appartamenti, non che per le pitture che lo decoravano. Negli ultimi anni del regno di Luigi Filippo fu di molto ampliato ed abbellito; i giardini fatti tanto più vasti, che si prolungavano fino alle rive della Senna. Parecchie boscose isolette, perfettamente in giro disposte, aggiungono una bellezza di più alle tante di questo delizioso soggiorno, che ha in prospettiva i ridenti punti di vista che lo circondano per ogni parte. Oggi però di tal delizioso castello non rimangono che pochi muri.

Da questo bel quadro non possiamo dimenticare il superbo ponte di Neuilly, che è certamente uno de' più belli, e rimarchevoli che esistano, non solo in Francia, ma forsanco in Europa. La sua estensione è di 225 metri, e la larghezza 15, compresi i marciapiedi. È di regolarità perfetta: cinque archi di 40 metri di apertura, e 10 di altezza lo sostengono; i suoi archi schiacciati hanno una curva sorprendente non fino ad ora imitata. Si costruì tutto in pietra di Saillancourt, tagliata con tal cura, che sembra non formar che un sol pezzo. I massi hanno per la maggior parte 40 a 45 piedi cubi, ed il parapetto ne ha di quelli che giungono fino a 34 piedi di lunghezza. La imponente curva e grandezza degli archi, l'esatto livellamento delle parti in tutta la sua lunghezza, la scelta de' materiali, la semplicità dell' insieme, e la cura adoperata nell' esecuzione, assicurano a questo ponte il primo posto fra i monumenti di tal genere.

Osservansi parimenti in questi dintorni buon numero di eleganti casini di campagna deliziosamente collocati, fra cui quello conosciuto col nome di *maison Saint-James* di aspetto il più pittoresco; quindi, da ogni parte, passeggiate, strade, e magnifici giardini, che si distendono a perdita di vista nelle circostanti campagne.

CIRCONDARIO RURALE DI SCEAUX.

SCEAUX.

Sceaux è il capoluogo della seconda sottoprefettura del dipartimento della Senna. È un piccolo villaggio di niuna importanza, la di cui popolazione non supera le 1500 anime; ma possiede però un castello assai interessante, quantunque oggi non sia più come era in passato. Sulle ruine del castello di Tresmes fece il gran Colbert costruire il presente nel 1670, rendendolo prezioso colle belle sculture di Pujet e Girardon, i due primi scultori dell'epoca, e colle pitture del famoso Lebrun. Incaricò della distribuzione ed abbellimento del parco il celebre Le Nôtre, che avea fatto i giardini di *Versailles* e delle *Tuileries*; vale a dire, ne formò un vero luogo di delizia. Il duca del Maine acquistò il suddetto castello nel 1700 dal figlio di Colbert, e lo fece più grande e più bello spendendovi considerevoli somme. Amando questo principe le scienze e le arti, e dotato essendo di gusto ed istruzione, il castello divenne un incantato soggiorno, pieno sempre di dotti e letterati di ogni genere, dei quali amavano circondarsi il duca e la duchessa del Maine. Era in questo castello che Fontenelle, Chaulieu, Voltaire, Lamotte-Houdard, Saint-Aulaire, e tutti i begl'ingegni di quell'epoca, che tanti ne produsse, venendo a fare omaggio ai padroni di casa, facevansi ammirare da una società la più scelta, per le belle produzioni del loro spirito.

Nel 1775, il duca di Penthièvre, virtuoso figlio del duca del Maine, la di cui intera vita è marcata da tanti atti di beneficenza, si compiacque, nel modo stesso del padre, di ricevere nella terra di *Sceaux* tutti i grandi uomini di allora, fra i quali distinguevasi in modo particolare il sentimentale e grazioso Florian, che divenne, per così dire, il commensale del castello, dove compose le sue migliori opere, e vi finì i suoi giorni nel 1794.

Durante la rivoluzione, il castello fu venduto, demolito quasi interamente, e tutto il resto abbandonato all'agricoltura. Ciò non ostante il maire del luogo, unitamente ad alcuni ricchi particolari vicini, acquistò la parte del parco, ove trovavasi in passato l'aranciera; e questo luogo abbellito con ogni cura dai nuovi possessori, divenne un pubblico giardino, dove, nella bella stagione, ha luogo il più frequentato, e meglio disposto ballo campestre dei dintorni di Parigi.

Il lunedì di ogni settimana si tiene a *Sceaux* un considerevolissimo mercato di bestiami per l'approvigionamento di Parigi.

BICÊTRE.

L'immenso castello di questo nome, che vedesi sopra un'altura a tre quarti di lega al sud di Parigi, si costruì nel tempo di Luigi XIII per luogo di ritiro de' vecchi soldati. Luigi XIV avendo fatto fabbricare l'*hôtel des Invalides*, quello di *Bicêtre* venne allora riunito all'ospedal generale. La posizione di questa casa è assai propizia allo ristabilimento de' malati. Onde aver acqua fu necessità scavare nella viva roccia un pozzo profondo 171 metri, e 15 di diametro, opera mirabile dell'ingegnere Boffraud. L'acqua viene attinta con due secchi pesanti 200 chilogrammi ciascuno, che scendono e salgono mediante un ingegnoso meccanismo; in forza della stessa macchina l'acqua si versa in un serbatojo di 53 piedi quadrati, rivestito di lamine di piombo, dal quale, a mezzo di tubi, si distribuisce in tutte le parti della casa.

Bicêtre serve di prigione e di ospizio; 2200 letti vi sono destinati a ricevere i vecchi indigenti; bisogna però avere almeno 70 anni per esservi ammesso.

L'attuale edificio rimpiazza un castello, che Giovanni vescovo di Wincester vi avea fatto costruire nel 1290, e chiamato perciò *Wincester*, poi corrottamente *Bicêtre*.

La totale popolazione di *Bicêtre* ascende a 3,500 abitanti.

FONTENAY-AUX-ROSES.

A poca distanza da Sceaux s'incontra il grazioso villaggio di *Fontenay-aux-Roses*, deliziosamente situato sul declivio d'una collina, così chiamato per la immensa quantità di arbusti che vi si coltivano, rosai per la maggior parte. Nella bella stagione, tutte le passeggiate circostanti son fiancheggiate da spalliere di rose; i campi, ed i muri di tutte le case ne son coperti, per cui nella primavera ne imbalsama l'aria dando al villaggio un aspetto il più ridente. Gli abitanti si dedicano in particolar modo alla cultura delle vigne, e de' fragolaj, che unitamente ai fiori, è per essi un ramo d'industria assai lucrativo. La deliziosa situazione di questo villaggio, e l'amenità de' suoi dintorni, ha, fin da lungo tempo, dato motivo alla costruzione di una immensa quantità di belle case di campagna. Una delle più importanti, che sussiste tuttora, fu abitata dal festevole poeta Scarron, autore del *Roman comique*, divenuto ancora più famoso per la qualità di primo marito di madama di Maintenon. Nel 1639 vi nacque l'abate Chaulieu, la di cui musa ricorda il genere di Tibullo, e di Orazio.

BERCY.

Bercy è un gran villaggio, che potrebbe a buon diritto considerarsi per una importante città, prendendo norma dalla immensa estensione del suo commercio. Difatti è questo il deposito di tutti i vini che giungono dall'alta Senna, e viene a provvedervisi la più gran parte dei negozianti di Parigi. Così tutta la parte che si estende dalla barriera della *Râpée* fin quasi la pianura di *Carrières*, è piena di magazzini e grotte costruite sulle rive della Senna, che formano sopra questo prolungato *quai* uno dei più belli porti di Parigi, il quale comunica presso la barriera coll'altra riva mediante un ponte sospeso. Nel 1820, un orribile incendio distrusse una gran parte dei fabbricati, che ripieni di vino, oglio, spirito, acqueviti, ed altre materie infiammabili, fu impossibile dominare il fuoco ne' primi momenti, malgrado tutti i sforzi possibili messi in opera per arrestarne il progresso. Più di 40,000 botti di vino, acquavite, e spirito vennero annichilate. La perdita fu calcolata a più di dieci milioni, per cui un gran numero di negozianti restarono completamente rovinati; ma ciò non impedì che si ricostruissero le case, e si riparassero in breve tempo i danni dal paese sofferti; ed oggi questo luogo di deposito continua ad essere uno de' più importanti stabilimenti in tal genere che si conosca. Ciò dimostra ad evidenza quanti mezzi di risorsa offra la città di Parigi, e come l'industria commerciale vi sia attiva e laboriosa.

Esiste à *Bercy* un bel castello, collocato in amena posizione nel mezzo di un vasto parco bagnato da una parte dalle acque della Senna.

La popolazione è di circa 4000 anime.

CHARENTON.

Giace questo borgo lontano appena due leghe, sopra un de' più graziosi punti dei dintorni di Parigi, sulla destra sponda della Marna, nel luogo stesso ove questo fiume si congiunge colla Senna. *Charenton* si divide in due Comuni, una delle quali porta il nome di *Charenton-le-Pont*, a motivo del suo ponte piantato fin dai più remoti tempi sulla Marna; e l'altra si nomina *Charenton-Saint-Maurice*. La di loro popolazione è di 3,500 abitanti circa. Deliziose case di campagna le circondano, fra cui si distingue quella appartenuta alla bellissima Gabriella D'Estrées, situata a sinistra dell'ingresso del borgo venendo da Parigi.

Charenton-Saint-Maurice è importante per la celebre casa di salute stabilitavi per gli alienati di mente. Le interne disposizioni di tale stabilimento sono veramente mirabili; lo spettacolo degl'infelici che vi vengono curati non ha nulla di disgustoso, e l'ordine vi è tanto perfettamente stabilito, da mettere continuamente in dubbio colui che vi entra, se realmente trovasi in presenza d'individui che perdettero l'uso della ragione. D'altronde molti di questi non hanno che deboli attacchi di follìa, e le dolcezze della vita, le distrazioni che in gran numero gli vengono prodigate, l'aria pura che respirano nei belli e vasti giardini dello stabilimento, contribuiscono potentemente ad addolcire il loro carattere. Gli edificj costruiti sopra una collina, in fondo alla quale scorrono placidamente le acque della Marna, ingranditi e resi molto più belli, possono ricevere circa 400 individui di sesso diverso. Da tutte le parti presentansi all'occhio vedute stupende; l'aria che vi si respira è pura e balsamica; vasti i recinti; ed i giardini graziosi e perfettamente tenuti. Le grotte, scavate ad immensa profondità, sono curiosissime a vedersi; vi si ammira l'arditezza della loro costruzione, e sono disposte in modo da contenere almeno 1500 botti di vino: le medesime formano quattro navate di 300 piedi di lunghezza, larghe 14 piedi, ed alte 12: la luce vi penetra da quattro pertugii in forma di pozzi.

Tutti i giorni può lo stabilimento esser visitato dai forastieri.

VINCENNES.

Vincennes è celebre per la sua fortezza, ed è uno dei luoghi maggiormente frequentati dai parigini durante la buona stagione, per le belle passeggiate che offrono i suoi dintorni, e specialmente pel bosco che porta il suo nome. Vi si arriva da un lungo e superbo viale, che incomincia dalla barriera del *Trône*, formando esso stesso una magnifica passeggiata.

Fu spesso abitato il castello di *Vincennes* dai re di Francia. Ebbe origine da Filippo Augusto, che circondò il bosco con grossa muraglia, costruendo alla sua estremità una casa di delizie, onde più comodamente abbandonarsi ai piaceri della caccia. Luigi IX visitava spesso questa casa, che molto gli piaceva, e seduto nel bosco al piede di una quercia, accoglieva volentieri i suoi sudditi che venivano a reclamare giustizia. Filippo l'Ardito, figlio di questo santo re, aumentò il parco di *Vincennes* coll'acquisto di molti terreni, e lo circondò di un nuovo muro.

Nel 1337, Filippo di Valois fece abbattere la casa, facendovi costruire invece il *donjon* che esiste tuttora. Carlo V venne spesso ad abitare *Vincennes*, ed è a lui che si deve la *Sainte-Chapelle* del castello. Luigi XI ebbe parimenti grande predilezione per tale dimora, ma per stabilirvi però una prigione di stato. Questo despota voleva che le sue vittime gli stessero vicine, ed amava meglio tenerle, onde non gli fuggissero, nel *donjon* di *Vincennes*, di quello che al *Plessis-les-Tours*, ed alla *Bastille*. I successori di Luigi XI, meno curanti certamente d'aver vicini di tal fatta, abbandonarono *Vincennes* fino all'epoca di Carlo IX, che vi si condusse per terminarvi i suoi giorni tristi, languidi, ed avvelenati dal rimorso, dopo il massacro della *Saint-Barthélemy*. Maria de' Medici, che parimenti aveva una certa affezione per *Vincennes*, vi fece fare dei grandi abbellimenti ; e fra questi la bella galleria che vedesi ancora. Luigi XIII, di lei figlio, alle nuove costruzioni aggiunse le due parti che stanno a mezzodì, le quali ebbero compimento sotto il regno di Luigi XIV.

Malgrado il frequente soggiorno dei re a *Vincennes*, il *donjon*, dopo Luigi XI, restò sempre una prigione di stato. Grandi personnaggi vi stettero rinserrati in epoche diverse, fra i quali citeremo alla prima il principe di Condé, che Maria de' Medici avea voluto, con questo ardito colpo di stato, assicurarsi la reggenza per lungo tempo, ed imporre ai suoi nemici sventandone i progetti ostili alla di lei autorità. Il cardinal di Richelieu vi chiuse parimenti alcune sue vittime. Il maresciallo Ornano vi cessò di vivere nel 1621; per qualche tempo vi stette anche il duca di Vendôme; e più tardi fu questa la torre di Mirabeau. Sotto Luigi XVI non vi si tenne alcuno; ma nel tempo dell'impero, tornò la fortezza ad essere prigione di stato. Vi si rinserrò prima il principe di Polignac, poi il duca d'Enghien. Finalmente, nella rivoluzione di Luglio, i ministri di Carlo X, dopo la loro condanna, furono rinchiusi in queste prigioni, restandovi fino alla loro traslocazione al forte di Ham.

Il castello di *Vincennes* è una fortezza, per così dire, inespugnabile; il bravo Daumesnil, governatore di questa piazza nelle due invasioni straniere, ricusò sempre di consegnarla agl'inimici, ed in forza di tale eroica fermezza seppe conservare alla Francia l'immenso materiale che essa conteneva. Nominato Daumesnil nuovamente governatore di *Vincennes* dopo il 1830, vi morì nel 1834.

La generale disposizione dell'edificio forma un parallelogrammo di circa 170 tese in lunghezza su 100 di larghezza. Delle dieci torri quadrate che lo compongono, le quali un tempo servivano tutte di prigione, la sola restata intatta è il *donjon*. Ha questo un recinto, ed un fossato di 40 piedi di profondità; è fiancheggiato da quattro torricelle a cinque piani, composto ognuno di una vasta sala quadrata, con pilastro di pietra nel mezzo sostenente la vòlta, e di un gran cammino. Ogni torricella forma, agli angoli della grande sala, una camera con cammino. Una galleria esteriore circonda il quarto piano; la cima che cuopre il quinto piano è una terrazza che domina in lontano la pianura. I muri di questo *donjon*, che hanno 16 piedi di spessezza, furono tanto solidamente costruiti, che non presentano ancora alcuna degradazione.

La Santa Cappella è un edificio gotico dei più rimarchevoli, tanto per la delicatezza e leggerezza della sua costruzione, che per i suoi ricchi ornamenti. Vi si ammirano ancora gli avanzi delle belle vetrate dipinte da Cousin con i disegni di Raffaello. La Santa Cappella è stata nuovamente restaurata ed abbellita. L'altare è sormontato da un bel baldacchino.

Nel cortile chiamato *cour Royale* vi stanno due grandi edificj moderni, che racchiudono vasti appartamenti decorati con ricchezza, ed una magnifica sala d'armi. Le facciate sono d'ordine dorico, con pilastri che abbracciano due piani coronati da un attico. Questi due edificj sono riuniti, alla loro estremità, da due muri che formano una galleria scoperta; la porta della corte, dal lato del borgo, è decorata interiormente da quattro colonne toscane; di faccia sta la porta che mette nel parco.

Il bosco di *Vincennes*, limitrofo al borgo ed al castello, ha l'estensione di 1477 jugeri. Verso il suo centro, dove si congiungono nove strade differenti, vi si pose un obelisco, con alla cima un globo, ed un'aquila dorata con due scudi portanti iscrizioni che indicano esser le nuove piantagioni state fatte nel 1731. Offre questo bosco una moltitudine di graziose passeggiate, che tutte metton capo a villaggi non meno belli e pittoreschi, quali sono Saint-Mandé, Nogent, Saint-Maur, ecc.

ANTICHE DIPENDENZE DELLA CORONA

NEI DINTORNI DI PARIGI.

VERSAILLES.

Se Parigi è la più bella città di Europa, Versailles può a giusto titolo passare per la più avvenente; perchè la sua situazione è una delle più piacevoli, l'aria che vi si respira delle più salutari, quindi, perchè è quasi interamente fabbricata con gusto, ricchezza, eleganza, e perfetta regolarità. Costruita in gran parte collo scopo di alloggiare i grandi della corte che venivano a stabilirvisi nel tempo stesso che il re, la città dovette risentirsi di tale destinazione, e per conseguenza sorgere sopra un piano uniforme; poichè l'origine di Versailles, propriamente detta, non va più in là della creazione del castello, e delle sue vaste dipendenze, che Luigi XIV vi fece edificare. Di fatti, sotto Luigi XIII non era Versailles che un meschino villaggio circondato da boschi e paludi, che serviva unicamente per convegno di caccie, per quelle almeno che avean luogo assai frequentemente nelle vicine foreste di *Saint-Germain*, e *Rambouillet*. Nondimeno questo principe vi avea fatto fare una qualche costruzione, e specialmente un padiglione, che gli serviva spesso di casa nel ritorno dalla caccia. Ma tutto questo era presso a poco quello che presentava Versailles nel 1660, quando Luigi XIV formò il progetto d'innalzare su questo luogo il magnifico palazzo, nel quale venne ad abitarvi con tutta la corte non appena portato a compimento. Questa circostanza dette motivo, come dicemmo, ai signori e cortigiani, che frequentavano giornalmente la corte, di fabbricare in concorrenza un dell'altro i ricchi e sontuosi *hôtels* che vedonsi nella città, i quali le fecero avere quell'aria di grandezza e magnificenza che godette per lungo tempo. Il fatto sta, che dall'epoca di Luigi XIV sino agli ultimi anni del regno di Luigi XVI, Versailles fu costantemente il soggiorno dei titolati, e personaggi distinti per nascita, fortune, od impieghi, tanto esteri che nazionali; cagione per conseguenza di quella attività, movimento, e sviluppo di lusso straordinario, che attirava nella città un'affluenza tale di gente, che la popolazione elevavasi allora a più di cento mila abitanti, mentre al presente giungono questi appena ai 12,000. E così Versailles, trista e languente, oggi altro non è che l'ombra di sè stessa, somigliando molto ad una città deserta.

Nelle domeniche e giorni festivi torna Versailles ad aver vita e moto, specialmente ne' giorni delle grandi acque, duranti i quali le vie ferrate scaricano nella città una fluttuante popolazione di 24 ore, eguale quasi a quella che possedette un dì.

Dividesi Versailles in due belli quartieri, separati naturalmente fra loro dalla superba piazza d'armi che sta d'innanzi al castello. Uno di questi quartieri, quello *de la Paroisse*, si distingue subito dalla sua chiesa, che è un bel edificio per architettura ed ornati, e dalle vicine strade, tutte spaziose e ben tagliate, in ispecie quella *de la Paroisse*, che conduce al *Grand-Marché*; l'altra *de la Pompe*, ove stavano un tempo le scuderie della regina, nel centro della quale è posta la graziosa piazza *Dauphine*, formante un crociccio, dove recentemente s'innalzò la statua del general Hoche; e finalmente la bella via del *Reposoir*, ricca di belli *hôtels*, che si distende dal castello fino ai *boulevarts*, avendo da una parte il teatro, ed il bello ingresso del parco dal cancello chiamato *Grille du Dragon*. I due *boulevarts* del *Roi* e della *Reine* sono in sè stessi due magnifiche passeggiate, che hanno ai lati, in tutta la loro estensione, case assai belle, e doppie file di alberi. Il quartiere *Saint-Louis* è parimenti molto importante per la bellezza delle sue strade principali, che han termine nei più belli punti della città, come per esempio la via *Satory*, ove trovasi la chiesa di *Saint-Louis*, e che prolungasi fino all'ingresso del bosco che porta il suo nome; quindi la superba via dell'*Orangerie*, che conduce alla griglia del parco che dà sulla strada di *Saint-Cyr*, all'ingresso della quale scorgesi da un lato la magnifica aranciera, ritenuta come un capo d'opera dell'arte, e dall'altro il vascone dei *Suisses*, con i bellissimi punti di vista che lo attorniano.

Nulla poi di più bello e maestoso che l'ingresso in Versailles dall'*avenue* di Parigi. Non può farsi a meno, quando vi si arriva per la prima volta, di rimanere estatico all'aspetto della magnifica ed imponente piazza d'armi, tanto pomposamente circondata da edificj, un tempo destinati alle reali scuderie, convertiti poi in caserme di soldati. Di faccia si mostra una delle belle facciate del palazzo, preceduta dal gran cortile d'onore, riccamente adornato, che ha di fianco la sontuosa cappella, presso la quale stanno delle arcate, che servono d'ingresso pubblico agl'interni giardini del parco.

Quello che riesce assai difficile a descriversi è la interna magnificenza del palazzo, e de' suoi mirabili accessorj. Tutto ciò che l'imaginazione sa partorire di più straordinario e sorprendente, può appena paragonarsi a quello che il gusto, la ricchezza, e la grandiosità, ajutate dal genio dell'arte, hanno saputo riunire in questa dimora reale. Basterebbe appena un volume per farne la descrizione esatta e completa onde mostrarne tutte le bellezze; per cui dobbiamo limitarci ad indicar sommariamente le parti principali colla loro distribuzione, invitando il lettore a rivolgersi pel resto alle relazioni dettagliate che si publicarono intorno a questo maraviglioso monumento.

Nel gran cortile d'ingresso sulla piazza d'armi sorge una statua equestre di Luigi XIV, collocata in mezzo a sedici statue colossali, rappresentanti Duguesclin, Bayard, Turenne, Condé, Duquesne, Duguay-Trouin, Tourville, e Suffren, i più famosi fra gli antichi guerrieri di Francia in terra ed in mare; quindi i ministri Suger, Sully, Richelieu, e Colbert, che grandemente illustrarono l'epoca loro; e finalmente alcune delle glorie francesi moderne, come Massena, Jourdan, Lannes, e Mortier.

Il palazzo, costruito da Mansard, si compone di tre principali corpi di fabbrica. In quello della parte centrale trovasi la grande scala di marmo; nel vestibolo si collocarono i busti e le statue degli uomini celebri dell'epoca di Luigi XIV. Gli appartamenti di questo gran re, che si presentano per i primi, sono decorati ed arricchiti di belle pitture; viene in seguito il salone *des Pendules*, così chiamato dal magnifico oriuolo di Passemant, mirabile capo d'opera, che segna nel tempo stesso i giorni, i mesi, e gli anni, quindi lo stato del cielo, le fasi della luna, ed il corso regolare de' pianeti; dopo questo trovasi il gabinetto *des Chasses*, che dà in una scala, dove Damiens nel 1757 vibrò un colpo di pugnale a Luigi XV. Viene in seguito la sala da pranzo di Luigi XIV, perfettamente conservata; quindi quella delle *Croisades*, con quadri analoghi alla sua denominazione; la sala dei Stati Generali, che se ne fece una sala di spettacoli; e finalmente la vecchia cappella, un tempo decorata con fasto, dove Bossuet e Massillon innanzi al gran re, ed alla brillante sua corte, predicarono sovente intorno alla grandezza di Dio, e le umane vanità.

Nei grandi appartamenti meritano maggiore ammirazione la sala della *Sacre*; quella di Diana; i saloni di Marte, e di Mercurio; quello di Apollo, dove Luigi XIV, assiso sul suo trono, ricevette gli ambasciatori dei re di Siam e di Persia; quindi il salone della Guerra; la grande galleria de' specchi, il cui soffitto è ricco delle pitture di Mignard e Lebrun, che rappresentano l'apoteòsi di Luigi XIV; e finalmente i saloni della Pace, della Regina, e dei *Cent-Suisses*.

Al pianterreno esiste la sala degli Ammiragli di Francia, quella dei *Connétables*, ed una quantità di altre sale speciali, tutte parimenti rimarchevoli per la loro eleganza e magnificenza.

Le due ali del nord e del sud formano le gallerie, ove si trova adunato un gran numero di sculture, quadri, e ritratti; viene in seguito l'antico teatro di Corte, nel quale con tanta magnificenza si rappresentarono brillanti opere, e vi si dettero feste che sbalordirono.

Ora poi richiameremo l'attenzione del nostro lettore su i vasti giardini del palazzo, capi d'opera del famoso Le Nôtre, di cui non può formarsene un'idea esatta che dópo averli veduti; mirabili per la varietà, e graziosa distribuzione, non che per la quantità degli oggetti d'arte che racchiudono. Qui, in effetto, si prodigarono le più ricche ed eleganti peschiere, i getti d'acqua, e le cascate del più sorprendente effetto. Là, tutta la mitologia si pose in azione in una quantità di gruppi, statue, vasi, e colonne, tanto in marmo che in bronzo, opere degli artisti più rinomati di quella celebre epoca, come Pujet, Girardon, Keller, ecc., distribuite con profusione quà e là, ma cor gusto, ed assai discernimento. E così lo sguardo resta maravigliato all' aspetto della incantevole faccia del castello, innanzi alla quale si distendono i terrazzi e le verdure circondate da statue, e peschiere, i boschetti, ed il labirinto tanto ingegnosamente disposto; quindi i viali che si dilungano per ogni parte, alcuni in giri tortuosi, ed altri a perdita di vista, con alla fine la prospettiva della bella peschiera *des Suisses*, il canale, ed il palazzo di Trianon, splendido ritiro amato tanto da Luigi XV, ed anche da Luigi XVI e Maria-Antonietta. È per completare questo maraviglioso spettacolo, altro non manca che di assistere ai giuochi delle grandi acque del magnifico parco, che non ha forse l'eguale nell' Europa tutta.

Nel 1792, il palazzo di Versailles fu quasi interamente devastato, e si aveva intenzione di abbatterlo da cima a fondo; ma prendendo Bonaparte le redini del governo salvò il monumento reale dalla totale distruzione. Divenuto imperatore, lo stesso Napoleone ideò di ridonarlo alla sua primiera grandezza, e forse lo avrebbe effettuato, perchè erano di già ordinati i grandi lavori, ed incominciate le riparazioni; ma la caduta del suo impero arrestò l'esecuzione di un tal progetto. Nondimeno i lavori di riparazione si continuarono da Luigi XVIII, che fu però trattenuto dalla enorme cifra delle spese occorrenti per metterlo in istato di poterlo abitare. E non fece male, poichè egli non aveva per ministro un Colbert, ed i tempi d'altronde non eran più i medesimi: la maestà reale non avea più quello splendore, potenza, e prestigio che la circondava ne' decorsi secoli: quel prisma di grandezza, traverso il quale un dì compiaceasi il popolo di ammirarla, era stato spezzato; e così il prudente monarca si limitò alle sole spese di manutenzione, che non eran poche.

Dopo il 1830 molte importanti riparazioni furon fatte al castello di Versailles, e tutti gli appartamenti si empirono di un gran numero di quadri, che hanno quasi tutti relazione alle diverse epoche della storia di Francia; in maniera che i medesimi appartamenti si veggono trasformati al presente in altrettante gallerie istoriche, ed il castello non è altro che un vasto museo. Luigi-Filippo avea ragion di dire, che il palazzo di Versailles non potea più vivere che della memoria del suo passato splendore; quello del *Louvre*, abitato per tanto tempo dai monarchi della Francia, non era stato parimenti convertito in un museo? È però da desiderarsi, che le gallerie di Versailles somigliassero meno alla gran sala della esposizione annuale del *Louvre*, dove, a lato di un qualche quadro di merito si vede un immenso numero di composizioni di una compassionevole mediocrità.

Comunque sia la cosa, l'assieme di queste gallerie merita di esser veduto, e questo è natural motivo onde richiamar l'attenzione su i resti della magnificenza di questa antica dimora sovrana.

Il musèo resta aperto al publico la domenica, il lunedì, martedì, e sabato, dalle dieci ore alle quattro.

SAINT-GERMAIN.

Eccoci ad altro luogo eminentemente pittoresco. Bellissime son certo le campagne che avvicinano Saint-Germain, specialmente se si osservano dalla scarpata che domina il Pecq, o dal terrapieno a lato della estesa foresta, che è una delle più belle che esistano in Francia. Percorso in tutti i sensi, effettivamente non è questo bosco che una immensa passeggiata che si prolunga fino ad otto chilometri di distanza, pieno d'innumerevoli viali, di verdi e fioriti tappeti che profumano l'aria, e popolato da una gran quantità di ussignuoli, ed altri uccelli delle più melodiose famiglie.

Innanzi che nascesse Versailles, era Saint-Germain una delle più belle residenze reali. Si dice però, che Luigi XIV non amasse gran fatto un tale soggiorno, e che anzi gli si rendesse penoso, perchè dal terrapieno scorgeva il campanile di Saint-Denis, che gli ricordava essere in quella chiesa il sotterraneo, che dovea servirgli di ultimo asilo. Se la cosa è vera, l'idea è certamente poco filosofica, e dimostra che un gran re ha le medesime umane debolezze della generalità degli uomini. Tutto al più, Luigi XIV, che era circondato da tanta grandezza e potenza, poteva più di un altr'uomo provar dispiacere a dover un giorno separarsene. Io credo invece, che Luigi XIV, nell'abbandonar Saint-Germain per Versailles, fosse dominato maggiormente dal pensiero di essere il sovrano di Europa che possedeva la più fastosa corte, ed il più magnifico palazzo dell'universo.

Il castello di Saint-Germain fu spesso abitato, in origine, da Francesco I. Enrico IV lo fece ricostruire, e Luigi XIII vi dimorò quasi costantemente.

Luigi XIV, che, come Enrico II e Carlo IX vide la luce in questo castello, lo ingrandì considerabilmente, aggiungendovi i cinque padiglioni che lo fiancheggiano. Una volta abbandonato dal re e dalla brillante sua corte, non fu più che un tristo e languente albergo, e non ebbe altra importanza che di essere stato il soggiorno del re d'Inghilterra Giacomo II: rovesciato due volte dal trono per causa di religione, questo principe vi passò il resto della sua trista esistenza. Il castello fu anche abitato dalla bella e sensibile La Vallière, la quale, più tardi, finì di vivere fra le carmelitane.

Sotto l'impero, Napoleone vi stabilì una scuola di cavalleria, quindi se ne fece una prigione militare.

La città di Saint-Germain è importante per la bella sua situazione, e l'aria pura che vi si respira. Molto antica è la sua origine, ed il nome gli venne dall'abazia di Saint-Germain, fondata dal re Roberto nell'anno 1010; prima di quest'epoca chiamavasi *Laye* dalla foresta di egual nome. Parecchie volte fu distrutta e saccheggiata, ma sempre risorse dalle ruine, e divenne anche fiorente sotto Carlo IX per la sua manifattura di specchi, la prima che abbia in Francia esistito. Le case vi sono regolarmente costruite, le vie spaziose. Ha parecchie piazze, una *halle*, un ospedale, ed un teatro. La via ferrata, posta in attività nella parte saliente da una immensa macchina atmosferica, vi scarica quotidianamente un numero grande di persone, che vi vanno per respirar l'aria pura dei dintorni, godere del sorprendente spettacolo del suo orizonte, e delle belle passeggiate del parco, e della foresta.

BOSCO DI BOULOGNE,
e suoi recenti abbellimenti.

Devastato nel 1814 dai Russi e Prussiani, e nel 1815 dai Scozzesi ed Inglesi, che vi accamparono, e bivaccarono per tre mesi, questo bosco, che le fortificazioni di Parigi hanno più tardi diviso in due, è tuttora il prediletto passeggio della galanteria parigina, e merita certo un tanto favore, specialmente dopo che una mano potente ne ha tracciato ed ordinato gli abbellimenti che si eseguiscono in questo momento.

Il bosco di Boulogne è la parte di una antichissima foresta dai storici chiamata *Roveritum* (1), dove i druidi adempivano un tempo ai riti della terribile loro religione.

Sotto Carlo VI e Carlo VII passava, a giusto titolo, per una delle foreste del regno più ricche di selvaggina, per cui Luigi XI vi stabilì una conigliera, dandola in custodia, dicono, ad Olivier le Daim.

E nel mezzo di questo bosco, vicino a Passy, che trovasi la sala di *Ranelagh*, favorito convegno delle *lorette* (2) più in voga, e della parte mascolina della giovine aristocrazia di puro sangue, e di quella bancaria.

È bello ancora per la vicinanza di Auteuil, grazioso villaggio, ove esiste tuttora la casa di Boileau.

Il castello di Madrid è stato per lungo tempo uno de' più belli monumenti del bosco di Boulogne. Costruito da Francesco I per suo diletto, ebbe dai cortigiani il nome con cui è conosciuto, perchè quando il principe vi si ritirava era nascosto ai loro sguardi co-

---

(1) Da *Roveritum* si fece *Rouvre*, quindi *Rouvrai*.
(2) Per il significato di questa parola vedi p. 53.

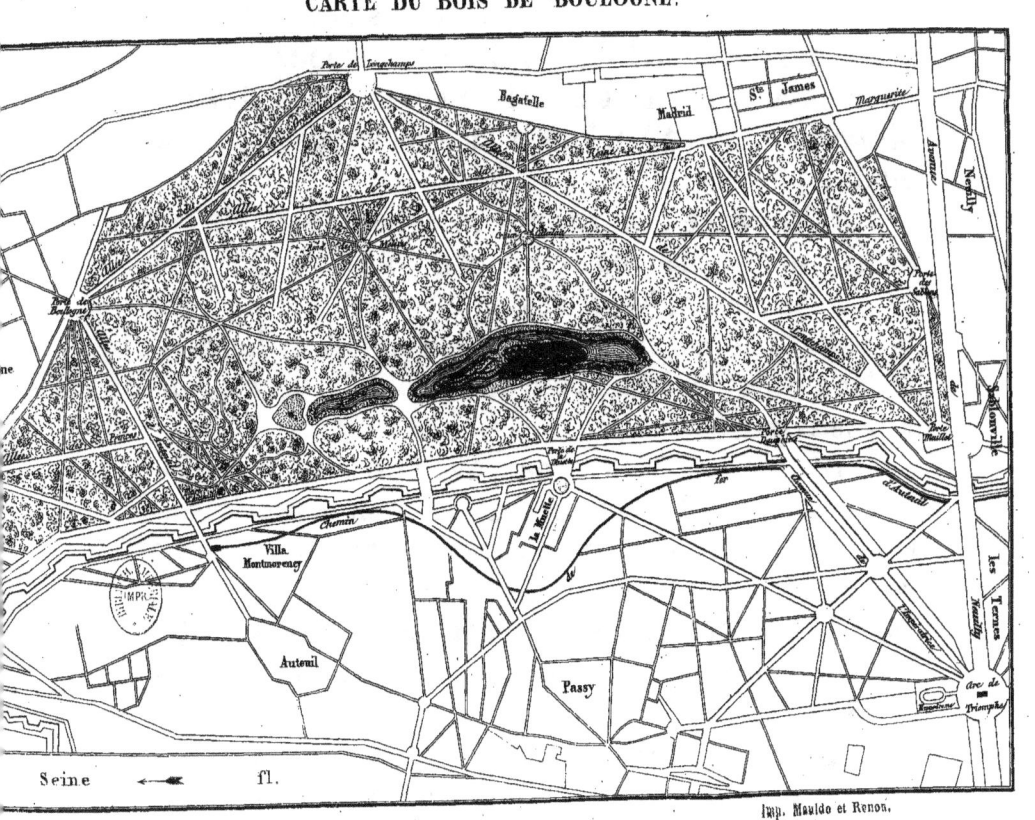

me nel tempo della sua cattività a Madrid. Questo reale edificio era una parodìa dell'architettura greca, e chiamavasi volgarmente il *Château de Faïence*, perchè tutti gli ornamenti esterni consistevano in ismalti del celebre Bernardo di Palissy. Successivamente fu uno dei prediletti soggiorni di Enrico II, Diana di Poitiérs, Carlo IX, ed Enrico III. Enrico IV donò il castello di Madrid alla regina Margherita, e questa lo fece andare in rovine fino al momento in cui Luigi XIV ne ordinò la demolizione. La bella casa di delizia, conosciuta col nome di *Madrid-Maurepas*, sorse sul luogo stesso occupato dal castello.

Fra *Madrid* e *Longchamps*, vicinissimo alla Senna, sta il grazioso castello che il conte d'Artois, poi Carlo X, fece costruire in sessantaquattro giorni, e che fu battezzato col nome di *Folie-d'Artois* o *Bagatelle*, con questa iscrizione al di sopra della porta: *Parva, sed apta*.

Una cosa importante mancava al bosco di Boulogne, l'acqua, ed è ciò che l'attuale imperatore risolvette di dargli. I lavori, s'incominciarono nel luglio del 1853, ed in meno di dieci mesi, un lago, roccie, isole, e canali, sono stati creati come per incanto. La festa d'inaugurazione ebbe luogo l'otto aprile 1854.

Il lago ed il canale occupano in totalità dodici ettari di terreno. Il lago ha 460 metri di lunghezza, e 65 di larghezza; la profondità varia dai 65 centimetri ad 1 m 40; e dalla pompa a fuoco di Chaillot riceve l'acqua in abbondanza, cioè 40,000 metri cubi.

Due isole, artisticamente accomodate nel mezzo delle riviere, son fra loro unite mediante un ponte di pittoresca forma gettato sopra massi di roccia, dal quale si gode il delizioso punto di vista che distendesi fino al Mont-Valerien. Una larga via di dieci metri, con marciapiede di tre, starà attorno del lago, alla quale metteran capo quindici diverse strade; e questa via, che seguirà le sinuosità della riviera, sarà ombreggiata da quercie.

SAINT-CLOUD.

Saint-Cloud ha parimenti origine da tempi antichissimi: nel 814 questo borgo aveva di già acquistato una certa importanza, e fu anche il teatro di molti avvenimenti. Nel 1358 dovette subire i guasti degl' inglesi, e nel 1411 i furori intestini degli abitanti di Armagnac e della Borgogna. In questo luogo Giacomo Clément assassinò Enrico III nel 1589. Saint-Cloud fu da Luigi XIV eretto in ducato nel 1674; e più tardi, 1785, Luigi XVI lo cambiò con un' altra signoria. Fu parimenti a Saint-Cloud che si effettuò il 18 brumale, che condusse Bonaparte al consolato, quindi all' impero.

Il castello s'incominciò a costruire nel 1660, e si compì 20 anni dopo. È situato all' estremità di un viale che incomincia dal ponte. Il corpo principale dell' edificio fu innalzato con i disegni di Mansard; il parco ed i giardini sono del famoso Le Nôtre, vale a dire, che son mirabilmente disposti, e considerati come una delle magnificenze pittoresche che circondano Parigi. Le cascate ed i getti d'acqua che si trovano nel parco, e specialmente quello detto del gigante, sono, dopo le grandi acque di Versailles, il più curioso a vedersi in questo genere.

Gli appartamenti del palazzo furono decorati con lusso ed eleganza. Napoleone ne faceva il soggiorno suo prediletto. Carlo X parimenti prediligeva quest' abitazione, e vi fece grandi abbellimenti: i fatti del Luglio 1830 ve lo sorpresero, e l'obbligarono ad abbandonar per sempre il suolo di Francia.

Oggidì è la residenza di estate la più abituale dell'imperatore Napoleone III.

MEUDON.

Insignificante sarebbe in sè stesso il paese di Meudon, se non richiamasse alla memoria un nome celebre, quello del sottile, spiritoso, pungente, e satirico Rabelais, che fu parroco di questo villaggio. Il vicino castello è un'antica real residenza, parimenti di molta importanza. Perfettamente collocato in mezzo al bosco, oltre delle magnifiche passeggiate, e belli punti di vista, ha in sè tutto ciò che l'arte e la natura può unire di più seducente. Poco distante sta Bellevue, casa di delizia, la di cui bella esposizione gli meritò un tal nome. Luigi XV la donò a madama di Pompadour, e questa tanto l'amava, che ne fece fino alla morte la favorita sua residenza.

SÈVRES.

Al di sotto di Meudon e Bellevue, discendendo la collina, si trova il villaggio di Sèvres, posto sulla riva sinistra della Senna nella via che mena a Versailles; è luogo di molto commercio per le famose sue grotte, che servono alla bonificazione dei vini, le quali divise in 30 parti formate da altrettante vie scavate nella roccia, può contenere circa 15,000 botti.

Si sa che questa comune possiede uno stabilimento de' più importanti, e di europea celebrità; intendo dire, della fabbrica imperiale di Sèvres, le di cui belle porcellane son tanto ricercate. Ebbe questa origine nel 1750, fu per lungo tempo diretta dal dotto Brongniart, membro dell'Accademia delle scienze.

I forastieri si ammettono tutti i giorni a visitare lo stabilimento.

FONTAINEBLEAU.

È una graziosa città, collocata nel mezzo della più bella foresta di Francia, regolarmente costruita, con vie larghe e ben tracciate. È traversata in tutta la sua estensione dalla gran strada che va da Parigi a Lione per la Borgogna ed il Borbonese. Deve la sua origine al castello, che fu una delle più antiche residenze reali, del quale ne daremo fra poco una dettagliata descrizione.

Fontainebleau è a 58 chilometri da Parigi (43 miglia circa italiane). È capoluogo di sotto-prefettura: ha tribunal di commercio, collegio comunale, ed una popolazione di 8 a 9,000 abitanti. Possiede la città due belli quartieri di cavalleria; parecchi edificj, e stabilimenti importanti, come una gran conserva alimentata da sorgente, le di cui acque vengono distribuite nelle diverse fontane e bacini del castello; ospizj fondati da Anna d'Austria, e madama di Montespan; una pubblica biblioteca di circa 30,000 volumi; un obelisco eretto nel 1786 in occasione della nascita dei figli di Luigi XVI; e fabbriche di terraglia e porcellana. Fa commercio di vini, frutta, e specialmente del suo *chasselas* (1) che è assai rinomato.

---

(1) Specie di uva bianca, che alcuni credono sia la migliore e più dolce di tutte le altre.

È la patria di Dancourt.

Il nome di questa città è una corruzione di *Fontaine-Belle-Eau*, di *Fontaine-Bleau*, o di *Fontaine Breau?* Tale discussione la lascieremo agli etimologisti. Noi diremo soltanto, che nel decimo secolo, la valle ove apparisce Fontainebleau, ed il magnifico suo castello, non era che un sabbioso deserto, in cui vedeasi serpeggiare in mezzo ai cespugli le acque di una ricca sorgente, la cui bellezza avrà colpito forse il fondatore di questa città, e fatto avere il nome che l'è restato.

Il Castello. — È una riunione di costruzioni eterogenee, portanti l'impronta dell'arte delle differenti epoche. Servì spesso di residenza a Luigi VII, e Filippo-Augusto. S. Luigi ed i suoi successori vi fecero eseguir dei lavori onde abbellirlo. Ma cadendo in rovine una parte delle sue primitive costruzioni, Francesco I, che amava assai questa situazione, fece ricostruire quasi interamente il castello da abili artisti fatti appositamente venir dall'Italia. Enrico II, Carlo IX, ed Enrico III aggiunsero altre fabbriche. Enrico IV vi spese quasi 2,500,000 lire. Luigi XIII, e Luigi XIV vi fecero altre addizioni. I successori vi lasciarono qualche traccia del loro passaggio. Napoleone lo abbellì tanto, che le spese fattevi si valutarono a più di sei milioni di franchi. Finalmente Luigi-Filippo vi aggiunse altri utili miglioramenti.

Questo castello, la cui fondazione viene attribuita a Roberto il Divoto, è stato teatro di ben tristi avvenimenti. Nel 1602, il maresciallo de Biron vi fu arrestato, e condotto poi alla *Bastille* venne decapitato. La regina Cristina, che lo abitava nel 1657, vi fece assassinare Monaldeschi suo grande scudiero. Luigi XIV, l'anno 1685, vi segnò la revoca dell'editto di Nantes. Nel susseguente anno vi finì di vivere il gran

Condé in età di 66 anni. Il delfino, unico figlio di Luigi XV, vi soccombette di una malattia di languore, attribuita a veleno, l'anno 1765. Napoleone vi fece nel 1812 condurre il pontefice Pio VII, e ve lo tenne prigione due anni. Finalmente, il giorno 6 aprile 1814, Napoleone vi firmò la sua abdicazione, dando l'addio agli avanzi della guardia imperiale nella corte del *Cheval-blanc*, che da quest'atto prese il nome di *Cour des Adieux*.

Il castello di Fontainebleau occupa uno spazio maggiore di sei ettari di terreno, senza comprendervi, bene inteso, le dipendenze esterne, i giardini, ed il parco. Ha sei cortili, ed un numero di edificj di ogni stile. Vi sono tre ingressi principali: quello d'onore per la corte *des Adieux*, che ha 100 metri di larghezza su 50 di profondità; il secondo è pel cortile delle cucine; ed il terzo pel viale di Maintenon, la *chaussée Royale*, e la porta dorata.

A dritta dell'entrata d'onore si spiega l'ala di Luigi XV, lungo edificio di quattro piani; a sinistra quella di Francesco I di un sol piano, che serviva un tempo di alloggio ai ministri; e nel fondo la faccia principale, architettata da Vignola e Serlio, ma che Carlo IX fece restaurare. È nel mezzo di questa facciata che si svolgono le spire dell'imponente scala d'onore costruita da Lemercier, in tempo di Luigi XIII.

La corte *des Adieux*, o del *Cheval-blanc*, chiamata con questo secondo nome da un cavallo di stucco, copia di quello di Marco Aurelio, modellato in Roma nel 1650, è chiusa da una bella cancellata lunga 104 metri, postavi nel 1810.

Dietro il corpo principale dell'edificio trovasi il cortile di la Fontaine, circondato da tre lati dagli splendidi appartamenti del Serlio, con scala biforcata che conduce alla sala de' spettacoli: ha la decorazione di un bacino, nel quale quattro mascheroni versano acqua. Vedesi poi il padiglione di Luigi XIV, tanto ricco ed imponente.

La corte ovale, o del *donjon*, che viene in seguito, è in qualche modo l'origine del palazzo, e così gli edificj che lo circondano sono i più antichi. Il *donjon* di S. Luigi sorge grave e massiccio all'estremità di questa corte; 45 colonne di pietra bigia con capitelli bizzarramente scolpiti, sostengono un esterno balcone. Nell'interno dei medesimi edificj stanno, la sala da ballo, la biblioteca, gli appartamenti del re e della regina, le sale del trono, del consiglio, ecc. In un de' saloni vedesi la piccola tavola di *acajou*, sulla quale Napoleone, nel 1814, segnò l'atto della sua abdicazione. Da questo appartamento si arriva alla galleria di Diana. Il cortile del *donjon* è chiuso da un peristilio, che ha una porta di Vignola, sormontato dal grazioso battistero di Luigi XIII, di Debrosse. Dall'altra parte, superato l'antico fosso, sono le costruzioni del cortile delle cucine.

Questa corte, vasta e regolare, è circondata da tre corpi di fabbrica, costruiti nel 1590 da Jamin, per gli officj di Enrico IV. Il loro maestoso ingresso è l'ornamento più bello della piazza d'armi della città.

Il giardino di Diana o dell'Aranciera, è parimenti attorniato da diverse fabbriche, una delle quali, (la galleria de' cervi, che Luigi XV distrusse, unitamente a quella di Ulisse, per stabilirvi degli appartamenti) vide consumarsi l'assassinio di Monaldeschi.

Il cortile dei principi è il più piccolo del castello.

Facciamo ora un giro lungo le diverse gallerie, e gli appartementi storici.

Galleria di Francesco I. — Fu nel 1530, che il

re, di cui questa galleria porta il nome, la fece decorare con tutta la magnificenza del suo genio illuminato. È posta al primo piano in fondo alla corte di la Fontaine. Il soffitto ed i fregi sono di quercia e di noce, ricoperti di sculture e dorature. Quattordici grandi freschi, contornati da bassi rilievi in istucco, ricuoprono i muri. Sono questi del Rosso fiorentino, meno la Danae, che fu colorita dal Primaticcio.

Le sculture ricordano i nomi di Paolo Ponzio, e Domenico Barbieri.

Galleria di Enrico II. — Fabbricata sotto Francesco I, decorata da Enrico II, questa galleria, che serviva di sala da ballo, ha 30 metri di lunghezza, 10 di larghezza, ed altrettanti di altezza. I vani delle fenestre hanno una spessezza maggiore di tre metri. Il suo bel soffitto è a cassettoni; i muri, coperti di freschi del Primaticcio e di Nicola, restaurati da Alaux nel 1835; i suoi intagli dorati, la bella orchestra, il vasto cammino, i suoi bronzi, ed il pavimento, danno a questa sala un aspetto veramente reale.

Galleria di Diana. — Enrico IV la innalzò, Ambrogio Dubois vi eseguì i freschi. Distrutta quasi interamente sul principiar di questo secolo per la caduta della sua vòlta, Napoleone la fece ricostruire da Heurtaut nel 1807. Sta sul giardino dell'Aranciera.

Galleria delle Colonne. — È un vasto locale situato sotto la galleria di Enrico II. Costruita nel 1836.

La galleria des assiettes non esiste più, per così dire; ma vi si va a vedere i belli freschi di Ambrogio Dubois, che adornano il soffitto ed i fregi.

Sala di spettacoli. — Fu collocata sotto l'ala sinistra della corte di la Fontaine da Luigi XV, e può contenere 600 spettatori. Una volta la settimana ne fa uso la città per i concerti della guarnigione.

Giuoco della palla. — Uno degli ultimi giuochi di palla coperti, che siansi costruiti. Data dall'epoca di Luigi XV, e sta all'angolo della gran corte, presso la cappella. Serve anche di sala per le aggiudicazioni nelle vendite dei tagli della macchia.

Cappelle. — La cappella *Saint-Saturnin* sta fra il cortile del *Donjon* ed il *parterre*. È la parte più antica del castello, che data da Luigi il giovine. — La cappella *Haute* fu costruita da Francesco I sopra l'oratorio di S. Saturnino. La bellezza delle sue proporzioni, l'arditezza della sua vôlta, e la delicatezza de' suoi ornati, ne fanno un vero capo d'opera. Viene attribuita a Filiberto Delorme. — La cappella della Trinità. Vignola ne fu l'architetto. Enrico IV ne fece incominciare la decorazione, compita sotto Luigi XIII. Le pitture della vôlta sono di Fréminet. L'altar maggiore è di Bourdonni. Vi si vedono sei statue di Germano Pilon; ed un buon quadro di Giovanni Dubois.

Appartamenti storici. — Saloni di ricevimento. Sono in numero di nove al primo piano, cortile del *Donjon*. Le pitture e dorature vi sono seminate a profusione. Non ne diamo una descrizione dettagliata, perchè non basterebbe un volume. Le due spaziose scale che stanno alle estremità di questi saloni, che comunicano uno coll'altro, sono ornate, la prima, con quadri di caccie; la seconda, di freschi e cariatidi. Ecco i nomi di questi saloni: — i due saloni di S. Luigi, nell'interno del *Donjon;* — la sala delle guardie, una delle più antiche, e delle più belle; — i tre saloni di Francesco I, con un bel cammino, attribuito a Benvenuto Cellini; — la camera di Enrico IV, decorata da Paolo Brill, ed Ambrogio Dubois; — la sala di Luigi XIII, il cui soffitto è uno dei più belli

pezzi che esistino in tal genere; — il salone di Luigi XV, colle pitture a chiaroscuro, e ghirlande di fiori, opere di Boucher. — *Grande appartamento*. Composto di sette camere al primo piano, dal lato del giardino di Diana. Fu occupato da Napoleone. — *Appartamento della Regina*, formato da quattro grandi stanze che danno sul giardino di Diana. La camera da letto è della più grande bellezza. — *Appartamento del grande padiglione*, verso lo stagno. Si compone di sette camere, restaurate sotto Luigi XV.
— *Appartamento delle Caccie*. Vi si entra dalla scala di Luigi XV. È composto di sei saloni, i di cui muri son coperti da grandi tele di caccie dipinte da Oudry, e Desportes. — *Appartamento di Maintenon*, situato al primo piano del padiglione di Filippo-Augusto. Fu abitato dalla celebre donna che gli lasciò il suo nome. — *Appartamento di Anna d'Austria*. Sette grandi camere, primo piano della corte di la Fontaine, lo compongono. Nel soffitto d'una di queste vi si rappresentarono in rilievo su legno dorato i Dei dell' Olimpo. Il gran salone è assai rimarchevole per la profusione degli arabeschi, e per il suo soffitto.

La biblioteca particolare di Napoleone travasi nei *piccoli appartamenti*, collocati al pianterreno, sul giardino di Diana.

Giardini e Parco. — Grandi e belli giardini con peschiere circondano questa magnifica residenza. Dalla parte dell' ala di Luigi XV sta il giardino inglese, disegnato e piantato sotto l'impero da Heurtaut, ed attraversa serpeggiando un piccolo fiumicello che ha origine dalla fontana *Belle-Eau*. Al sud del cortile di *la Fontaine* è situato lo stagno, di 4 ettari di superficie, alimentato dal suddetto fiumicello. Il *parterre*, opera di Le Nôtre, in addietro chiamato *Jardin du roi du Tibre*, ha una superficie di 12 ettari. — Dopo il *parterre* sta il parco, fatto delizioso dai belli viali, dalla superba pergola del re, lunga 1400 metri, e da una magnifica cascata che alimenta un canale lungo 1,500 metri, e largo 40. Enrico IV lo costruì, unitamente alla bella peschiera chiamata *lo specchio*. La superficie del parco è di 85 ettari.

Fra la città ed il palazzo si distende il giardino di Diana; in cui ammirasi la bella fontana circolare di marmo bianco, costruita in tempo dell'impero, e la bella statua di Diana in bronzo, posta nel mezzo del bacino.

Dipendenze. — Vaste dipendenze attorniano il castello, e sono : — 1° Le piccole scuderie, e la casa de' cacciatori. È un lungo fabbricato costruito co' suoi canili in tempo di Luigi XV. Le scuderie stanno al nord del parco, e possono contenere 200 cavalli. Il padiglione sull'ingresso, innalzato nel 1829 per l'alloggio dei capocaccia, rimase incompiuto. — 2° Le grandi scuderie. Stanno a mezzogiorno del parco, e si costruirono da Luigi XIV. Possono contenere 200 cavalli, e 300 uomini si possono alloggiare ne' suoi belli padiglioni. — 3° Il carrosello, posto in mezzo del giardino inglese. Tale costruzione non rimonta più in là di Luigi XVI; vi sono delle rimesse per un gran numero di carrozze, scuderie, ed alloggi. Viene appresso una bella cavallerizza coperta, fabbricata nel 1806. — 4° Il padiglione di Sully, destinato al servizio delle fabbriche, e diverse abitazioni secondarie, occupate in parte dai giardinieri.

Foresta. — La foresta di Fontainebleau è senza dubbio una delle più interessanti per la quantità de' suoi siti pittoreschi. Occupa una superficie di circa 14,300 ettari. È attraversata da magnifiche strade che han termine in un punto chiamato la *Route-*

Ronde, che è un largo spazio tagliato da gole, in cui i massi di pietra sono confusamente gittati uno sull'altro. Da un lato stanno aride sabbie, dall'altro terreni boscosi. Il paesista, e l'amatore della storia naturale vi trovano i più svariati soggetti di studio; e fu qui, che Lantara, il quale in origine non era che un bifolco, vi fece i suoi primi saggi. Le strade sono pratticabili in tutti i tempi, sia a piedi, come a cavallo, ed in vettura. Le alture offrono generalmente bei punti di vista. Dal monte di Bouron scuopresi Nemours; dall'alto del Calvaire la veduta si prolunga di molto verso Montereau e Sens; ma il punto più pittoresco è alla estremità del monte di Taïs, verso Cuvier, e Chatillon. Quello che non si lascia di visitare è la roccia di Saint-Germain sulla via di Parigi, le di cui pietre sono quasi tutte cristallizzate: l'eremitaggio di Franchard, costruito nella parte più alpestre, ha un pozzo di 65 metri di profondità; nel martedì della Pentecoste vi concorre la popolazione di Fontainebleau, e dei vicini paesi. Deliziosi sentieri, aperti recentemente, conducono alle gole di Franchard, a quelle di Apremont, alla gola di Houx, alle roccie di Long-Boa, al monte Ressy, al monte Chauvet, ed alla Tillaie, come anche al Bouquet-du-Roi.

Gli altri punti rimarchevoli sono: i monti Girard, il campo d'Arbonne, il crocicchio di Chêne-Rouge; la veduta sul Désert, l'alto bosco del Gros-Fouteau; le gole della Solle, la valle del Nid-de-l'Aigle, per il monte Pierreux, lo Charlemagne, la Chêne-des-Fées, ed il Francesco I; la strada della regina Amélie, la roccia Casse Pot, ed il belvedere del re; la fontana Désirée, la crocevia dell'Obelisque, la gola del Lupo, Thomery, e le rive della Senna, Avon ed il parco del palazzo, ecc. Nella chiesa di Avon esiste la pietra sepolcrale eretta all'infelice Monaldeschi.

La selvaggina è abbondantissima nella foresta di Fontainebleau: molti cervi, daini, e cignali vi si trovano, ma poche sorgenti, che sono: la fontana Belle-Eau, quella delle Acacias, la bella sorgente della Madeleine, e le fontane di Chauvet, e del Calvaire.

È la X^a stazione della via ferrata da Parigi a Lione.

MINISTERI E LORO ATTRIBUZIONI.

Ministero di Stato, e della casa dell' Imperatore, *al* Louvre, *piazza del* Carrousel, *e via di* Rivoli, *n°* 16. — Le principali attribuzioni di questo ministero sono : 1° Legion d'onore ; amministrazione delle belle arti, teatri, ecc.; — 2° Dimande di udienza; permessi di visitare i palazzi imperiali; proposizione a tutti gl'impieghi e funzioni della casa delle loro maestà, oltre a quelli che ne sono espressamente eccettuati; spedizione di tutti i brevetti; amministrazione dei dominj, foreste, fabbriche, parchi, giardini, mobili, biblioteche, musèi imperiali, manifatture imperiali, ecc.

Ministero dell' Interno, *via di* Grenelle-Saint-Germain, *nⁱ* 101 e 103, *e via di* Varennes, *n°* 178 *bis*.—Quando gli si fa la richiesta in iscritto, indicandone l'oggetto, il ministro accorda l'udienza nei giorni di lunedì, martedì, e venerdì, dalle ore 9 alle 11. I direttori danno parimenti udienza. I capi di divisione ricevono il giovedì, da 2 ore alle 4.
— Le attribuzioni che interessano maggiormente il pubblico sono : assistenza pubblica, ospedali civili, istituti de' ciechi, e sordo-muti, prigioni e colonie penitenziarie, linee telegrafiche, patenti di tipografi, ricerche negl'interessi delle famiglie, rifugiati, ecc.

Ministero dell' Agricoltura, Commercio, e Lavori Pubblici, *via di* Varennes, *n°* 25.—Gli uffìcj *via di* Varennes, *n*i 62 e 64 sono aperti al pubblico i lunedì e giovedì da 2 ore alle 4. — *Direzione generale dei ponti, argini, e mine*. Aperti gli uffìcj il martedì e sabato da 2 alle 4 ore. Udienza in seguito di dimanda in iscritto. — Attribuzioni: insegnamento agricolo, e veterinario, credito fondiario, società anonime, assicurazioni; casse di risparmio; casa di ritiro per la vecchiaja; corpo imperiale dei ponti, ed argini; strade, navigazione; pesi e misure; pesche marittime, *dochs*, vie ferrate, ecc.

Ministero di Giustizia, *piazza* Vendôme, *n°* 13. — Attribuzioni principali: ricorsi in via di grazia, commutazione di pena, e riabilitazione; dispense di età; dimande di naturalizzazione; proposizioni relative alla nomina de' membri delle corti e tribunali civili; stamperia imperiale. Il ministro accorda udienza dietro dimanda scritta, con specifica dell'oggetto, il lunedì ed il sabato da 2 a 6 ore, come anche il segretario generale. Il pubblico non è ammesso negli uffìcj; vi è ricevuto dai direttori il venerdì dalle ore 2 alle 4. — Ufficio delle legalizzazioni da mezzogiorno a 2 ore.

Ministero dei Culti, e della pubblica Istruzione, *via di* Grenelle-Saint-Germain, *n°* 110. — Tutto ciò che ha relazione all'insegnamento; musèo di storia naturale; sale di asìlo; biblioteche di Parigi e dei dipartimenti; incorraggiamenti alle società scientifiche e letterarie; missioni e viaggi; indennità e soccorsi letterarj.

Ministero degli Affari Esteri, quai d'Orsay. — Gli uffìcj della Cancelleria e dei Passaporti all'estero sono i soli che rimangono aperti tutti i giorni da 11 ore alle 4. Per l'udienza bisogna farne la dimanda in iscritto.

Ministero della Guerra, *via* Saint-Dominique, *n°* 90. — È aperto al pubblico il solo ufficio della sezione degli indizj e registramenti, al n° 88, il mercoledì da 2 a 5 ore. Dimanda d'udienza in iscritto. Le principali attribuzioni sono : scuole militari imperiali, stabilimenti imperiali di artiglieria e del genio, tribunali ed ospedali militari, *hôtel* imperiale degl'invalidi. — *Amministrazioni che ne dipendono.* — Direzione del deposito della guerra, via dell'*Université*, n° 61. — Comitato di Artiglieria, piazza di *Saint-Thomas-d'Aquin*, n° 3. — Tesoreria degl'invalidi, all'*hôtel*. — Comitato del Genio, e del deposito centrale, via dell'*Université*, n° 64. — Consiglio sanitario delle armate, via *Saint-Dominique-Saint-Germain*, n° 82. — Direzione generale dei nitri e polveri, all'*Arsenal*, *quai Morland*.

Ministero della Marina e delle Colonie, *via* Royale-Saint-Honoré. — Tutti i giovedì restano aperti gli uffici dalle 2 alle 4 ore. Principali attribuzioni : amministrazione e polizia de' bagni; tribunali ed ospedali di marina ; marinaj invalidi. — *Le amministrazioni che ne dipendono* sono : Sussistenze della Marina, via di *Varennes*, n° 37.— Deposito di carte e piani, via dell'*Université*, n° 13. —Tesoreria degl'invalidi della marina, via d'*Anjou-Saint-Honoré*, n° 9. — Ufficio delle carte ed archivj della Marina, a *Versailles*. — Direzione forestale della Marina, via dell'*Arcade*, n° 38 : gli uffici stanno aperti il martedì, ed il sabato. —Ammiragliato di Francia, via *Royale-Saint-Honoré*, n° 2.

Ministero delle Finanze, via di *Rivoli*, n° 148. — Si ha udienza dal ministro nel secondo e quarto sabato del mese, da mezzodì a 2 ore. — Segretariato generale, via *Neuve-du-Luxembourg*, n° 2. I *bureaux* degl'indizj ed archivj dell'antica liquidazione stanno aperti tutti i giorni di lavoro, da 2 a 4 ore. — Tesoreria, via *Monthabor*, n° 11. — Direzione del debito iscritto, cassa aperta dalle 9 alle 4 ore. — *Bureaux* delle opposizioni, da 10 a 2 ore. — Direzione generale del registro, via *Castiglione*, n° 1 *bis*. — Consiglio d'amministrazione, il martedì e venerdì; ufficio dei *renseignements* aperti al pubblico il giovedì da 2 a 4 ore; per gli ufficiali ministeriali, tutti i giorni, ore medesime. — Direzione generale delle Foreste, via *Neuve-du-Luxembourg*, n° 2 *ter*. Udienza del direttore generale il mercoledì da 11 ad 1 ora; apertura degli officj, medesimo giorno da 2 a 4 ore. — Direzione generale delle contribuzioni indirette, via di *Rivoli*. — Direzione generale delle dogane, via *Monthabor*. — Magazzino de'sali, *quai Valmy*. — Commissione delle Monete, *quai Conti*, n° 11. — Poste (*V.* Amministrazioni diverse.)

AMMINISTRAZIONI DIVERSE.

Prefettura della Senna, piazza dell' *Hôtel-de-Ville*. — Strade, contribuzioni del Dipartimento, ecc.

Prefettura di Polizia, via di *Jerusalem*.

Consiglio di Stato, al palazzo *d'Orsay*. — Son pubbliche le sedute sui giudizj degli affari contenziosi. — Il comitato legislativo, e della giustizia amministrativa; quello dell' interno, e del commercio; di guerra, e della marina; delle finanze; ed il segretariato generale, sono stabiliti nel medesimo locale. — La Corte dei Conti vi siede parimenti.

Università di Francia, via di *Grenelle*, n° 116 bis.

Scuola Normale, via *Saint-Jacques*, n° 123.

Archivj Imperiali, via *du Chaume*, n° 13. — Le dimande d' indizj, comunicazioni, e spedizioni devono esser dirette, o fatte direttamente al segretariato degli Archivj, dalle 10 ore del mattino a 2 ore pomeridiane, o per lettera diretta franca al direttor generale. — Una sala, detta del pubblico, è aperta nel palazzo degli archivj tutti i giorni, eccettuate le domeniche e feste, da 10 ore alle 4, per le semplici comunicazioni.

Amministrazione militare del Dipartimento della Senna. — Ufficio della 1ª Divisione Militare, piazza *Vendôme*. — Ufficio della Piazza di Parigi, piazza *Vendôme*, n° 7. — Deposito di reclutamento della Senna, via *d'Enfer*, n° 8. — Ufficio del Genio, via *Belle-Chasse*.

DIREZIONE GENERALE DELLE POSTE, via *Jean-Jacques-Rousseau*. — L'ufficio d'affrancamenti e caricamenti resta aperto dalle ore 9 alle 4. Per l'estero il tempo per affrancare è fino alle ore 3 ; per l'interno fino alle 4 ; la domenica non può affrancarsi che fino a 2 ore. Le lettere partono lo stesso giorno. All'ufficio di caricamento, dalle ore 8 alle 3 si ricevono le lettere con inviluppo sigillato, pagando il diritto del 5 per 100. Devono affrancarsi le lettere che partono per le colonie, l'Austria e sue dipendenze, Inghilterra, Svizzera, Turchia, Tunisi, e Stati barbareschi, chè diversamente giacerebbero in posta. Non si deve metter nè oro nè argento nelle lettere ; l'amministrazione s'incarica di far pervenire i fondi che gli saranno consegnati aperti mediante 5 centesimi per franco.

L'ufficio per i giornali ed opere periodiche apre dalle 9 a 2 ore. Le lettere colla indicazione *poste restante* vengono distribuite dalle ore 7 alle 4, le altre senza indicazione, o mal dirette sono tenute per tre mesi ; l'ufficio dei rifiuti sta aperto dalle ore 10 alle 2, chiuso nelle domeniche e feste. La *malle-poste* parte tutti i giorni a 6 ore ed un quarto di sera ; essa prende tre viaggiatori in ragione di 1 franco e 50 centesimi per posta, ai quali si accordano 25 chilogrammi di bagaglio. I viaggiatori devono presentarsi prima delle ore 5 nell'ufficio a dritta del pianterreno. Oltre le *malles-postes*, partono delle staffette a 6 ore del mattino, a 11 ore, e ad 1 ora dopo mezzodì per la grande *banlieue*, (distretto) in maniera che, gittando una lettera alle ore 8 nella buca, quella parte tre ore dopo.

Vi sono in città dieci uffici di affrancamento; questi ricevono gli effetti monetati per i dipartimenti, e sono autorizzati a pagare gli ordini come all'amministrazione, dalle 9 fino a 2 ore. Non sarà inutile indicare ove son collocati questi uffici. — A, via Lenoir-Saint-Honoré. — B, via delle *Tournelles*, n° 52. — C, via del *Grand-Chantier*, n° 5. — D, via dell'*Echiquier*, n° 23. — E, via *Desèze*. — F, via di *Beaune*, n° 2. — G, via della *Seine*. — H, via dei *Fossés-Saint-Victor*. — I, piazza della Borsa, n° 10. — Via del *Petit-Bac*, 11° circondario.

La distribuzione in città si fa sei volte al giorno, e perciò si levano le lettere dalle buche coll'ordine seguente. — 1ª distribuzione, alle ore 7 e mezza si levano le lettere dalle buche, e alle 8 dagli uffici. — 2ª, a 10 ore dalle une, e 10 1|2 dagli altri. — 3ª, a mezzogiorno dalle buche, e mezz'ora dopo il mezzodì dagli uffici. — 4ª, a 2, e 2 1|2. — 5ª, 3 1|2, e 4. — 6ª, 4 1|2, e 5. — 7ª, 8, ed 8 1|2.

Le ore della distribuzione sono: dalle 7 alle 9 ore e mezza del mattino; dalle 9 1|2 a mezzogiorno; da mezzogiorno a 3 ore di sera; dalle 2 alle 4; dalle 4 alle 6; e dalle 6 alle 8.

Le lettere per Parigi, estratte dalle buche nelle ore indicate nella settima levata sono distribuite a 7 ore del mattino, e quelle pel distretto vengono spedite all'ora medesima.

MAIRIES

DEI DODICI CIRCONDARII.

1. Circondario.—Via d'Anjou-Saint-Honoré, n° 11.
2. d°. — Via Drouot.
3. d°. — Via de la Banque.
4. d°. — Piazza del Chevalier-du-Guet.
5. d°. — Via del Faubourg-Saint-Martin.
6. d°. — Via di Vendôme.
7. d°. — Via Sainte-Croix-de-la-Bretonnerie.
8. d°. — Piazza Royale.
9. d°. — Via Geoffroy-Lasnier.
10. d°. — Via di Grenelle-Saint-Germain.
11. d°. — Piazza Saint-Sulpice.
12. d°. — Piazza del Panthéon.

AMBASCIATORI,

INVIATI STRAORDINARJ, ED INCARICATI D'AFFARI.

Annover. — Via di Penthièvre, 19.
Austria. — Via di Grenelle-Saint-Germain, 87.
Baden. — Via Joubert, 17.
Baviera. — Via d'Aguesseau, 15.
Belgio. — Via de la Pépinière, 106.
Brasile. — Via de la Pépinière, 106.
Chili. — Via di Lille, 119.
Città libere, ed anseatiche, e città di Francfort. — Via Trudon, 6.
Confederazione Argentina. — Via del Faubourg-Saint-Honoré, 146.
Costa Rica. — Via della Victoire, 68.
Danimarca. — Via della Pépinière, 88.
Due Sicilie (Napoli). — Via del Faubourg-Saint-Honoré, 47.
Grecia. — Via d'Anjou-Saint-Honoré, 78.
Guatimala. — Via di Grenelle-Saint-Germain, 134.
Haïti. —
Hassia Elettorale. — Via Miromesnil, 18.
Hassia Granducale. — Via Saint-Georges, 10.
Inghilterra. — Via del Faubourg-Saint-Honoré, 39.
Mecklembourg-Schwérin. — Via del Faubourg-Saint-Honoré, 35.

Mecklembourg-Strelitz. — Via Caumartin, 7.
Messico. — Via di Rivoli, 10.
Napoli. — V. Due Sicilie.
Nassau. — V. Paesi Bassi.
Nuova Granata. — Via della Chaussée-d'Antin, 18.
Paesi Bassi. — Via di Surênes, 28.
Paraguay. —
Parma e Piacenza. — Via di Courcelles.
Perù. — Via del Faubourg-Saint-Honoré, 170.
Portogallo. — Via di Lille, 77.
Prussia. — Via di Lille, 77.
Russia. — Via del Faubourg-Saint-Honoré.
Sardegna. — Via Saint-Dominique, 133.
Sassonia. — Via del Faubourg-Saint-Honoré, 170.
Sassonia-Weimar. — Via Caumartin, 7.
Spagna. — Via di Courcelles, 29.
Stati Romani. — Via dell' Université, 69.
Stati Uniti d'America. — Via Matignon, 19.
Svezia e Norvegia. — Via d'Anjou-Saint-Honoré, 74.
Svizzera. — Via Chauchat, 9.
Toscana. — Via Caumartin, 3.
Turchia. — Via dei Champs-Élysées, 1.
Uraguay. — Via delle Capucines, 7.
Venezuela. — Piazza della Madeleine, 9.
Wurtemberg. — Via d'Aguesseau, 13.

VIE FERRATE.

Da Parigi ad Auteuil per Batignolles, Courcelles, Neuilly, il bosco di Boulogne, e Passy.—*Embarcadero* di *Saint-Germain*, via di *Saint-Lazare*, n° 124.

Da Parigi a Saint-Cloud ed a Versailles (riva destra). — Via di *Saint-Lazare*, 124; ed a Versailles, via *du Plessis*.

Da Parigi a Bellevue ed a Versailles (riva sinistra). — *Boulevart Montparnasse*, 44; ed a Versailles, *avenue de la Mairie*.

Da Parigi ad Argenteuil ed a Saint-Germain.—Via *Saint-Lazare*, 124.

Da Parigi a Sceaux. — Barriera d'*Enfer*.

Da Parigi a Rouen, Havre, e Dieppe.—Via d'*Amsterdam*.

Strada ferrata dell'Ouest. — *Boulevart Montparnasse*, 124; e via *Saint-Lazare*, 124.

Strada ferrata del Nord. — Piazza *du Nord*, o *Roubaix*, 24.

Strada ferrata d'Orléans. — *Boulevart de l'Hôpital*.

Strada ferrata di Lione e Marsiglia. — *Boulevart Mazas*.

Strada ferrata di Strasburgo. — Via *Neuve-de-Chabrol* o di *Strasbourg*.

Strada ferrata di Passy (sistema Loubat). — Partenza ogni mezz'ora, piazza della *Concorde*.

MESSAGGERIE.

Messaggerie imperiali, via *Notre-Dame-des-Victoires*; partenza per qualunque paese.

Messaggerie generali, via *Saint-Honoré*, 130; partenza per qualunque paese.

Berlines-postes, via *Croix-des-Petits-Champs*, 52.

MALLES-POSTES.

Partono tutti i giorni da Parigi alle ore 6 della sera.

POSTA DEI CAVALLI,
via *Pigalle*.

Dietro presentazione di passaporto non perento può ottenersi i cavalli. La tariffa per ogni chilometro è di 20 centesimi per ciascun cavallo; per ognuno di più che se ne aggiunge 15 centesimi al chilometro.

Si danno parimenti dei cavalli al prezzo di due franchi ognuno, ed altri due franchi per ogni postiglione, per condur le vetture agl'*embarcaderi* delle vie ferrate.

OMNIBUS SPECIALI

DELLE STRADE FERRATE DI PARIGI.

Per Corbeil, Orléans, Centre, Bordeaux, e Nantes. — Via *Drouot*; via *du Bouloi*, 21; via *Saint-Martin*, 295; via dell' *Ancienne-Comédie*, 14; via *Jean-Jacques-Rousseau*, 18; *hôtel du Petit-Saint-Martin*.

Linea del Nord. — Via *du Bouloy*, 22; via *Saint-Denis*, 122; via *Amelot*, 11; via de *l'Arcade*, 13; *hôtel Belfort*, via di Rivoli, 40; *hôtel Meurice*; *boulevart des Italiens*, *hôtel de Bade*; cortile delle Messaggerie Nazionali; *Plat-d'Étain*.

Linea di Versailles (riva destra) e Saint-Germain. — Piazza del *Palais-Royal*; *boulevart Bonne-Nouvelle*, 14; piazza della *Bourse*; *pointe Saint-Eustache*; *quai de l'Ecole*.

Linea di Chartres e di Versailles (riva sinistra). — Piazza del *Palais-Royal*; piazza de la *Bourse*, 12; via *Lobeau*, 2, presso l'*Hôtel-de-Ville*; via *Bonaparte*, 2; via *Royale-Saint-Honoré*; via *Feydeau*, 5; piazza *Saint-Sulpice*; piazza del *Palais-de-Justice*, 122; via *Saint-Martin*, 256; al *Plat d'Étain*, 2.

Linea di Sceaux. — Via *du Bouloi*, 22; piazza *Saint-Sulpice*. Le *Favorites*, e l'*Hirondelles*, conducono da tutti i punti di Parigi alla via ferrata di Sceaux.

Linea di Strasbourg. — Piazza del *Carrousel*; *impasse de la Planchette*; via *Saint-Martin*; piazza *Saint-Sulpice*; piazza del *Palais-de-Justice*; Messaggerie generali, e Messaggerie nazionali.

Linea di Lione e Marsiglia. — Via *Croix-des-Petits-Champs*, 12; via *Saint-Martin*, 326; via di *Provence*, 47; via *Saint-Honoré*, 323; via *du Bouloi*, 22; Messaggerie nazionali; cortile *Batave*; via *Saint-Denis*, 124; piazza *Saint-Sulpice*, 12.

VETTURE

CHE CONDUCONO AI DINTORNI DI PARIGI.

Via *Dauphine*, 36, passaggio *Dauphine*. — Vetture per Châtillon, Fontenay-aux-Roses; partenze alle ore 11 del mattino, 4 ed 8 ore della sera.

Via di *Grenelle-Saint-Honoré*, 55. — Vetture per Montrouge e Fontenay-aux-Roses; a 9 ore e mezza del mattino, poi di 15 in 15 minuti fino a notte.

Quai Napoléon, 29. — Vetture per Bicêtre ed Ivry, a 9 ore del mattino, e di ora in ora nel resto della giornata.

Piazza *Dauphine*, 5. — Vetture per Choisy-le-Roi, a 7 ore del mattino, poi di ora in ora fino alla notte.

Per *Saint-Denis*, passaggio del *Bois-de-Boulogne*, 12. — Partenza a 7 ore del mattino, quindi in ogni 20 minuti. — Enghien, e Montmorency, a 8 ore del mattino, poi di due in due ore.

Via di *Rivoli*. — Gondole per Sevres, Neuilly, Courbevoie, Puteaux, e Suresnes; prima partenza a 8 ore di mattino, e di 15 in 15 minuti fino a 12 ore della sera. — Allo stesso ufficio, per Passy, una per la barriera de l'*Etoile*, e l'altra per *Chaillot*.

Gabriolets-coucous. Porta *Saint-Denis*. — Per andare a Saint-Denis, la Cour-Neuve-Epinay, e i dintorni.

Coucous. Piazza dei *Chartreux*, via d'*Enfer*. — Per andare ad Arcueil, Bourg-la-Reine, l'Hay, Berny, Antony, Verrières, Massy, Palaiseau.

A la *Villette*. — Amministrazione delle Dames-Réunies, vetture per Bourget tutte le ore.

Via *des Prouvaires*. — Per Ménilmontant.

Piazza del *Palais-Royal*. — Vetture per Vitry, Rocy, Port-à-l'Anglais; ogni ora dalle 8 del mattino alle 10 della sera.

Via *Sainte-Apolline*, 32. — Ogni due ore partono vetture per Ponthieu, Bondy, Chelles, et Montfermeil.

Via *du Vertbois*. — Vetture per Saint-Denis, La Chapelle, Gonesse, ogni due ore.

Al *Plat-d'Etain*, presso la *Porte-Saint-Martin*. — Vetture per Créteil, Vincennes, Saint-Maur, Nogent, Fontenay-sous-Bois, Boissy-Saint-Léger, Sucy, Chelles, e Lagny, alle 7 del mattino, ed alle 4 della sera. Le altre vetture tutte le ore. Quelle per Château-Thierry in 8 ore, ed Epernay in 14 ore. — Per Livry e Montfermeil, 2 partenze per giorno, alle 8 del mattino, ed alle 4 della sera.

Via di *Bouloi*, 19. — Ogni 30 minuti vi son vetture per Auteuil, Boulogne, e Saint-Cloud; le domeniche partono tutti i 20 minuti della giornata.

Boulevart Beaumarchais, 10. — Vetture per Champigny; partenze ogni due ore fino alle 10 della sera.

Via del *Faubourg-Saint-Denis*, 12. — Partenze per Villiers-le Bel, Sarcelles, ed Ecouen, alle ore 9, ed 11 del mattino; alle ore 3, e 6 della sera. — Per Montmorency, Groslay, e Pierrefitte, alle ore 9, 11, 4, e 6. — Per Saint-Denis ogni mezz'ora.

Quadrato *Saint-Martin*, 256. — Per Chantilly, a 3 ore e mezza di sera. — Per Livry, a 8 ore di mattino, mezzogiorno, 4, e 7 ore della sera. — Per Tremblay, Sevran, Villepinte, e Mory, a 4 ore di sera.

Via di *Saint-Paul*, *hôtel Saint-Paul*. — Vetture per Charonne, e Montreuil.

BATTELLI A VAPORE.

Battelli a vapore da Parigi a Saint-Cloud, quai d'Orsay, grande scala. — Solo servizio delle domeniche e giorni di festa. — Partenze a 10 ore, 12 1/2, 2 1/2, 5 1/2, e 7 1/2.

Battelli a vapore LES PARISIENS, quai de la Grève, 60. — Per Corbeil, Melun, Fontainebleau, Montereau, Nangis, Provins, Bray, Egreville, Sens, Joigny, Tonnerre, Auxerre, Avallon, Rouvray, Saulieu, Arnay-le-Duc, Châlon-sur-Saône, e Lyon. Partenza quotidiana a 2 ore e mezza di sera.

SERVIZIO DI VETTURE.

Tariffa delle vetture nell' interno della città di Parigi.

Si contano a Parigi 2,000 *cabriolets*; 1,200 *fiacres*; e circa 1,500 *cabriolets* a due posti, e cittadine a 4 posti. Il prezzo di queste vetture per ogni ora, e per ogni corsa, è regolato dal prefetto di polizia. — Ecco la tariffa del prezzo della corsa, e dell'ora.

Indicazione delle vetture.	Dalle ore 6 del mattino fino a mezza notte		Da mezza notte fino alle ore 6 del mattino	
	la corsa	l'ora	la corsa	l'ora
Fiacres . . . . fr.	1 50	2 »	2 »	3 »
Coupés	1 25	1 75	1 75	2 50
Cabriolets.	1 10	1 50	1 75	2 50

All' esterno di Parigi.

Dentro il muro di cinta delle fortificazioni, si calcola in ogni ora il prezzo medesimo dell' interno della città.
Fuori delle fortificazioni: per i *fiacres*, 3 fr.; *coupés* e *cabriolets*, 2 fr.

Allorquando un cocchiere è preso a ora, la prima gli si deve pagar per intiero, benchè minore sia stato il tempo che si è ritenuto. Per il tempo che eccede l'ora, si usa pagare per frazioni di quarti d'ora. Il cocchiere preso a ora è obbligato di percorrere 8 chilometri.

Quando si sale in una vettura sarà bene chiedere al cocchiere il suo numero, questo può servire a trovare un oggetto dimenticato.

Oltre le vetture di piazza, in quasi tutti i quartieri di Parigi si trovano delle altre nelle rimesse, chiamate *voitures-remises*. Per queste il prezzo della corsa è di 2 franchi; 2 fr. e 50 per ogni ora. Si affittano a giorni, mesi, ed anni. Il prezzo, per giorno, è dai 20 ai 36 franchi. Per mese, 400 a 500 franchi.

Se si ha qualche lagnanza a fare contro un cocchiere, bisogna diriggersi ad un commissario di polizia.

Il cocchiere preso in una stazione è obbligato di camminare, senza aumento di prezzo, qualunque sia la lunghezza della corsa; se si ricusa può farsi ricorso contro di lui.

L'uso è di dare una piccola mancia al cocchiere; ma egli non può pretenderla.

VETTURE-OMNIBUS

PEL SERVIZIO INTERNO DELLA CITTÀ.

Esistono a Parigi un numero assai grande di *vetture-omnibus*, che fino a tarda notte passano per tutti i punti della città. Venticinque linee diverse, percorse costantemente da queste vetture mettono in comunicazione fra loro, e con assai modica spesa, gli abitanti delle parti estreme della medesima.

Ogni *omnibus*, percorrendo la sua linea, corrisponde con tanti altri di linee diverse, e mediante tali corrispondenze, si può andare in qualunque punto della città che si voglia, colla sola spesa di SEI soldi nell'interno del legno, e di TRE sulle banchette esterne in quelle linee che ne hanno.

Indicando ora queste venticinque linee, nomineremo tutte le strade per le quali passa ogni *omnibus*, ed indicheremo nel tempo stesso con quali altre linee trovasi in corrispondenza; e ciò onde facilmente possa il forastiero profittarne.

Linea A.
Da Neuilly al Louvre.

Itinerario. — Viale di Neuilly, Arco di Trionfo della Stella, viale dei Campi-Elisi, piazza della Concordia, e via di Rivoli.
Corrisponde colle linee D. H. L. B. F. R. T. I. Z. S.

Linea B.
Dalle Terne (barriera del Roule) al boulevart delle Filles-du-Calvaire.

Itinerario. — Barriera del Roule, via del Faubourg-Saint-Honoré, via Royale, boulevard de la Madeleine, via Duphot, Saint-Honoré, de la Monnaie, les Halles, Pointe-Saint-Eus-

— 314 —

tache, via Montorgueil, Mauconseil, Saint-Denis, Grenetat-Saint-Martin, Réaumur, Phélippeaux, de Bretagne, e boulevart des Filles-du-Calvaire.
Corrisponde colle linee S.D.O.V.X.L.H.R.T.E.Z.F.P.V.J.

Linea C.

Boulevarts esteriori (dalla Stella a Belleville).

Itinerario. — Barriera della Stella, boulevart de Courcelles, boulevart de Chartres, barriere di Monceaux, Clichy, Blanche, Martyrs, Rochechouart, Poissonnière, Saint-Denis, des Vertus, de la Villette, de Pantin, des Combats, de la Chopinette, de Belleville.
Corrisponde colle linee L.O.

Linea D.

Da Chaillot a Saint-Laurent (faubourg Saint-Martin).

Itinerario. — Via dei Chaillot, avenues dei Campi-Elisi, e di Matignon, via del Faubourg-Saint-Honoré, via Royale, piazza e boulevart de la Madeleine, via di Chauveau-Lagarde, de l'Arcade, Saint-Lazare, piazza du Havre, via Saint-Lazare, Lamartine, Papillon, faubourg Poissonnière, vie de Paradis, de la Fidélité, Saint-Laurent, faubourg Saint-Martin.
Corrisponde colle linee A.O.B.S.V.X.H.Z.L.P.N.Q.I.K.

Linea E.

Da Passy al Palais-Royal.

Itinerario. — Barriera di Passy sul quai, quai di Billy, via Jean-Goujon, Allée d'Antin, quai de la Conférence, e delle Tuileries, Carrousel, e Palais-Royal.
Corrisponde colle linee L.H.F.Z.B.S.R.T.

Linea F.

Da Gros-Caillou alla via ferrata dell' Est.

Itinerario. — Avenue de la Motte-Piquet, vie de l'Eglise, Saint-Dominique, du Bac, ponte Reale, Carrousel, Palazzo Reale, via Saint-Honoré, Grenelle-Saint-Honoré, Jean-Jacques-Rousseau, Montmartre, boulevart Poissonnière, vie del Faubourg-Poissonnière, dell'Echiquier, d'Hauteville, del Paradis-Poissonnière, de la Fidélité, boulevart de Strasbourg, e via di Strasbourg.

Corrisponde colle linee L.H.Z.E.R.T.B.P.K.

Linea G.
Da Grenelle alla piazza della Bastille.

Itinerario. — R. Croix-Nivert a Grenelle, avenue Löwendhal, de Labourdonnaies, de Lamothe-Piquet, piazza degl'Invalidi, via di Grenelle, e del Vieux-Colombier, piazza Saint-Sulpice, via dei Quatre-Vents, carrefour de l'Odéon, vie de l'École-de-Médecine, de la Harpe, dei Mathurins-Saint-Jacques, dei Noyers-Saint-Victor e de Pontoise, quai de la Tournelle, ponte de la Tournelle, via dei Deux-Ponts, ponte Marie, via dei Nonaindières, via Saint-Antoine, e la Bastille.

Corrisponde colle linee F.H.O.I.O.L.K.J.M.P.Q.T.S.U.V.R.

N. B. — Mediante un supplemento di prezzo, le vetture di questa linea corrispondono alla Bastille, *boulevart Beaumarchais*, n° 10, con il servizio del circondario per Vincennes, Fontenay, Nogent, Noisy, La Queue, Chennevières, Champigny, Joinville, Saint-Maur, Port-Creteil, La Varenne, Charenton, e Les-Carrières.

Linea H.
Da Vaugirard alla piazza di Hâvre.

Itinerario. — Grande strada di Vaugirard, vie del Parco, e de l'Ecole, barriera di Sèvres, vie di Sèvres e del Bac, Pont-Royal, quai del Louvre, piazza del Carrousel, Palais-Royal, vie Saint-Honoré, e Croix-des-Petits-Champs, piazza delle Victoires, via Neuve-des-Petits-Champs, boulevart des Capucines, vie Caumartin, Saint-Lazare, e piazza di Hâvre.

Corrisponde colle linee I.G.O.S.R.Z.E.L.B.F.P.I.Y.X.D.X.

N. B. — A Vaugirard si trovano vetture in corrispondenza, mediante un supplemento di prezzo, per Vanves, ed Issy.

Linea I.
Dalla barriera del Maine alla via ferrata del Nord.

Itinerario. — Viale del Maine, vie del Cherche-Midi, Sainte-

Placide, di Sèvres, Croix-Rouge, Dragon, Taranne, Sainte-Marguerite, e Bonaparte, quai Conti, Pont-Neuf, quai de l'Ecole, piazza del Louvre, vie di Rivoli, du Coq-Saint-Honoré, Croix-des-Petits-Champs, de la Vrillière, de la Banque, piazza della Borsa, via Vivienne, boulevart Montmartre, faubourg Montmartre, via Bergère, faubourg Poissonnière, via Lafayette, e de Douai, strada ferrata del Nord.

Corrisponde colle linee H.O.G.L.P.J.R.Z.T.S.H.Y.X.Q. D.M.

Linea J.

Dalla barriera di Ménilmontant a quella del Montparnasse.

Itinerario. — Via di Ménilmontant, boulevart du Temple, via del Temple, piazza dell' Hôtel-de-Ville, quais Pelletier, e Gèvres, piazza del Châtelet, pont au Change, quai de l'Horloge, via du Harlay, piazza Dauphine, Pont-Neuf, vie Dauphine, e dell' Ancienne-Comédie, carrefour de l'Odéon, vie des Quatre-Vents, Saint-Sulpice, Bonaparte, Vaugirard, e Rennes, boulevart e via del Montparnasse.

Corrisponde colle linee Y.V.T.K.M.N.P.I.L.G.O.K.

Linea K.

Dalla Villette alla piazza Saint-Sulpice.

Itinerario. — La Villette, via de Flandres, la Barriera, faubourg Saint-Martin, porta Saint-Martin, via Saint-Martin, quai de Gèvres, ponte Notre-Dame, via de la Cité, Petit-Pont, quai Saint-Michel, vie Saint-André-des-Arts, de Bussy, de Seine, Saint-Sulpice, e piazza Saint-Sulpice.

Corrisponde colle linee F.D.V.Q.T.P.N.M.L.J.O.G.

Linea L.

Dalla barriera Blanche all' Odéon.

Itinerario. — Barriera Blanche, via Fontaine-Saint-Georges, piazza Saint-Georges, vie Notre-Dame-de-Lorette, Bourdaloue, Laffitte, boulevart des Italiens, vie Richelieu, e Saint-Honoré, piazza del Carrousel, Pont-Royal, quai Voltaire, vie des Saints-Pères, Taranno, e du Dragon, Croix-Rouge, via del Vieux-Colombier, piazza Saint-Sulpice, vie Saint-Sulpice, de Tournon, e di Vaugirard.

Corrisponde colle linee C.D.O.P.V.B.F.R.T.Z.E.H.S.G.G. J.K.O.

Linea M.

Dalla Chapelle-Saint-Denis alla barriera d'Enfer.

Itinerario. — Grande strada de La Chapelle, faubourg Saint-Denis, porta Saint-Denis, via Saint-Denis, piazza del Châtelet, pont au Change, via della Barillerie, ponte Saint-Michel, via de la Harpe, piazza Saint-Michel, via d'Enfer, barriera d'Enfer.
Corrisponde colle linee I.V.Y.K.P.G.
N. B. — Alla Chapelle-Saint-Denis, grande strada, n° 57, si trovano delle vetture in corrispondenza per Saint-Denis, mediante un supplimento di prezzo.

Linea N.

Dalla barriera Saint-Jacques all' altra di Rochechouart.

Itinerario. — Barriera, e faubourg Saint-Jacques, via Saint-Jacques, quai Saint-Michel, piazza del Pont-Saint-Michel, ponte Saint-Michel, via della Barillerie, pont au Change, quai de la Mégisserie, via della Monnaie, pointe Saint-Eustache, via e faubourg Montmartre, vie Cadet, Rochechouart, e Clignancourt, Château-Rouge.
Corrisponde colle linee O.M.K.P.J.T.D.Q.

Linea O.

Dal Panthéon alla barriera des Martyrs.

Itinerario. — Piazza del Panthéon, via Soufflot, piazza Saint-Michel, vie Monsieur-le-Prince, Racine, de l'Odeon, dei Quatre-Vents, Saint-Sulpice, Bonaparte, e del Four, Croix-Rouge, vie di Grenelle, e de Bourgogne, ponte della Concorde, piazza della Concorde, vie Royale, e Saint-Honoré, piazza Vendôme, via della Paix, boulevart des Capucines, vie della Chaussée-d'Antin, de Provence, Laffitte, Bourdaloue, via e barriera des Martyrs.
Corrisponde colle linee N.J.L.G.K.I.G.H.B.D.X.Z.D.P. L.C.

Linea P.

Dalla barriera di Fontainebleau a Notre-Dame-de-Lorette.

Itinerario. — Barriera di Fontainebleau, vie Mouffetard,

del Fer-a-Moulin, Geoffroy-Saint-Hilaire, e Saint-Victor, piazza Maubert, via Pavée, quais Montebello, e Saint-Michel, piazza del Pont-Saint-Michel, ponte Saint-Michel, quai degli Orfèvres, via di Harlay, piazza Dauphine, Pont-Neuf, quai dell' Ecole, vie dell' Arbre-Sec, Sainte-Honoré, dei Bons-Enfants, e Vivienne, piazza della Bourse, boulevart Montmartre, faubourg Montmartre, via Olivier, e via Bourdaloue.

Corrisponde colle linee G.K.M.J.I.B.H.D.L.O.

N. B. — Mediante un supplemento di prezzo, le vetture di questa linea corrispondono alla barriera di Fontainebleau col servizio del distretto per Gentilly, e Bicêtre.

Linea Q.

Dalla piazza Cadet alla barriera della Gare.

Itinerario. — Piazza Cadet, vie Bleue, del Faubourg-Poissonnière, e delle Petites-Ecuries, faubourg Saint-Denis, porta Saint-Denis, boulevart Saint-Denis, vie Saint-Martin, Rambuteau, del Temple, Sainte-Croix-de-la-Bretonnerie, Bourtibourg, e Rivoli, piazza Baudoyer, via del Pont-Louis-Philippe, quais de la Grève, e degli Ormes, ponte Marie, via dei Deux-Ponts, ponte e quai de la Tournelle, quai Saint-Bernard, piazza Walhubert, vie Neuve-de-la-Gare, e Jouffroy, quai d'Austerlitz, e barriera de la Gare.

Corrisponde colle linee N.D.I.M.K.V.X.S.T.G.

N. B. — Passaggio gratuito del ponte di Bercy, andata e ritorno.

Linea R.

Da Bercy al Louvre.

Itinerario. — Bercy, quai di Bercy, barriera della Rapée, quai della Rapée, vie Moreau, e di Lyon, boulevart Contrescarpe, piazza della Bastille, via Saint-Antoine, Hôtel-de-Ville, e via di Rivoli.

Corrisponde colle linee V.G.U.X.T.Z.L.H.F E B.

N. B. — Mediante un supplemento di prezzo, le vetture di questa linea corrispondono: 1° a Bercy, con il servizio di Charenton-les-Carrières; 2° alla Bastiglia, boulevart Beaumarchais, n° 10, con quello del distretto per Vincennes, Fontenay, Nogent, Noisy, La Queue, Chennevières, Champigny, Joinville, Saint-Maur, Port-Créteil, e La Varenne.

Linea S.

Dalla barriera di Charenton alla via Royale-Saint-Honoré.

Itinerario. — Barriera di Charenton, via di Charenton, piazza della Bastille, vie Saint-Antoine, di Rivoli, e Royale-Saint-Honoré.

Corrisponde colle linee V.T.X.U.G.Q.Z.I.L.B.H.E.D.O.B.

N. B. — Con supplemento di prezzo, le vetture di questa linea corrispondono : 1° alla Bastiglia, boulevart Beaumarchais, n° 10, con il servizio del distretto per Vincennes, Fontenay, Nogent, Noisy, La Queue, Chennevières, Champigny, Joinville, Saint-Maur, Port-Créteil, e La Varenne; 2° alla barriera Charenton col servizio del distretto per Charenton-les-Carrières, Saint-Maurice, Gravelle, Maisons-Alfort, Créteil, Bonneuil, Boissy, e Sucy.

Linea T.

Dalla barriera du Trône al Palais-Royal.

Itinerario. — Barriera del Trône, faubourg Saint-Antoine, la Bastille, vie Saint-Antoine, e del Petit-Musc, quais dei Célestins, Saint-Paul, des Ormes, de la Grève, Pelletier, de Gèvres, de la Mégisserie, de l'Ecole, e via di Rivoli.

Corrisponde colle linee G.V.U.S.X.R.Q.J.N.Z.I.L.H F. B.E.

N. B. — Con supplemento di prezzo, le vetture di questa linea corrispondono alla Bastille, boulevart Beaumarchais n° 10, col servizio del distretto per Vincennes, Fontenay, Nogent, Noisy, La Queue, Chennevières, Champigny, Joinville, Saint-Maur, Port-Créteil, La Varenne, Charenton-les-Carrières.

Linea U.

Dal Père-Lachaise alla Bastille.

Itinerario. — Père-Lachaise, barriera d'Aunay, via della Roquette, e piazza della Bastille.

Corrisponde colle linee G.V.X.T.S.R.

N. B. — Con supplemento di prezzo, si ottiene la medesima corrispondenza del distretto, come alla linea T.

Linea V.

Dalla Bastille alla Maddalena.

Itinerario. — Boulevarts Beaumarchais, delle Filles-du-Calvaire, del Temple, Saint-Martin, Saint-Denis, Bonne-Nouvelle, Poissonnière, Montmartre, degl'Italiens, delle Capucines, e della Madeleine.

Corrisponde colle linee T.S.G.R.U.B.Y.J.Q.K.M.L.D.X.B.

N. B. — Si può avere la stessa corrispondenza del distretto, come la linea T.

Linea X.

Da Batignolles-Monceaux alla Bastille.

Itinerario. — A Batignolles, vie delle Dames, e di Levis, barriera di Monceaux, vie del Rocher, Saint-Lazare, piazza di Havre, via della Ferme-des-Mathurins, e Tronchet, piazza della Madeleine, boulevarts de la Madeleine e delle Capucines, via Neuve-Saint-Augustin, delle Filles-Saint-Thomas, Notre-Dame-des-Victoires, piazza dei Petits-Pères, via Vide-Gousset, piazza delle Victoires, vie Catinat, de la Vrillière, Croix-des-Petits-Champs, e Coquillière, Pointe-Saint-Eustache, vie Rambuteau, de Paradis, Neuve-Sainte-Catherine, de l'Écharpe, del Pas-de-la-Mule, e boulevart Beaumarchais.

Corrisponde colle linee D.H.V.B.D.O.Y.H.I.Q.T.S.U.R., e col distretto come la linea T.

Linea Y.

Da Belleville alla piazza delle Victoires.

Itinerario.— Grande strada di Parigi in Belleville, faubourg del Temple, boulevart del Temple, porta Saint-Martin, porta Saint-Denis, vie Saint-Denis, Bourbon-Villeneuve, Neuve-Saint-Eustache, e Fossés-Montmartre, piazza delle Victoires, e via Catinat.

Corrisponde colle linee J.V.K.Q.M.X.I.H.

Linea Z.

Da Batignolles-Clichy al Louvre.

Itinerario. — In Batignolles via de Paris barriera di Clichy, vie di Clichy, Saint-Lazare, de la Chaussée-d'Antin, Louis-le-Grand, Port-Mahon, d'Antin, mercato Saint-Honoré, e via di Rivoli.

Corrisponde colle linee D.O.E.H.F.B.I.S.R.T.

N. B. — Con supplemento di prezzo le vetture di questa linea corrispondono a Batignolles, Grande-Strada, col servizio del distretto per Saint-Denis, Clichy, e Saint-Ouen.

Regole della Corrispondenza.

Volendosi profittare della corrispondenza, si deve, 1° dimandare, pagando il posto, la consegna di un biglietto di corrispondenza, sotto pena di perdere il diritto a questa; 2° chiedere al controllore presente alla discesa dalla vettura il segno di riconoscimento; 3° indicare, al capo del detto ufficio, il luogo ove si brama andare, e farsi consegnare un numero d'ordine; 4° alla chiamata del suo numero d'ordine, presentarsi per salire nella vettura di corrispondenza.

Ognuno che manchi all'appello del suo numero perde il diritto alla corrispondenza medesima.

FESTE E CURIOSITÀ

IN ALCUNI PAESI DEI DINTORNI DI PARIGI.

Asnières. — Villaggio a 7 chilometri N-O.; 1,260 abitanti. Festa il 17 settembre. — Vetture: via ferrata di Saint-Germain; gli omnibus, chiamati le *Parisiennes*, le *Favorites*, e le *Constantines* danno le corrispondenze per Asnières. (Antica residenza della contessa di Parabère, oggi castello d'Asnières.)

Auteuil. — Villaggio a 7 chilometri O.; 4,274 abitanti. Festa il 15 agosto, e la successiva domenica. — Vetture: da Parigi a Saint-Cloud, via di Bouloi, e strada ferrata di Auteuil. (Case di Molière e di Boileau.)

Batignolles-Monceaux. — 5 chilometri N.; 28,762 abitanti. — Vetture: le *Batignollaises* del Palais-Royal, e gli omnibus della Bastille. (Parco di Monceaux, teatro.)

Belleville. — 5 chilometri; 34,925 abitanti. Festa di S. Gio. Battista che dura tre settimane. — Vetture: le *Citadines* piazza dei Petits-Pères; le *Excellentes* della barriera di Belleville a quella dell'Etoile. (Sorgente di acqua rinomatissima.)

Bellevue. — 10 chil. O.; 400 abitanti. Festa il 15 agosto, e la domenica susseguente. — Vetture: via ferrata di Versailles, riva sinistra. (Casa di campagna di Mme Delisle, magnifico panorama.)

Bougival. — 14 chilom. O.; 1,435 abitanti. Festa il 15 agosto. — Vetture: omnibus della via ferrata di Saint-Germain; vetture dell'*Union des postes*, passaggio del Bois-de-Boulogne; via ferrata di Versailles, riva dritta. (Alla sommità del poggio di Louveciennes, castello e padiglione di Mme Dubarry.)

Boulogne. — 9 chil. O.; 7,602 abitanti. Festa la 1ª e 2ª domenica di luglio. — Vetture: da Parigi a Saint-Cloud, via di Bouloi, 9; e via ferrata di Auteuil. (Nel bosco, castello Bagattelle, e castello de la Muette; lago e riviere artificiali.)

BOURG-LA-REINE. — 9 chil. S.; 1,435 abitanti. Festa la domenica dopo il 24 giugno. — Vetture: le *Gondoles*, via e passaggio Dauphine; la *Villageoise*, via Christine, 12, e via Dauphine, 33; la *Sirène*, eguale indirizzo; e via ferrata di Sceaux. (Camera da letto di Gabriella d'Estrées, conservata e trasformata in salone, ove morì Condorcet.)

CHAILLOT. — Sobborgo di Parigi. — Vetture: *Constantines* della chiesa Saint-Laurent; *Accélérées* di Passy, via di Rivoli, 42. (Stabilimento di Sainte-Périne; pomba a fuoco; ritiro di M.lle La Vallière.)

CHAMPIGNY-SUR-MARNE. — Villaggio a 14 chil. S-E.; 1,610 abit. Festa il lunedì della Pentecoste. — Vetture: gli omnibus col nome di *Jumelles*, boulevart Beaumarchais, 10. (Magnifico castello di moderna costruzione ne' dintorni.)

CHARENTON SAINT-MAURICE. — Villaggio a 7 chil. S.; 1,957 abit. Festa nell'ultima domenica di settembre. — Vetture: Omnibus della barriera di Charenton alla piazza di Hayre. (Casa di salute per i dementi.)

CHATILLON. — Villaggio a 8 chil. S-E.; 1,416 abit. Festa nella prima domenica di maggio. — Vetture: les *Montrougiennes*, via di Grenelle-Saint-Honoré, 45; le *Fontenaises*, via Christine, e via Dauphine. (Ruine pittoresche della tour de Croux.)

CHATOU. — Villaggio a 13 chil; 1,100 abit. Festa il giorno dell'Assunta. — Vetture: *Union des Postes*, passage du Bois-de-Boulogne, 12, e via ferrata da Parigi a Saint-Germain. (Castello con terrazza sulla riviera; abitazione della Faisanderie.)

COURBEVOIE. — 9 chil.; 6,085 abit. di faccia a Neuilly. — Vetture: le *Accélérées*, via di Rivoli; l'*Union des Postes*, passage du Bois-de-Boulogne, 12, e boulevart Saint-Martin, 22; via ferrata di Versailles, riva destra. (Bel castello delle colonne.)

ECOUEN. — Villaggio a 19 chil.; 1,042 abit. — Vetture: Messageries Maucombe, faubourg Saint-Denis, 47. (Possiedo uno de' più bei castelli de' dintorni di Parigi.)

ENGHIEN. — Villaggio a 15 chil.; 530 abit. — Via ferrata del Nord. (Lago, acque minerali.)

EPINAY. — 11 chil.; 1,170 abit. Festa il giorno di Saint-Médard. — Vetture: Via del Faubourg-Saint-Denis, 25; e via ferrata del Nord. (Castello della Briche al villaggio di questo nome.)

FONTENAY-AUX-ROSES. — Villaggio a 3 chil.; 1,176 abit.

Festa nella domenica dopo il 16 luglio. — Vetture : Le *Fontenaises*, via Christine, 12, e via Dauphine, 33; via ferrata di Sceaux. (Casa appartenuta a Scarron.)

MAISON-ALFORT. — Villaggio a 7 chil. S.; 1,869 abit. Festa nella seconda domenica di luglio. — Vetture : di Charenton, e di Villeneuve-Saint-Georges. (Ballo tutte le domeniche.)

MEUDON. — Borgata a 9 chil. O.; 3,174 abit. Festa 1ª e 2ª domenica di luglio. — Via ferrata di Versailles, riva sinistra. (Magnifico castello.)

MONTMORENCY. — 17 chil.; 2,144 abit. Festa nel giorno della Maddalena, e le due domeniche seguenti. — Vetture : L'*Union des Postes*, passaggio del Bois-de-Boulogne, 12, e via ferrata del Nord. (Magnifica foresta; eremitaggio di G. G. Rousseau.)

NANTERRE. — 12 chil. O.; 2,922 abit. Festa il 22 settembre. — Vetture : L'*Union des Postes*, boulevart Saint-Denis, 22, passaggio del Bois-de-Boulogne, e via ferrata di Saint-Germain. (Incoronazione di un rosajo nel giorno della Pentecoste; pasticci rinomati.)

NEUILLY. — 8 chil.; 15,608 abit. Festa nella domenica dopo il 24 giugno. — Vetture : Omnibus della Madeleine, e del Louvre, le *Accélérées*, e la via ferrata di Auteuil. (Bel ponte e parco.)

PASSY. — 6 chil.; 18,134 abit. Festa nella 1ª e 2ª domenica di maggio. — Vetture : Omnibus della piazza del Palais-Royal; le *Accélérées*, piazza dell'Hôtel-de-Ville, via di Bouloi, e via ferrata di Auteuil. (Acque ferruginose; bosco di Boulogne.)

PORT-DE-CRÉTEIL. — 11 chil.; 1,826 abit. — Vetture : Le *Jumelles*. (Chiesa rimarchevole.)

ROBINSON (presso Sceaux). — 12 chil.; 154 abit. — Vetture : Le *Gondoles*, e via ferrata di Sceaux. (Feste pubbliche all'ingresso del bosco di Aulnay.)

ROMAINVILLE. — 13 chil.; 5,172 abit. Festa nella 1ª domenica di Agosto. — Vetture : Di Romainville, che danno le corrispondenze alle *Citadines* di Belleville, via di Paris, 25. (Ballo tutte le domeniche. Castello, e bosco.)

RUEIL. — 17 chil.; 7,284 abit. — Vetture : *Union des Postes*, e via ferrata di Saint-Germain. (Castello.)

SAINT-CLOUD. — 11 chil. O.; 3,417 abit. Feste nelle tre domeniche dopo il 7 settembre. — Vetture : Via du Bouloi, 9; battelli a vapore, e via ferrata di Versailles, riva destra. (Castello, parco, ecc.)

SAINT-DENIS. — 9 chil.; 15,702 abit. Festa nella domenica susseguente al giorno di Saint-Denis. — Vetture : L'*U-*

nion des Postes, le *Favorites*, e via ferrata del Nord. (Basilica e tombe dei re.)

SAINT-GERMAIN-EN-LAYE. — 22 chil. O.; 13,618 abit. Festa nella 1ª domenica di settembre. — Vetture : L'*Union des Postes*, e via ferrata di Saint-Germain. (Castello e foresta.)

SAINT-OUEN. — 8 chil. N.; 1,416 abit. Festa nella domenica dopo il 15 agosto. — Vetture : Le *Batignollaises*, e via ferrata del Nord. (Magnifiche case di campagna.)

SCEAUX. — 12 chil. S.; 2,044 abit. — Vetture : Le *Gondoles*, via e passaggio Dauphine, 16, e via ferrata di Sceaux. (Ballo nel parco tutte le domeniche, dal 1º maggio a tutto ottobre.)

SÈVRES. — 12 chil. S.-O.; 4,626 abit. Festa nella 1ª domenica dopo la Pentecoste. — Vetture : Le *Gondoles*, via di Bouloi, e strada ferrata di Versailles. (Manifattura di porcellana.)

SURESNES. — 10 chil. O.; 3,175 abit. Festa nella domenica dopo il 25 agosto. — Vetture : Le *Accélérées*, piazza dell'Hôtel-de-Ville, e via ferrata di Versailles, riva destra. (Incoronazione di un rosajo.)

VERSAILLES. — 21 chil. O-S-O.; 12,412 abit. Festa la domenica dopo il 25 agosto. — Vetture : Le *Gondoles*, via di Bouloi, e le due strade ferrate delle due rive della Senna.

VILLE-D'AVRAY. — 14 chil. O.; 896 abit. Festa nella 2ª domenica dopo il 15 agosto. — Via ferrata di Versailles, riva destra. (Vasto e bel castello.)

VILLETTE (LA). — Villaggio sotto le mura di Parigi; 3,910 abit. Festa la domenica, lunedì, e martedì dopo quella di Santa-Maria-Maddalena. — Vetture : Le *Dames-Reunies* della piazza Saint-Sulpice. (Tutte le domeniche passeggiata sul canale.)

VINCENNES. — 7 chil. E.; 3,709 abit. Festa nel giorno dell'Assunta, e domenica susseguente. — Vetture : Le *Jumelles*, boulevart Beaumarchais, 10. (Castello e bosco di Vincennes.)

PREZZO DEI POSTI

NEI DIFFERENTI TEATRI.

OPÉRA.

Baignoires di proscenio.	10
Proscenio del *foyer*	10
Loggie del *foyer*	10
Stalli d'anfiteatro	10
Stalli d'orchestra	8
Loggie di balcone	8
Baignoires	8
Primi di faccia	8
Proscenj dei primi	8
Prime loggie	7
Seconde di faccia	6
Seconde di fianco	4
Terze di faccia	4
Terze di fianco	2 50
Quarte di faccia	2 50
Anfiteatro	2 50
Platèa	4

THÉATRE-FRANÇAIS.

Proscenio del *rez-de-chaussée*	8
Loggie del d° (1 e 2)	8
Loggie della galleria	6 50
Altre loggie del *rez-de-chaussée*	6 60
Stalli del primo balcone	6 60

Prime loggie grandi di faccia	6
Prime loggie scoperte, seconda fila	5
Prima galleria	5
Secondo balcone	4
Stalli d'orchestra	5
Orchestra detta dei musici	5
Seconde loggie, terza fila	3 50
Galleria delle seconde loggie	2 50
Terze loggie, quarta fila	2
Platèa	2 50
Seconda galleria	1 50
Anfiteatro	1

OPÉRA-COMIQUE.

Proscenio delle *baignoires*	7
Proscenio dei balconi	7
Loggie della prima di faccia, con camerino	7
Proscenio delle loggie della prima galleria	6
Loggie della prima gal-	

leria di faccia, senza camerino	6
Prime loggie di faccia con camerino	6
Fauteuils di balcone	6 50
Fauteuils della prima galleria	6
Fauteuils d'orchestra	6
Loggie di fianco della prima galleria	6
Proscenio delle prime loggie	5
Prime loggie di faccia, senza camerino	6
Prime loggie di fianco, con camerino	5
Baignoires	5
Prime loggie di fianco senza salone	4
Proscenio delle loggie della seconda galleria	3
Platèa	2 50
Seconda galleria	2 50
Loggie della seconda galleria di faccia	2
Seconde	1 50
Loggie della seconda galleria di fianco	1 50
Anfiteatro	1

ITALIENS.

Prime e seconde loggie di faccia	10
Stalli d'orchestra e balcone	10
Rez-de-chaussée	7 50
Seconde di fianco	7 50
Terze di faccia	6
Terze di fianco	5
Quarte	4 50
Platèa	4

ODÉON.

Proscenio delle prime	5
Proscenio delle seconde	4
Stalli di balcone	4
Stalli d'orchestra	4
Loggie della prima galleria	3 50
Prime di faccia	5
Prime di fianco	4
Seconde di faccia	2 50
Seconde di fianco	2
Baignoires di faccia	2 50
Orchestra	4
Terze di faccia e *cintre*	1
Terze di fianco	1 25
Seconda galleria	1 25
Platèa	1 50

VAUDEVILLE.

Proscenio del *rez-de-chaussée*	6
Proscenio del foyer	6
Fauteuils d'orchestra	5
Fauteuils di balcone	5
Loggie di faccia del foyer chiuse	5
Loggie scoperte del foyer	5
Proscenio delle prime	5
Baignoires grillées di faccia	5
Fauteuils della prima galleria	4
Baignoires scoperte di fianco	4
Prime loggie di faccia	3 50
Prime loggie di fianco	2 50
Proscenio delle seconde	2 50
Seconde loggie di faccia	2
Seconde loggie di fianco	1 50
Platèa	2
Seconda galleria	1

VARIÉTÉS.

Proscenio del *rez-de-chaussée*	6
Proscenio delle prime	6
Stalli d'orchestra	5
Balcone	5
Loggie della galleria	5
Orchestra	4
Prima galleria	4
Seconde loggie di faccia	4
Loggie intermediarie	3
Seconde loggie di fianco	2 50
Circuito	2 50
Platèa	2
Seconda galleria	2
Terze loggie	2
Secondo balcone	1 50
Primo anfiteatro	1 25
Secondo anfiteatro	» 75

GYMNASE-DRAMATIQUE.

Proscenj	6
Loggie della galleria o dell'*entresol*	5
Fauteuils d'orchestra	5
Fauteuils di balcone	5
Fauteuils di galleria	4
Prime loggie chiuse	4
Baignoires	4
Stalli d'orchestra	4
Prime loggie scoperte	3
Stalli d'anfiteatro	2 50
Seconde loggie di fianco	2
Terze loggie	1 25
Seconda galleria	1
Platèa	2

Théâtre MONTANSIER.

Fauteuils di balcone	5
Proscenj	5
Prime loggie di faccia e di balcone	5
Fauteuils di orchestra	5
Fauteuils d'anfiteatro	4
Proscenio delle seconde	4
Seconde loggie di faccia	4
Baignoires d'orchestra	4
Seconde di fianco	2 50
Circuito del *rez-de-chaussée*	2 50
Terze loggie	2
Stalli delle terze	2
Anfiteatro delle terze	1 50
Platèa	1 50

PORTE-S.-MARTIN.

Proscenio del *rez-de-chaussée* e delle prime	6
Prime loggie del balcone	5
Baignoires	5
Proscenio delle seconde con camerino	5
Loggie di faccia della prima linea	5
Loggie della galleria	4
Fauteuils del balcone di proscenio	4
Fauteuils del balcone di faccia	4
Fauteuils d'orchestra	3
Stalli della prima galleria, e di orchestra	2 50
Prime loggie scoperte della galleria	2 50
Stalli delle seconde	2

— 329 —

Galleria e proscenj delle seconde.	1 50
Circuito del *rez-de-chaussée*	1 50
Platèa.	2
Primo anfiteatro.	1 50
Seconda galleria.	1
Secondo anfiteatro.	» 50
Galleria del *cintre*.	» 50

GAITÉ.

Proscenj delle prime loggie, e del *rez-de-chaussée*.	5
Prime loggie di faccia.	5
Baignoires.	4
Stalli della prima galleria.	4
Stalli di balcone.	4
Stalli d'orchestra.	4
Proscenj delle seconde.	2
Stalli della seconda galleria di faccia.	2
Orchestra.	2 50
Circuito.	2
Seconda galleria di faccia.	1 50
Seconda galleria di fianco.	1 20
Platèa.	1
Terza galleria di faccia.	» 75
Terza di fianco.	» 50

AMBIGU-COMIQUE.

Proscenj del *rez-de-chaussée*.	6
Proscenj delle prime.	6
Loggie a salone delle prime di faccia.	6
Fauteuils di prima linea delle prime, e del balcone.	4
Fauteuils d'orchestra.	3
Fauteuils delle prime e del balcone.	3
Prime loggie scoperte.	3
Stalli d'orchestra.	2 50
Loggie chiuse delle seconde di faccia.	2 50
Baignoires chiuse.	2 50
Proscenj delle seconde.	2 50
Fauteuils della prima linea delle seconde.	2
Fauteuils del circuito.	2
Proscenj delle terze.	1 50
Stalli del circuito.	1 50
Proscenj delle quarte.	1 25
Platèa.	1 25
Terza galleria.	» 75
Quarta galleria.	» 50

Théâtre LIRIQUE.

Proscenj del *rez-de-chaussée*.	6
Proscenj della galleria.	6
Loggie della galleria.	5
Proscenj del teatro.	4 50
Proscenj delle prime.	4
Fauteuils d'orchestra e della galleria.	4
Stalli d'orchestra.	3
Fauteuils del primo balcone.	3
Baignoires.	3 50
Prime loggie scoperte.	2 50
Stalli del primo balcone.	2 50
Seconda galleria.	2
Secondo balcone.	1 25
Platèa.	1 50
Primo anfiteatro.	1
Secondo anfiteatro.	» 75

Théâtre Impérial du CIRQUE.

Proscenj del *rez-de-chaussée*, e delle prime.	4
Loggie di faccia. . . .	4
Fauteuils del circuito.	4
Stalli di balcone e di orchestra.	3 50
Loggie di fianco. . . .	3 50
Proscenj delle seconde.	2
Baignoires del *rez-de-chaussée*	4
Seconda galleria. . . .	1 50
Proscenj delle terze .	1 50
Platèa ed anfiteatro. .	1

Cirque NAPOLEON.

Primi posti	2
Secondi.	1
Terzi	»

Cirque de l'IMPÉRATRICE.

Primi posti	2
Secondi.	1

LA SETTIMANA

OVVERO

INDICAZIONE DEI LOCALI VISIBILI IN CIASCUN GIORNO DELLA MEDESIMA.

TUTTI I GIORNI NON FESTIVI. — *Senza permesso.* — *Arco di trionfo dell' Etoile.* (Dando una retribuzione facoltativa al custode.)

Biblioteca imperiale, via di Richelieu, per la sala soltanto di lettura. Per le altre sale V. *Martedì.*

Biblioteca Mazzarina, quai Conti, 23, all' Istituto. — Tutti i giorni, meno il giovedì, da 10 ore alle 3.

Biblioteca Sainte-Geneviève, piazza del Pantheon. — Da 10 a 3 ore, e la sera da 6 a 10. — Vacanze dal 1 settembre al 15 ottobre inclusivamente.

Biblioteca dell' Arsenal, via di Sully. — Da 10 a 3 ore. — Vacanze dal 15 settembre al 3 novembre.

Biblioteca dell' Hôtel-de-Ville. — Da mezzogiorno alle 4. — Vacanze dal 15 agosto al 1 ottobre.

Biblioteca de la Sorbonne. — Da 10 a 3 ore.

Biblioteca delle Arts-et-Métiers. — Meno il giovedì.

Biblioteca degl' Invalides. —

Biblioteca del Conservatorio imperiale di musica. — Da 10 a 3 ore. (Eccettuate le domeniche, feste, e giorni di vacanze.)

Biblioteca del Jardin-des-Plantes. — Da 10 a 3 ore. (Domeniche e feste eccettuate.)

Casa di Charenton (dementi).

Colonna del Luglio 1830, piazza della Bastille. — (Dando una retribuzione facoltativa al custode.)

Colonna della piazza Vendôme. — (Idem.)

Cimitero del Père-Lachaise. — Dalle ore 7 di mattino alle 5 della sera nell' inverno, e da 6 ore di mattino alle 7 di sera nell' estate.

Cimitero Picpus (tomba di Lafayette, ecc.). — Dirigersi al custode.

Gabinetto di Medaglie, o *Museo monetario*, hôtel des Monnaies. — Per i forastieri muniti di passaporto o biglietto da mezzogiorno alle ore 3. — *V. Martedì e Giovedì.*

Gabinetto di Architettura, all'Istituto. — Da 10 a 3 ore.

Giardino bottanico della scuola di Farmacia. — Da 6 ore di mattino alle 6 della sera.

Grotte del Pantheon.

Hôtel degl' Invalides. — Da 10 a 4 ore. (Per la tomba di Napoleone. *V. il giovedì.*)

Istituto dei sordo-muti. — Scrivere al direttore.

Menagerie des Jardin-des-Plantes. — Dalle ore 11 alle 3 nell'inverno; e da 11 alle 6 in estate.

Musèo egiziano, antichità messicane, sculture moderne, cortile del Louvre. — Da 10 a 3 ore. (Gli altri musèi con passaporto. *V. Domenica.*)

Musèo del Luxembourg, via di Vaugirard, 19. — Meno il sabato. (*V. Lunedì.*)

Ospizio delle Serve, via de la Chaise, 28.

Ospedal militare. — Con permesso del comandante della 1ª division militare.

Osservatorio imperiale, dietro il giardino del Luxembourg.

Palazzo delle Belle Arti, via Bonaparte. — Tutti i giorni, comprese le domeniche e feste, diriggendosi al custode.

Palazzo della Legion d'Honneur. — Dirigersi al custode.

Palazzo del quai d'Orsay. — Dirigersi al custode.

Parco di Versailles e di Trianon.

Saloni dell' Hôtel-de-Ville. — Dimandare il permesso in iscritto al prefetto della Senna.

Torri di Notre-Dame. — Dirigersi al custode, che ne impone il prezzo, dipendendo l'edificio dall'amministrazione clericale.

Con permesso. — *Caserma Napoleon.* — Con autorizzazione del Genio, i di cui uffici son collocati in via Bellechasse.

Catacombe, al gran Montrouge. — Con permesso firmato dall'ispettor generale.

Gabinetto della scuola di Medicina. — Musèo Orfila (Anatomia comparata). Non è aperto al pubblico.

Gallerie di storia naturale, al Giardino delle Piante. — Lunedì, giovedì, e sabato soltanto da 11 ore alle 3. I forastieri ricevono all'officio dell'amministrazione, dietro presentazione de' loro passaporti, biglietti che servono per una sola volta.

Palazzo delle Tuileries. — Quando la corte è assente, con permesso rilasciato dal ministero della casa dell'imperatore, come per gli altri palazzi e stabilimenti imperiali, cioè la Biblioteca imperiale del Louvre, ecc.

Palazzo del Corpo Legislativo. — Con dimanda in iscritto alla Questura, ed al bibliotecario per la biblioteca.

Piani in rilievo dell' hôtel degl' Invalidi. — Con permesso del governatore.

Scuola militare. — Con licenza del comandante della prima divisione militare, piazza Vendôme.

Scuola politecnica. — Con permesso del suo governatore.

LUNEDÌ. — *Biblioteca della Scuola di Farmacia*, 21. — Da 11 ore alle 2.

Musèo del Luxembourg, via di Vaugirard, 19. Da 10 a 4 ore. (V. tutti i giorni, e la domenica.)

Musèo di Versailles. (V. domenica.)

Scuola delle Mine, via d'Enfer, 34. — Da 11 a 3 ore (come anche il giovedì).

Sepolcro di Napoleone. — Per i forastieri ed alti funzionarj dello Stato, con permesso del governatore degl' Invalidi, da mezzogiorno a 3 ore; (lo stesso nel martedì e sabato. V. giovedì.)

MARTEDÌ. — *Biblioteca Imperiale*, via di Richelieu, 56. — Da 10 ore del mattino alle 3, come anche nel giovedì. La sala di lettura tutti i giorni alle ore medesime. Vacanze: la quindicina di Pasqua, e dal 1 settembre al 1 di ottobre.

Biblioteca del Jardin-des-Plantes. — Dalle 11 a 3 ore.

Gallerie di zoologia, anatomia, botanica, geologia, e mineralogia, al Jardin-des-Plantes. — Dalle ore 2 alle 5 (nel modo stesso che nel venerdì) dal febbrajo al 30 novembre, fino a notte nei mesi di decembre e gennajo.

Hôtel des Monnaies (Zecca), quai Conti. — Ad ore 10, come nel venerdì.

Musèo di Versailles. — (V. domenica.)

Musèo monetario, quai Conti. — Ad ore 10, unitamente al venerdì. (Si accordano permessi per il lunedì e giovedì.

Sepolcro di Napoleone. — (V. Lunedì.)

MERCOLEDÌ. — *Manifatture dei Gobelins*, via Mouffetard. — Da 2 a 4 ore nell' inverno, e fino alle 6 nell' estate, dietro presentazione del passaporto, o permesso del conservatore dei musei. (Lo stesso per il sabato.)

Musèo delle Terme o dell' Hôtel Cluny. — Con biglietto d'ingresso o passaporto (oltre a questo giorno è aperto anche nel *giovedì* e *sabato*). Il presente stabilimento è sotto la dipendenza del ministro di Stato.

GIOVEDÌ. — *Biblioteca del Jardin-des-Plantes.* — Da 11 ore alle 3.
Conservatorio delle arti e mestieri. — Da 10 a 4 ore.
Musèo delle medaglie. — Con permesso o passaporto. (*V. Martedì.*)
Manifattura imperiale delle porcellane di Sèvres.
Musèo delle Terme, o di Cluny. (*V. Mercoledì.*)
Musèo di artiglieria, piazza Saint-Thomas-d'Aquin. — Da mezzogiorno alle 4, con permesso del direttore.
Musèo Dupuytren, e *Musèo Orfila*, via de l'Ecole-de-Médecine. — Da 11 a 3 ore. (Questi stabilimenti non essendo pubblici, bisogna diriggersi al custode.)
Osservatorio imperiale. — Per il pubblico. *V. Tutti i giorni.*
Ospedali ed Ospizj. — (*V. Domenica.*)
Scuola delle Mine, via d'Enfer, 34. — Dalle ore 11 alle 3, nello stesso modo che il *lunedì*.
Tipografia imperiale, via Vieille-du-Temple, 87. — A due ore, con permesso del direttore.
Tomba di Napoleone, agl' Invalidi. — Da mezzogiorno a 3 ore. (Parimenti nel *lunedì*, *martedì*, e *sabato* con permesso del governatore.) Si entra dalla piazza Vauban.

VENERDÌ. — *Biblioteca imperiale.* — (*V. Martedì.*)
Hôtel des Monnaies, quai Conti. — A 10 ore come nel *martedì*.
Musèo di Cluny. — (*V. Mercoledì.*)
Musèo di storia naturale. — Dalle ore 3 alle 5. — (*V. Martedì.*)
Musèo monetario. — Da mezzogiorno alle ore 3. — (*V. Martedì.*)

SABATO. — *Biblioteca del Jardin-des-Plantes.* — Da 11 ore alle 3.
Manifattura dei Gobelins, via Mouffetard. — (*V. Mercoledì.*)
Musèo di Versailles. — (*V. Domenica.*)
Tomba di Napoleone, agl' Invalidi. — (*V. Lunedì.*)

DOMENICA. — *Conservatorio delle Arti e Mestieri*, via Saint-Martin, 292. — Da 10 a 4 ore, unitamente al giovedì.

Musèo dell' Hôtel Cluny. — Da 11 a 4 ore.
Musèo dei quadri al Louvre, unitamente al *Musèo dei Sovrani*, e di *Marina*.
Musèo del Luxembourg, via di Vaugirard, 19. — Dalle ore 10 alle 4.
Musèo di Versailles. — Dalle 10 ore alle 4, come nel *lunedì, martedì, e sabato*.
Ospedali ed Ospizj. — Sono generalmente aperti la *domenica* ed il *giovedì*, da 1 ora alle 3. — Quello della *Salpetrière* resta aperto tutti i giorni ai forastieri.
Palazzo delle Belle Arti. — (*V. Martedì*.)
Scuola delle Belle Arti, via Bonaparte. — Con autorizzazione.

INDICE

DEI

MONUMENTI DELLA CITTÀ DI PARIGI

E SUOI DINTORNI

descritti in questa guida.

A

Abattoirs, pag. 72. (Per il di più V. *Macelli*.)
Accademia delle Belle Arti. V. Palazzo delle *Beaux-Arts*.—
Accademia imperiale di Musica, 61.
Amministrazione delle Poste, 82.
Antichità Messicane, 94.
Archivj Giudiziarj, 197. — Archivj imperiali, 127.
Arco trionfale dell' *Etoile*, 28. — della *Porte-Saint-Denis*, 105. — della *Porte-Saint-Martin*, 106.
Arenes nationales, 139.

B

Bacino di *Chaillot*, 42.
Ballo *de la cité d'Antin*, 74.
Barriera della *Villette*, 111. — del *Trône*, 144. — di *Pantin*, 112. — du *Combat*, V. Barriera di *Pantin*.
Bazar Bonne-Nouvelle, 113. — *de l'Industrie française*, 83. — *de voyage*, 83. — *européen*, 74.

Bercy, 264.
Biblioteca degl' *Invalides*, 175, — dell' *Arsenal*, 157, — dell'Assemblea Nazionale, 180, — del *Luxembourg*, 210, — del Museo di Artiglieria, 185, — imperiale, 53, — imperiale del *Louvre*, 95, — Mazzarina, 169, — *Sainte-Geneviève*, 228.
Bicêtre, 262.
Bosco di *Boulogne*. 280.
Bureau delle Longitudini, 247.

C

Caffé *des Aveugles*, 72.
Campo di Marte, 178.
Cappella *Beaujon*, 41, — espiatoria di Luigi XVI, 37.
Cappelle di culti dissidenti, 42.
Casa di Francesco I, 33, — di Salute, 110.
Caserma *Napoléon*, 153.
Cassa d'ammortizzazione, depositi, e consegne, 183.
Castello di *Fontainebleau*, V. *Fontainebleau*.

Catacombe, 247.
Charenton, 265.
Chiesa degl' Invalides, 174, — dei Blancs-Manteaux, 126, — dei Petits-Pères, V. Chiesa di Notre Dame-des-Victoires, — dell' Abbaye-aux-Bois, 186, — della Sainte-Chapelle, 198, — dell' Assomption, 40, — della Madeleine, 36, — dell' Oratorio, 102, — di Notre-Dame-de-Bonne-Nouvelle, 80, — di Notre-Dame-de-Lorette, 52, — di Notre-Dame-des-Victoires detta dei Petits-Pères, 79, — di Saint-Ambroise, 138, — di Saint-Antoine, 138, — di Saint-Denis, 126, — di Saint-Denis fuori della città, 253, — di Saint-Etienne-du-Mont, 229, — di Saint-Eustache, 78, — di Saint-François-d'Assise, 125, — di Saint-François-Xavier, o delle Missioni straniere, 185, — di Saint Germain-des-Prés, 206, — di Saint Germain-l'Auxerrois, 99, — di Saint-Gervais, 152, — di Saint-Jacques-du-Haut-Pas, 231, — di Saint-Laurent, 111, — di Saint-Leu, 115, — di Saint-Louis-d'Antin, 41, — di Saint-Louis e di Saint-Paul, 151, — di Saint-Louis-en-l'Ile, 150, — di Saint-Médard, 230, — di Saint-Merry o Saint-Mederic, 125, — di Saint-Nicolas-des-Champs, 115, — di Saint-Nicolas-du-Chardonnet, 230, — di Saint-Philippe-du-Roule, 41, — di Saint-Pierre-de-Chaillot, 41, — di Saint-Pierre-du-Gros-Caillou, 186, — di Saint-Roch, 50, — di Saint-Thomas-d'Aquin, 185, — di Saint-Séverin, 207, — di Saint Sulpice, 203, — di Saint-Vincent-de-Paul, 80, — di Sainte-Clotilde, 171, — di Sainte-Elisabeth, 116, — di Sainte-Geneviève, V. Panthéon, — di Sainte-Marguerite, 138, — di Sainte-Valère, 186, — di Val-de-Grâce, 241, — Metropolitana di Notre-Dame de Paris, 145.

Cimitero del Père-Lachaise, 144, — di Picpus, 143.

Circo Napoléon, 122, — Olimpico, o dell' Imperatrice, 23, 27.

Collegio delle Quatre-Nations, V. Palazzo dell' Institut, — degl' inglesi, 238, — degli scozzesi, ivi — degl' irlandesi, ivi — di France, 237, — Rollin, 239, — Stanislas, ivi.

Colonna dell' antico Hôtel Soissons, 96, — del Luglio 1830, 134, — Vendôme, 38.

Colonnata del Louvre, 88.

Conciergerie, 219.

Conservatorio delle Arts-et-Métiers, 117, — di Musica, 60.

Consiglio di Stato, 183.

Conventi delle religiose della Visitation, 232.

Convento delle Carmelitane, 232, — delle Chanoinesses de Saint-Augustin, 233, — delle Dames de la Congrégation de la Mère de Dieu, 232, — delle Dame della Congregazione del Sacro Cuore di Gesù, 232, — delle Dames de la Congrégation de Notre-Dame, 232, — delle Dames du Calvaire, 232, — delle Dames de la Miséricorde, 233, — delle Dames Bernardines de l'ancien Port-Royal, ivi, — delle Dames de Saint-Michel, ivi, — delle Dames de Saint-Thomas

de Villeneuve, ivi, — dell' *immaculée Conception*, ivi.
Corte dei Conti, 183.
Cortile del *Louvre*, 91.
Cosmorama historique, 71.
Culti diversi, 76; 124.

D

Deposito della Prefettura di Polizia, 219.

F

Fabbrica de' Tabacchi, 184.
Folie d'Artois (castello), 281.
Fontainebleau, 284.
Fontana *Cuvier*, 249, — degli *Innocens*, 92, — del *Chateau-d'eau*, 108, — de l'*Ecole*, 99, — della *Croix-du-Trahoir*, 96, — della Grotta de' Medici, 212, — delle *Capucines*, 43, — del *Marché-Saint-Martin*, 109, — del Satiro, 249, — *Desaix*, 218, — detta du *Palmier*, 98, — di *Grenelle*, 190, — di *Gros-Caillou*, 189, — di Leda, 190, — di *Saint-Sulpice*, 218, — *Egyptienne*, 189, — *Medici*, 93, — *Molière*, 87, — *Palatine*, 219, — *Richelieu*, 59, — *Vendôme*, 124.
Fontenay-aux-Roses, 263.

G

Galleria dei disegni al *Louvre*, 93, — de' quadri, 94, — del *Luxembourg*, 210.
Galleria *Vivienne*, 73.
Gallerie e Passaggi, 73.
Giardino *Buller*, 213, — dei *Champs-Elysées*, 22, — del *Chateau-des-Fleurs*, 27, — delle *Tuileries*, 19, — del *Luxembourg*, 211, — del Palazzo Reale, 47; 50, — d'*Hiver*, 27, — di *Monceaux*, 28, — *Mabille*, ivi.
Grand'Opéra. V. Accademia imperiale di Musica.
Guardaroba (antica), 35.
Gymnase civile e militare, 42.

H

Halle aux Blés, 93, — *aux Vins*, 235, — dei vitelli, 236, — delle ostriche, 113, — delle pelli, 113.
Halles Centrales, 97.
Hôtel Cluny, 214, — degl'*Invalides*, 172 — de la *Banque de France*, 100, — delle *Vendite*, 26, — del Ministero degli affari esteri, 181, — delle *Monnaies* (Zecca), 165.
Hôtel-de-Ville, 154.
Hôtel-Dieu de Paris, 149.

I

Infermeria di Maria Teresa, 243.
Istituto dei fratelli delle Scuole Cristiane, 113.
Istituzione dei giovani ciechi, 189, — dei Sordo-muti, 243.
Ippodromo, 28.

J

Jardin-des-Plantes, 233.

L

Liceo *Charlemagne*, 143, — di *Louis-le-Grand*, 238, — *Napoléon* anticamente Collegio di Enrico IV, 238, — *Saint-Louis*, 239.

M

Macello dei Porci, 114, — di *Grenelle*, 190, — di *Villejuif* o d'*Ivry*, 251, — *Popincourt*, 123, detto di *Roule* o di *Monceaux* 43.

Manifattura dei tappeti della *Savonnerie*, 244, di Arazzi dei *Gobelins*, *ivi*, — di Specchi, 138.

Mercato *Beauveau*, 143, — degli *Augustins*, 203, — degli *Enfants-Rouges*, 131, — dei *Blancs-Manteaux*, 131, — dei *Carmes*, 250, — dei cavalli, *ivi*, — dei fiori, 112, 164, — dei *Jambons* (prosciutti), 164, — dei *Patriarches*, 250, — della *Madeleine*, 43, — del *Temple*, 112, — *Saint-Germain*, 202, — *Saint-Honoré*, 43, — *Saint-Jean*, 112, — *Saint-Joseph*, 83, — *Saint-Laurent*, 112, — *Saint-Martin*, 112.

Meridiana della chiesa di *Saint-Sulpice*, 205.

Meudon, 283.

Monte di Pietà, 129.

Morgue (la), 220.

Musèo del *Louvre*, 92, — della *Marine*, 95, — *des Antiques*, 92, — *des sculptures modernes*, e della *Renaissance*, 93, — *des Souverains*, 95, — di antichità greche e romane, 93, - di Artiglieria, 184, — *égyptien*, 94.

N

Neuilly, 257.

Nouvelle (la) *Force*, o Prigione modello, 136.

O

Obelisco di *Luxor*, 21.

Ospedale *Beaujon*, 43, — *Cochin*, 242, — dei fanciulli malati, 187, — della *Charité*, 188, — della Maternità, 244, — della Pietà, 243, — della *Salpétriere*, 240, — delle *filles inscrites*, 242, — delle *Menages*, 187, — di *Saint-Louis*, 109, — du *Midi*, 242, — *Lariboisière*, 81, — militare del *Gros-Caillou*, 188, — militare di *Val-de-Grace*, 241, — *Necker*, 188.

Ospizio d'*Enghien*, 188, — dei *Quinze-Vingts*, 136, — dei *Trovatelli*, 243, — di *Larochefoucault*, 243, — di *Sainte-Eugenie*, 137, — di *Sainte-Perine*, 42.

Osservatorio, 245.

P

Palazzo del Corpo Legislativo, 179, - della Borsa, 56, — della Legion d'Onore, 181, — delle *Beaux-Arts*, 170, — dell' *Elisée Bourbon*, 23, — delle Terme, 215, — delle *Tuileries*, 15, — dell' *Institut*, 167, — dell' Industrie, 26, — del *Louvre*, 85, — del *Luxembourg*, 207, — del *quai d'Orsay*, 182, — del *Senato*, V. palazzo del *Luxembourg*, — del *Temple*, 119, — di Giustizia, 193, — Municipale. V. *Hotel-de-Ville*, — *Royal*, 45.

Pantheon, 223.

Passaggio *Choiseul*, 74, — *Colbert*, 73, — dei *Panoramas*, 73, — della *cité Bergère*, 74, — dell' *Opéra*, *ivi*, — *Jouffroy*, *ivi*, — *Verdeau*, *ivi*.

Piazza *Dauphine*, 220, — dei *Vosges*, V. Piazza *Royale*, — del *Carrousel*, 18, — dell' *Ecole*, 99

— della *Basille*, 134, — della *Concorde*, 21, — delle *Victoires*, 77, — del *Palais-de-Justice*, 220, — di *Chatelet*, 98, — di *Saint-Sulpice*, 220, — *Royale*, 133, — *Saint-Jacques*, 250, — *Valhubert*, 251, — *Vendôme*, 38.

Ponte *au Change*, 158, — *au Double*, 163, — d'*Arcole*, 159, — d'*Austerlitz*, 140, — degl' *Invalides*, 33, — dei *Saints-Pères*, V. Ponte del *Carrousel*, — de la *Tournelle*, 162, — del *Carrousel*, 102, — del *Jardins-des-Plantes*, V. ponte d'*Austerlitz*, — della *Cité*, V. ponte *Rouge*, — della *Concorde*, 34, — dell' *Archevêché*, 163, — della *Reforme*, ivi, — delle *Arts*, 102, — detto *Petit-Pont*, 162, — di Costantina, 163, — di Damietta, ivi, — di *Iéna*, 32, — *Louis-Philippe*, V. Ponte della *Reforme*, — *Marie*, 162, — *Notre-Dame*, 160, — *Nuovo*, 200, — *Rouge*, 162, — *Royal*, 34, — *Saint-Charles*, 161, — *Saint-Michel*, 161.

Posta dei cavalli, 75.
Pozzo artesiano, 191.
Prado (il), 221.
Prigione della *Roquette*, 139, — delle *Madelonnettes*, 123, — del nuovo *Bicêtre*, 139, — di *Saint-Lazare*, 110, — di *Sainte-Pelagie*, 249, — Militare, 186, — per debiti, 75.

R

Ranelagh, 280.

S

Sainte-Chapelle di Vincennes, 269.

Saint-Cloud, 282.
Saint-Denis, 253.
Saint-Germain, 278.
Saint-Ouen, 255.
Sala dei *Pas-Perdus*, 196, — *Montesquieu*, 103, — *Sainte-Cécile*, 74, — *Valentino*, 74.
Sceaux, 261.
Sculture moderne al *Louvre*, 95.
Scuola centrale delle *Arts et Manufactures*, 143.
Scuola delle Mine, 236, — dell' *Etat-Major*, 188, — di Farmacia, 236, — di Medicina, 217, — Militare, 176, — Normale, 237, — *Polytecnique*, 239.
Seminario detto *Petit séminaire*, 223, — di *Saint-Esprit*, 233, — di *Saint-Sulpice*, 205.
Sepolcro di Napoleone, 175.
Serbatojo dell' *Estrapade*, 250.
Sèvres, 283.
Sinagoga degl' Israeliti, 127.
Soirées fantastiques de Robert-Houdin, 71.
Sorbonne (la) o l'Università, 216.
Spectacles-Concerts, 108.
Statua del maresciallo *Ney*, 213, — di Luigi XIV all' *Hôtel-de-Ville*, 156, — di *Molière*, 59.
Statua equestre di Enrico IV all' *Hôtel-de-Ville*, 155, — di Enrico IV sul Ponte-Nuovo, 200, — di Luigi XIII, 133.
Studio di Mosaico, 43.

T

Teatro *Beaumarchais*, 143, — *Choiseul*, 70, — doi *Délassements comiques*, 122, — dei *Fu* nambules, 122, — del *Gymnase*, 106, della *Gaité*, 120, — dell' *Ambigu-Comique*, 108, — della *Porte-Saint-Martin*, 107, - delle *Folies-Dramatiques*, 122, — delle *Variétés*, 70, — dell' *Odéon*, 213, — dell' *Opéra-Italien*, 66, — dell' *Opéra-Comique*, 65, — del *Luxembourg*, 214, — del *Palais-Royal*, 69, — del *Petit-Lazari*, 122, — del *Vaudeville*, 69, — *Français*, 64, — imperiale del *Cirque*, 120, — *Lirique*, 121, *Seraphin*, 71.

Tempio dei Protestanti, 126, — della *Visitation*, 127.
Tipografia imperiale, 130.
Torre di *Saint-Jacques-de-la-Boucherie*, 116.

U

Uffioj del Bollo imperiale, 78.
Università. V. *Sorbonne*.

V

Versailles, 271.
Vincennes, 266.

INDICE

DELLE

MATERIE CONTENUTE IN QUESTO VOLUME.

	Pagina
Prefazione.	V
Parigi veduta a volo d'uccello	XIX
Cenni storici sulla città di Parigi	1
Primo circondario	15
Secondo circondario.	45
Terzo circondario.	77
Quarto circondario	85
Quinto circondario	105
Sesto circondario	115
Settimo circondario	125
Ottavo circondario	133
Nono circondario.	145
Decimo circondario.	165
Undecimo circondario.	193
Duodecimo circondario.	223
Circondario rurale di *Saint-Denis*.	253
Circondario rurale di *Sceaux*	261
Antiche dipendenze della corona	271
Ministeri e loro attribuzioni.	295
Amministrazioni diverse	299
Mairies dei dodici circondarii	302

	Pagina
Ambasciatori, inviati straordinarj, ed incaricati d'affari.	303
Vie ferrate	304
Messaggerie	305
Malles-Postes	305
Posta dei cavalli	306
Omnibus speciali delle strade ferrate di Parigi.	307
Vetture che conducono ai dintorni di Parigi	308
Battelli a vapore	310
Servizio di vetture	311
Vetture-*Omnibus* per servizio interno della città	313
Feste e curiosità in alcuni paesi dei dintorni di Parigi	322
Prezzo dei posti nei differenti teatri	326
La Settimana, ovvero indicazione dei locali visibili in ciascun giorno della medesima	331
Indice dei monumenti della città di Parigi e suoi dintorni descritti in questa guida	337

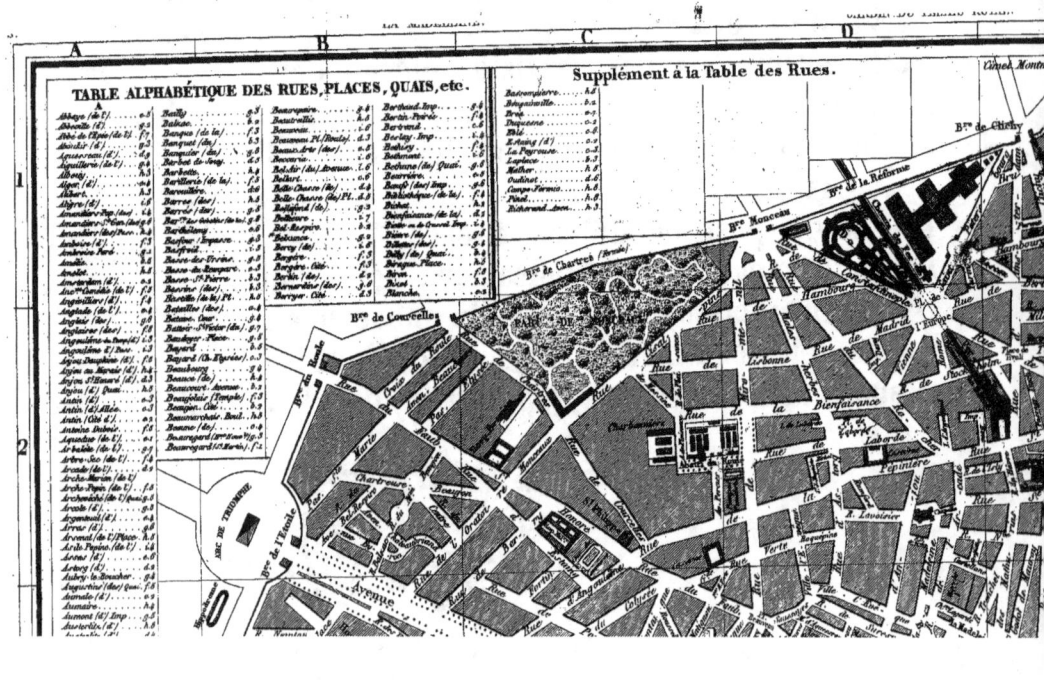

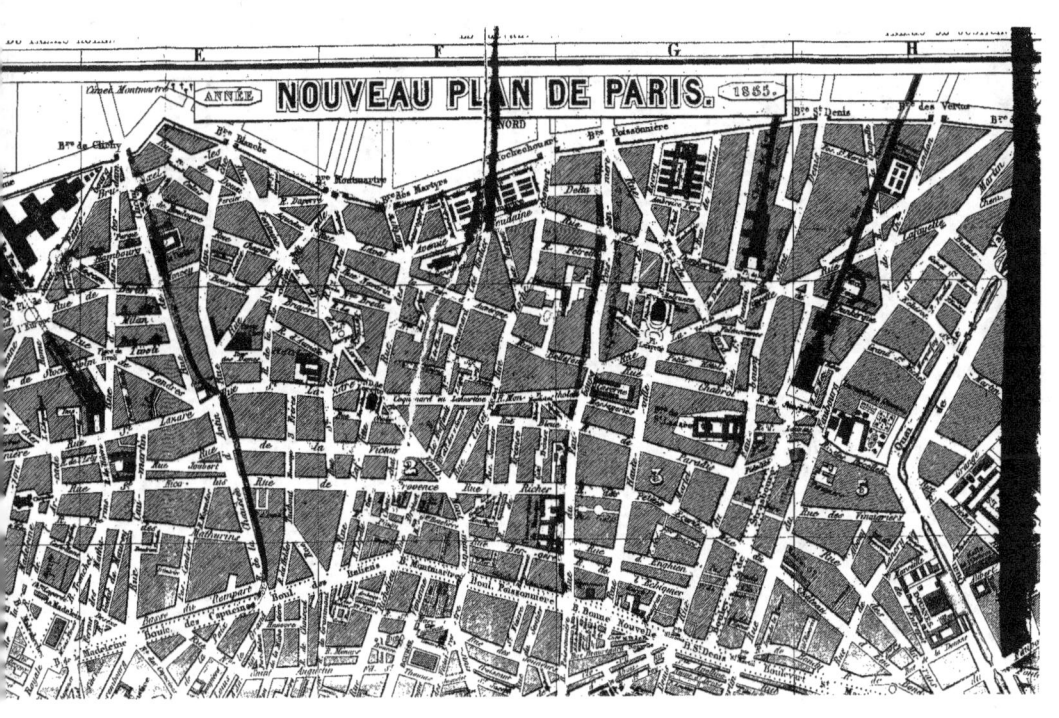

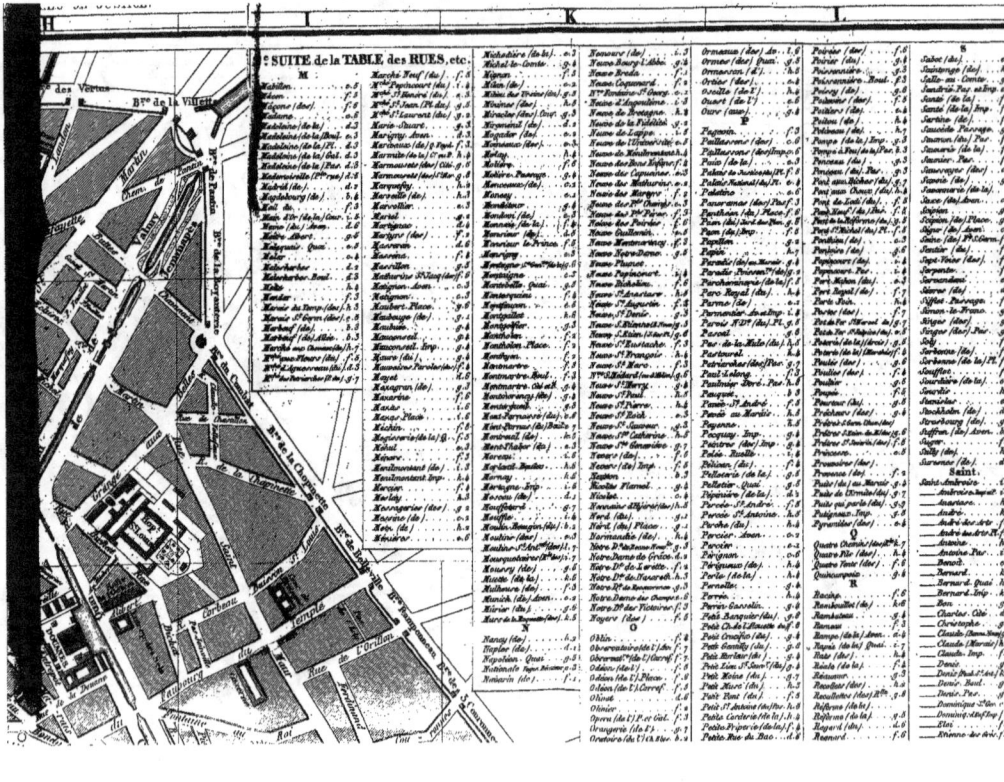

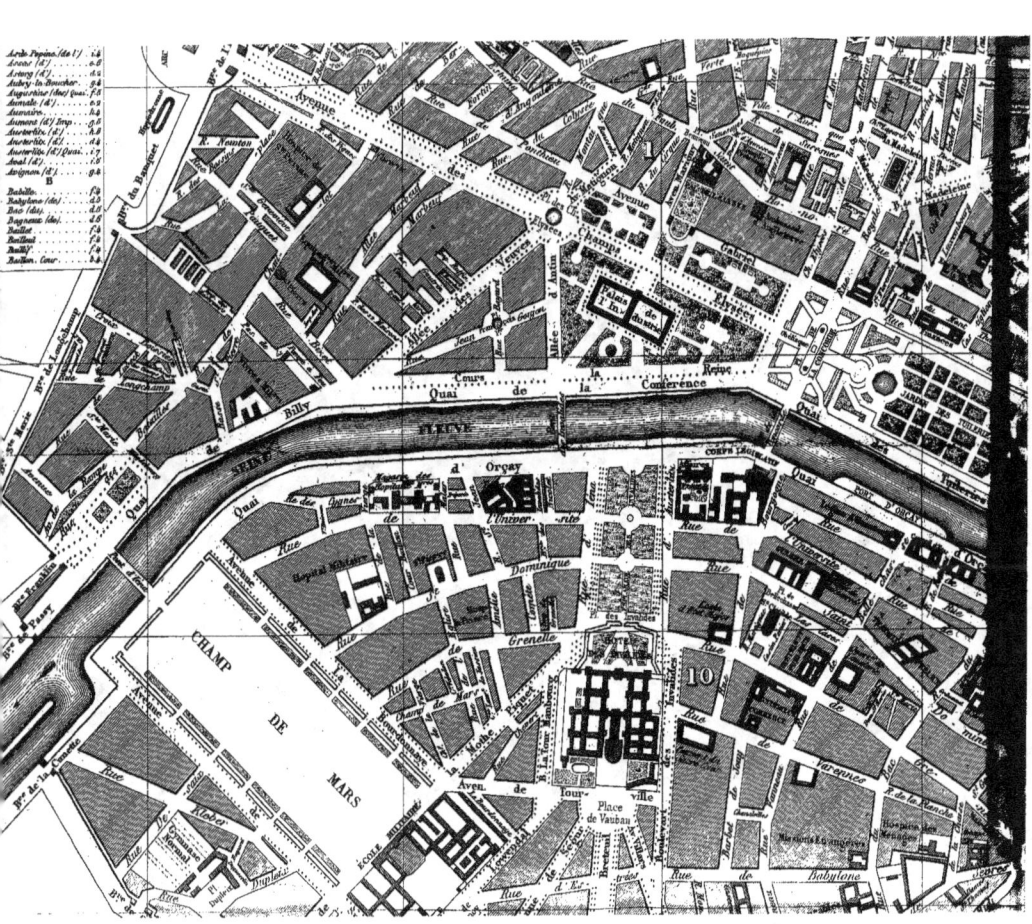

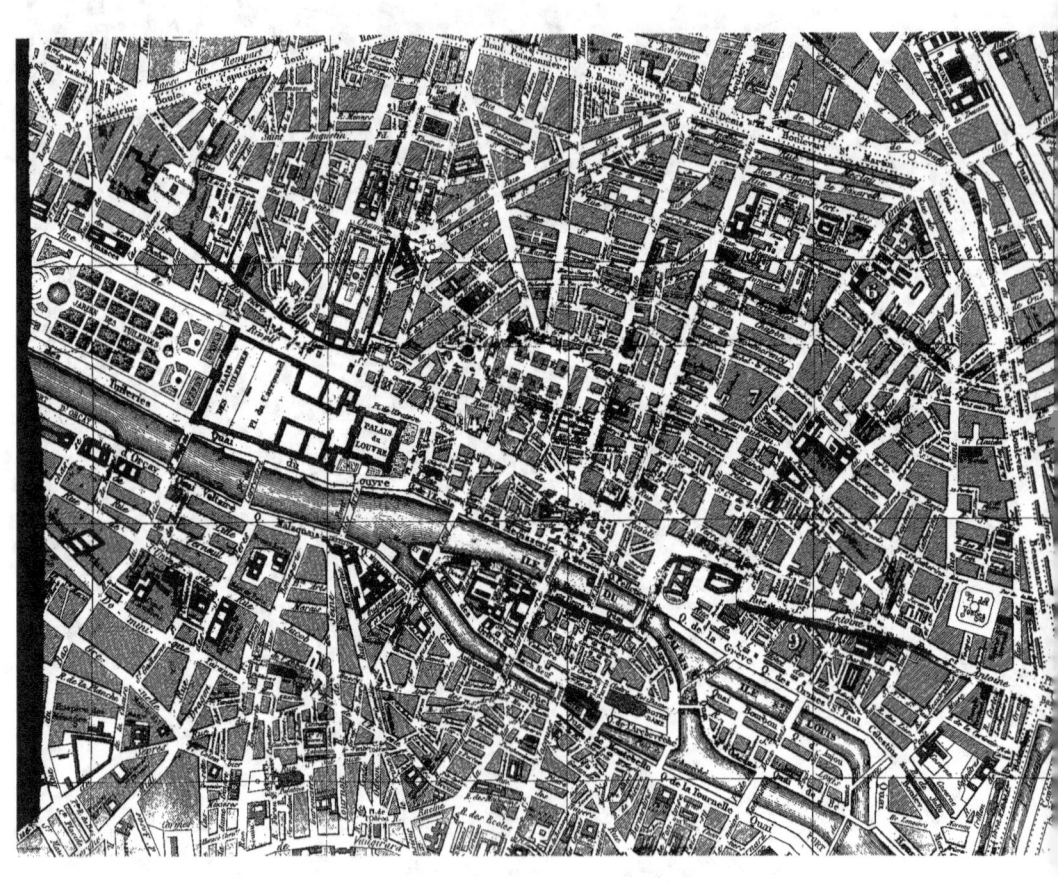

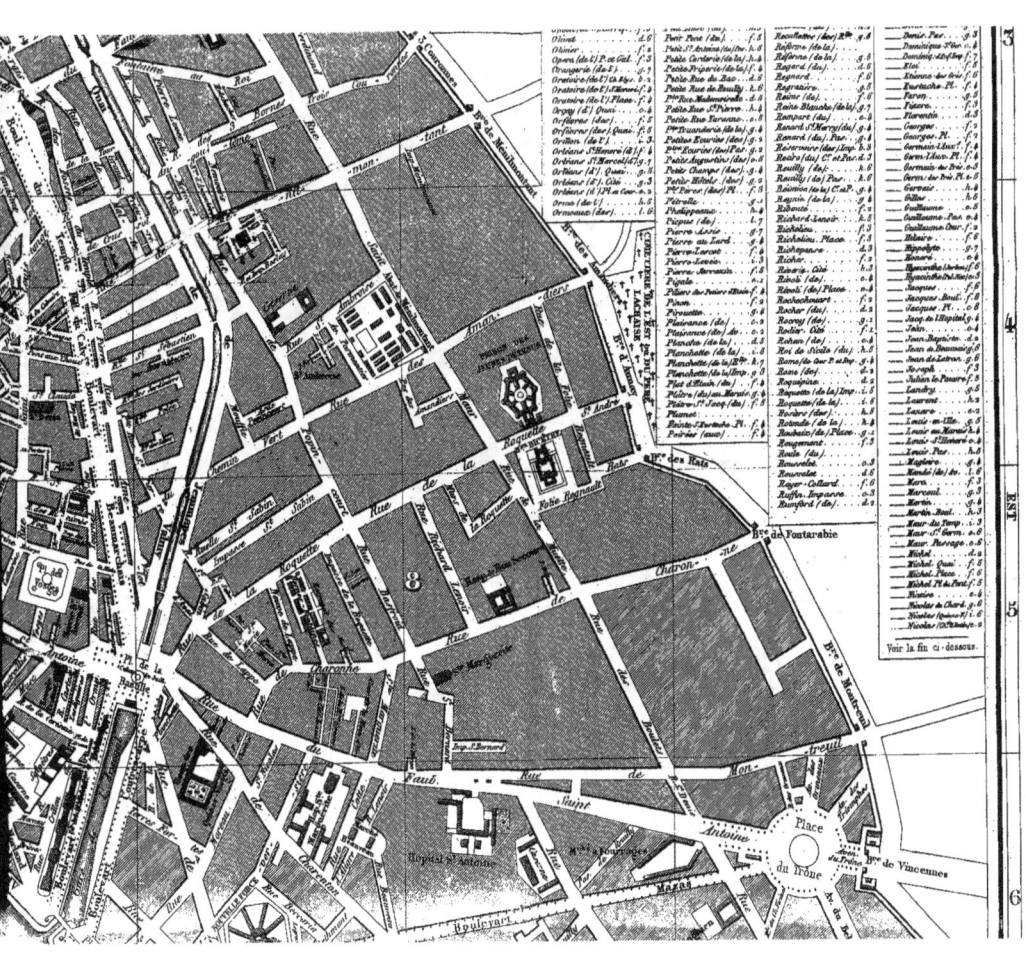

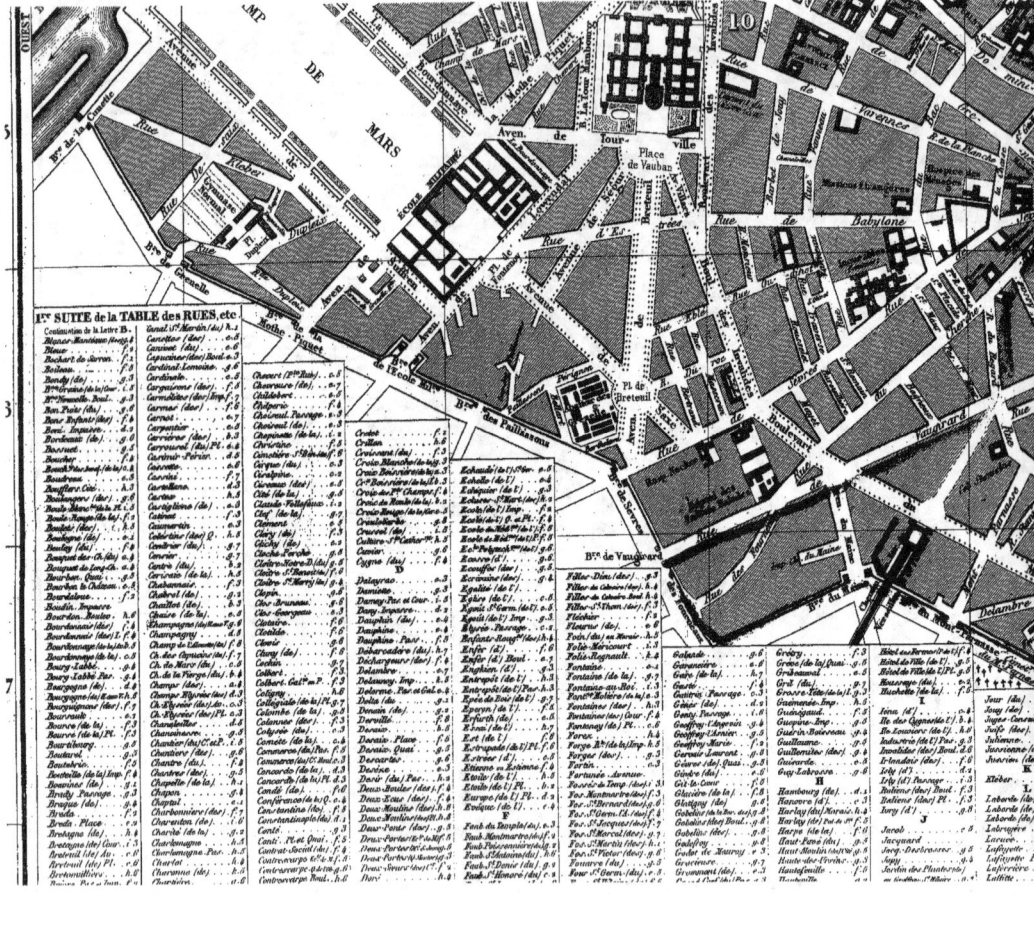

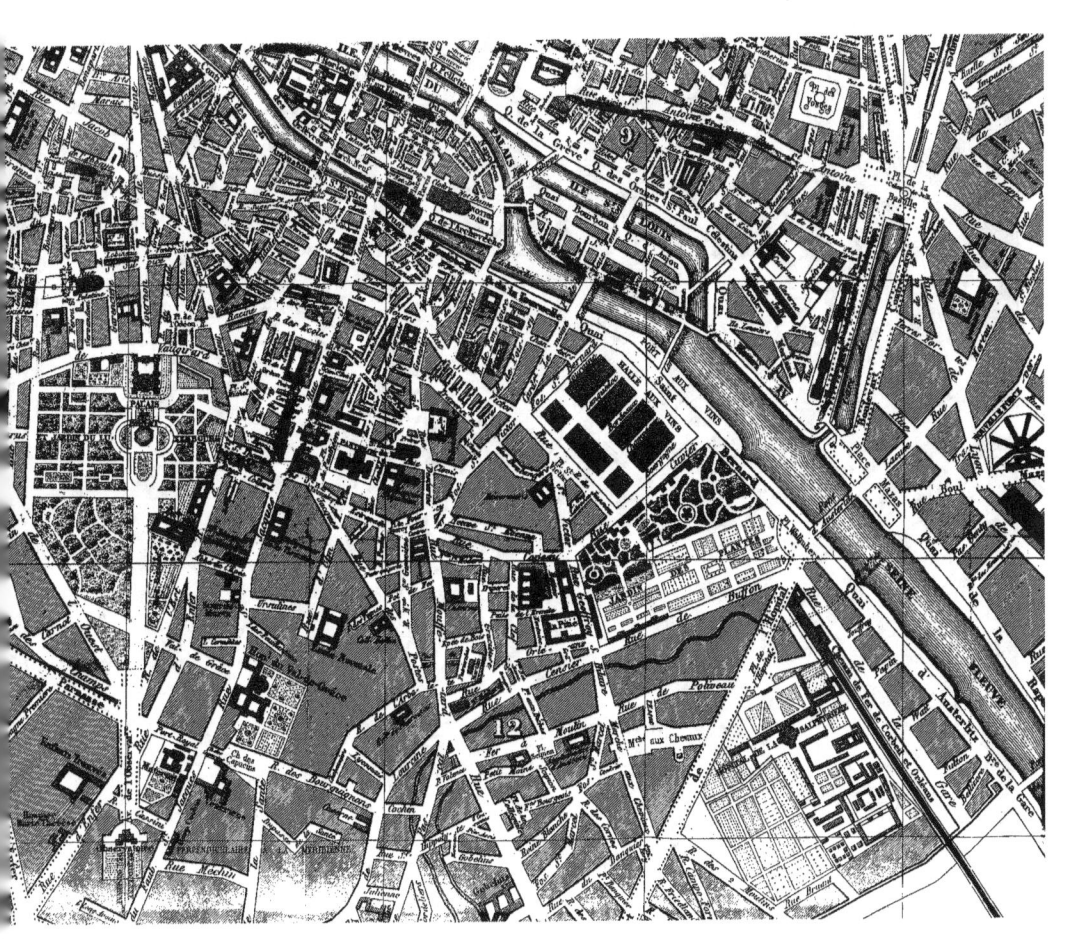

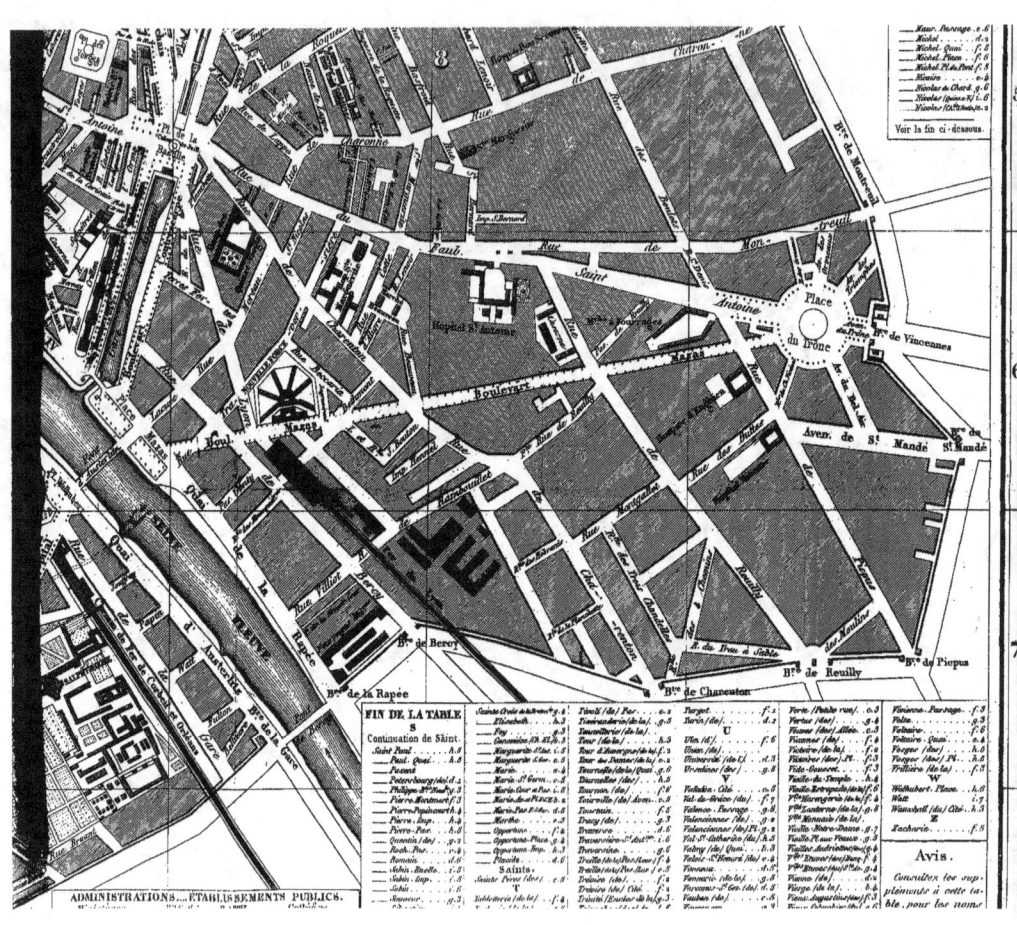

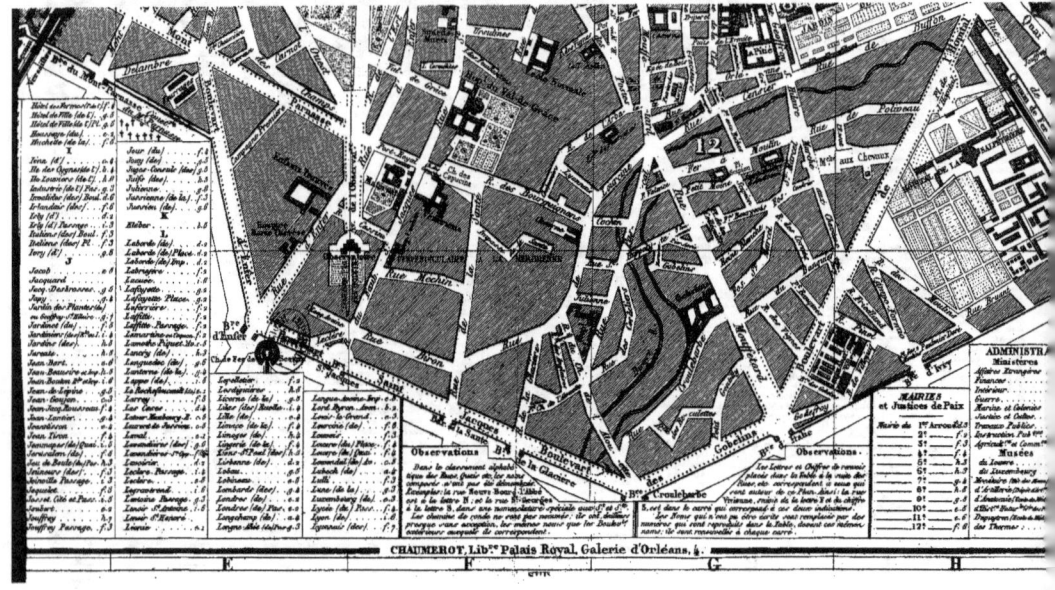

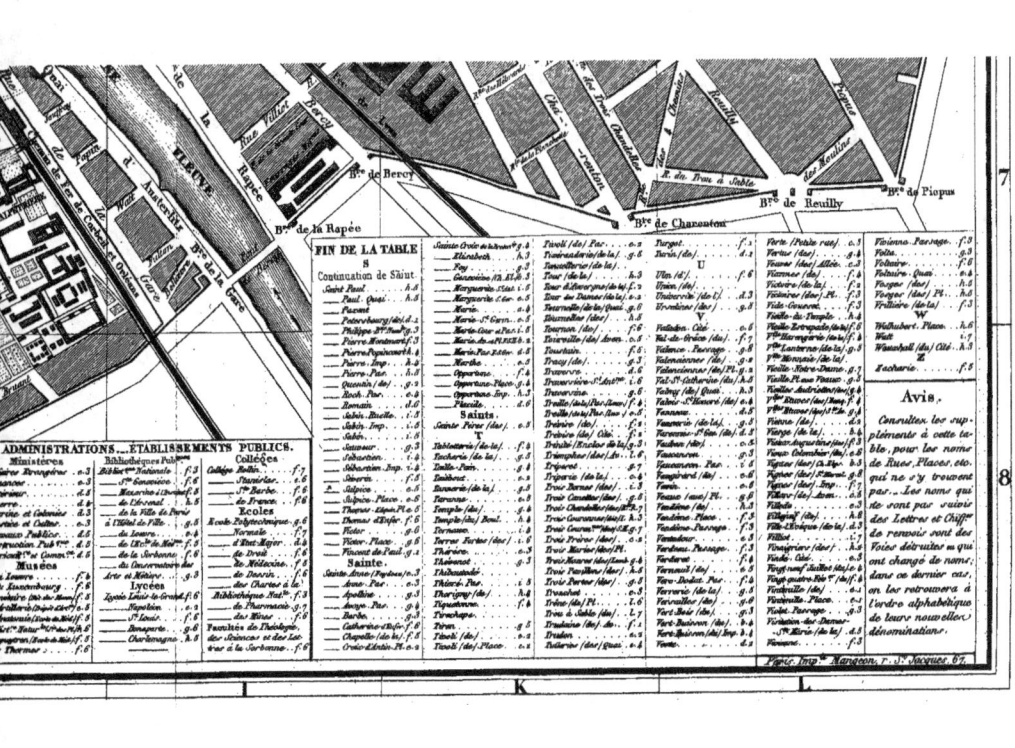

Chez le même Éditeur :

Quinze jours à Paris. Guide de l'étranger. 15 vues et 3 plans. 1 vol.   4 fr. 50 c.

A fortnight in Paris. New illustrated pocket guide, by J. Chauvier. 1 volume, 2 plans et 15 gravures.   5 fr.

Guide du Voyageur aux environs de Paris. 1 volume.   1 fr.

Excursion à Londres. 1 volume.   1 fr.

Guide à Paris, en allemand. 1 volume.   6 fr.

Plan de Paris, avec vues.   2 fr.

— sans vues.   1 fr.

Carte des environs de Paris.   50 c.

Plan du Bois de Boulogne, avec une Notice historique.   50 c.

1484. — Paris, Impr. Guiraudet et Jouaust, 338, rue Saint-Honoré.

www.ingramcontent.com/pod-product-compliance
Lightning Source LLC
Chambersburg PA
CBHW070822250426
43671CB00036B/1674